JN012055

JILPT 第 4 期プロジェクト研究シリーズ *No.4*

介護離職の構造

育児・介護休業法と両立支援ニーズ

池田心豪

独立行政法人 労働政策研究・研修機構

第4期プロジェクト研究シリーズの刊行にあたって

　本「プロジェクト研究シリーズ」は、JILPTの第4期中期目標期間（2017年度～2021年度）の5年間で進めてきたプロジェクト研究の中から、特に関心が高く重要と思われるテーマを取り上げ、多くの方々により読みやすい形で成果を提供するために取りまとめたものである。

　JILPTは労働に関する政策研究機関として「働く人の幸せ」と「経済の発展」に寄与するという観点から、労働政策の企画立案に貢献するため、さまざまな構造変化の影響に関する実態把握、労働政策の課題についての調査・研究を継続して行っている。その中心として行っているのがプロジェクト研究であり、経年変化の動向や国際比較も交えつつ、客観的なデータやエビデンスを提供するため、具体的な労働政策の課題に対し中長期的な視点から学術的、学際的な分析を進めている。

　プロジェクト研究の成果は、労働政策研究報告書や調査シリーズ、研究双書等として刊行するとともに、研究成果の報告会や労働政策フォーラムを開催し、広く普及に努めている。

　少子高齢化による人口減少社会の進行、グローバル化の進展、第4次産業革命下におけるビックデータ・AIなどの技術革新、働き方や就業意識の多様化によって、我が国の労働市場を取り巻く環境は大きく変化している。また、労働政策がカバーする範囲も拡がっており、今般の新型コロナウイルス感染拡大のように喫緊の課題に対して柔軟かつ的確に対応する必要も生じている。

　変化を続ける経済社会の実態を把握するための調査やヒアリングにご協力いただいたすべての皆様にあらためて心から御礼申し上げたい。

　本シリーズが政策担当者をはじめ、企業や労働組合の関係者、そして多くの一般読者などに活用され、今後の労働政策・労働問題を考えるための参考になれば幸いである。

2023年3月

独立行政法人　労働政策研究・研修機構

理事長　樋　口　美　雄

は　し　が　き

　少子高齢化を背景に、政府は、家族介護による離職（介護離職）を社会保障と経済対策の双方に関わる重要な問題と位置づけ、「介護離職ゼロ」に向けた総合的な対策に取り組んでいる。労働政策においては、1995 年制定の育児・介護休業法が 3 か月（93 日）の介護休業を企業に義務づけている。しかし、その取得者は少なく、政府は法改正を通じて多様な両立支援制度の整備を進めてきた。

　当機構における介護離職に関する本格的な研究は、第 1 期中期目標計画期間中の 2005 年度に始まっている。今日まで継続的に研究を行い、2009 年の育児・介護休業法改正における介護休暇（1 日単位で取得できる休暇）の新設や、2016 年改正の所定外労働免除（残業や休日労働の免除）の新設、介護休業の分割取得、介護休暇の取得単位の柔軟化（現在は時間単位）等、制度づくりの参考資料となる調査結果を厚生労働省に提供してきた。さらに、介護による健康状態の悪化が仕事に及ぼす影響など、新たな問題提起も行ってきた。

　2017〜2021 年度の第 4 期中期目標計画期間にも、労働政策研究報告書 No.204『再家族化する介護と仕事の両立──2016 年改正育児・介護休業法とその先の課題』（2020 年）を公表している。だが、本書の問題関心は、これまでの当機構の研究と異なる。従来は介護の多様な実態の中に共通性を発見し、家族の介護を担う労働者の多くを枠に収める制度づくりの課題を明らかにしてきた。これに対して、本書では介護の多様性に目を向け、必要とする労働者は多くなくても介護離職につながりうる問題に対応可能な制度づくりの考え方を示している。多様な両立支援ニーズを包摂することによって「介護離職ゼロ」にも貢献しうる政策研究であるといえる。

　このように労働者の両立支援ニーズの共通性から多様性へと関心を移すことにより、個々のニーズに即して 1 対 1 対応で両立支援制度の課題をとらえるのではなく、複数の制度の代替関係と補完関係を踏まえて両立支援制度を整備することの重要性を示している。

本書は、労働政策研究・研修機構の第4期プロジェクト研究として実施した「育児・介護期の就業とセーフティネットに関する研究」介護班の成果である。研究参加者である周燕飛氏（日本女子大学教授、元JILPT主任研究員）、酒井計史氏（JILPTリサーチアソシエイト）、品治佑吉氏（立教大学助教、元JILPTアシスタントフェロー）、新名正弥氏（田園調布学園大学准教授）、山口麻衣氏（ルーテル学院大学教授）、新見陽子氏（同志社大学教授）、大風薫氏（京都ノートルダム女子大学准教授）との議論から本書の着想を得ている。新名氏・山口氏・品治氏からは本書の草稿にも有益なコメントをいただき、酒井氏には筆者の集計・分析結果の点検を丁寧に行っていただいた。また、所内レビュアーの浅尾裕氏（元JILPT研究所長）・志村幸久氏（JILPT理事）とともに、同僚の社会学者である藤本真氏（JILPT主任研究員）、高橋康二氏（JILPT主任研究員）、田上皓大氏（JILPT研究員）、さらに労働分野の社会学者として交流のある佐野嘉秀氏（法政大学教授）からも有益なご助言をいただいた。政策の理解については厚生労働省雇用環境・均等局職業生活両立課に点検をしていただいた。藤本隆史氏（JILPTリサーチアソシエイト）、田村真里子氏（JILPT事務補佐員）、御手洗由佳氏（日本女子大学学術研究員、元JILPTアシスタントフェロー）、北村友宏氏（慶應義塾大学大学院後期博士課程）には、校正にご協力をいただいた。記して謝意を表したい。最後になるが、本書で取り上げている筆者の調査にご協力いただいた皆様に、この場を借りて深く感謝申し上げたい。

　本書が、政府、企業、労働組合、市民活動団体、研究者等、この問題に関心のある方々にとって有益なものとなっていれば幸いである。

2023年3月

多様な働き方部門　主任研究員　　池田　心豪

iv

≪目　次≫

介護離職問題と両立支援の現在地

第1節　研究の背景と目的

1 介護離職ゼロへの関心

　少子高齢化を背景に、家族介護による離職（介護離職）の防止が重要な政策課題になっている。政府は2015年に「新三本の矢」の一つである「安心につながる社会保障」の中で「介護離職ゼロ」を掲げたが、翌年の「経済財政運営と改革の基本方針2016」（通称「骨太の方針2016」）においても経済対策の一環として「介護離職ゼロ」を掲げている（内閣府　2016）。

　すでに日本の高齢化率は世界一であり、要介護認定を受けている高齢者は650万人を超えている（内閣府　2021）。2025年には団塊世代が75歳以上になり、要介護者はさらに増加する可能性が高い。今日、介護離職者は年間10万人といわれているが、その数が増えていくようなことになれば、今後の経済社会を維持していけるのか、そのような不安が社会保障と経済対策の両面で介護離職問題への関心となって表われている。

　「介護離職ゼロ」に向けた政策の課題は、以下のとおり多岐にわたる。

　1)　高齢者の利用ニーズに対応した介護サービス基盤の確保
　2)　求められる介護サービスを提供するための多様な人材の確保、生産性の向上
　3)　介護する家族の不安や悩みに答える相談機能の強化・支援体制の充実
　4)　介護に取り組む家族が介護休業・介護休暇を取得しやすい職場環境の整備
　5)　働き方改革の推進
　6)　元気で豊かな老後を送れる健康寿命の延伸に向けた取組み
　7)　高齢者への多様な就労機会の確保
　8)　障害者、難病患者、がん患者等の活躍支援

9)　地域共生社会の実現

　このうち、本書では、労働研究の中でも仕事と介護の両立支援に直接かかわる雇用環境・均等政策が対象とする 4）と 5）に焦点を当てて介護離職の問題を考えていくことにしたい。

　法政策においては「育児休業、介護休業等育児又は家族介護を行う労働者の福祉に関する法律」（育児・介護休業法）が中心に位置する。同法は、まさに介護離職防止を目的に、介護休業等の両立支援を企業に義務づけている[1]。その 2016 年改正においては仕事と介護の両立支援制度のあり方を一から見直し、家族が要介護状態になった直後からその終わりまでカバーする両立支援制度を整備している（厚生労働省雇用均等・児童家庭局 2015）。

　これにより、一通りの両立支援制度はそろったようにみえる[2]。だが、介護離職を回避するために労働者が必要とする両立支援はなお多様であり、「介護離職ゼロ」を実現するためには、さらなる制度の拡充が必要である。

　もちろん「介護離職ゼロ」はスローガンであって、現実的に「ゼロ」にすることは不可能だという指摘はあるだろう。また政府が国民生活に介入して現実的に「ゼロ」を目指すことは過剰な社会統制であるという批判もありうる。不本意な離職は防ぐべきだが、自発的に離職する自由も尊重されるべきであるという考えを筆者は否定しない。しかし、それでもなお本書は「介護離職ゼロ」という問題意識を引き受けて政策研究を行うことには価値があると考えている。それは、介護離職の背景にある様々な問題に目を向け、仕事と介護の両立を図る労働者が直面する問題の多様性に対応した両立支援の整備を目指すことにつながるからである[3]。

1　本書でいう「両立支援」は、企業が労働者の仕事と介護の両立を支援することをいう。
2　その後も育児・介護休業法は改正されているが、仕事と介護の両立支援制度の基本的な枠組みは 2016 年改正時のものを踏襲している。たとえば、2019 年の省令改正により介護休暇の取得単位が半日単位から時間単位になったが、この論点は 2016 年改正時にすでに出されていたものである。詳細は、厚生労働省雇用均等・児童家庭局（2015）を参照。
3　ただし、障害者介護は扱えていない。育児・介護休業法が対象とする介護には障害者介護も含まれるが、少子高齢化という社会背景の中で介護離職への関心は高まっていることから、本書でも高齢者介護に焦点を当て、その限りでの多様性に目を向けている。

2　介護問題の共通性にもとづく両立支援制度

　当機構では、これまで介護離職に関する研究を継続して行ってきた。その出発点には介護休業の取得者はなぜ少ないのかという問題意識があった（労働政策研究・研修機構 2006b）[4]。その理由を最も単純化して要約するなら、介護離職の実態は多様であるということに尽きる。

　育児・介護休業法という法律の名称が象徴しているように、育児と介護はともに家族のケアであり、その責任を果たすために連続した期間の休暇（つまり休業）が必要になるという育児と介護に共通の想定が同法にはある。先行して 1991 年に育児休業法として法制化された育児休業は、出産・育児期の離職防止策として、その必要性が広く認識されていた[5]。同じ発想で介護においても長期休業が必要であるという想定で介護休業は法制化されている。

　育児・介護休業法は 3 か月（93 日）の介護休業を企業に義務づけているが、この期間は 1995 年の同法制定当時に典型的な原因疾患であった脳血管疾患において発症から状態が落ち着くまで 3 か月程度を要することをモデルにしている（労働省婦人局編 1994, 袖井 1995）。この間は家族以外の者が介護を代替できないため、要介護者の手術や入退院の手続き・付き添いといった形で介護に対応するとともに、その後の介護生活の態勢づくりをして復職するという想定である。つまり、家族の介護を担う労働者の多くが共通して直面する状況を想定して介護休業制度は設計されている。

　しかしながら、家族介護を担う労働者を対象としたその後の調査研究によって、次のような実態が明らかになっている。

1) 　介護のために仕事を休む労働者は少なくないが、多くは年次有給休暇（年休）等、介護休業以外の制度を利用している（労働政策研究・研修機構 2006a; 2006b; 2007, 厚生労働省雇用均等・児童家庭局 2008）。

2) 　介護休業が想定する連続休暇の必要性は介護期の離職率を高めるが、必要とされる連続休暇の期間は短く、連続休暇の必要がないという割

4　総務省「平成 29 年就業構造基本調査」（2017 年）においても介護している雇用者に占める介護休業取得者の割合は 8.6％、正規の職員・従業員に限定しても 10.0％である。

5　育児休業法は 1985 年制定の男女雇用機会均等法（均等法）から育児休業に関する規定が独立して制定されたが、均等法のもとになった勤労婦人福祉法（1972 年制定）の中に育児休業という言葉が登場している。

合も高い。介護休業の取得希望においても長期1回より短期複数回の方が希望割合は高い（労働政策研究・研修機構 2006b; 2015, 池田 2010, 厚生労働省雇用均等・児童家庭局 2015）。

3) 日常的な介護に対応するため、出退勤時刻の変更を行っている労働者は少なくない。ただし、短時間勤務のニーズは低い。短時間勤務より所定外労働免除の制度が勤務先にある場合に離職率は低くなる（労働政策研究・研修機構 2006a; 2006b; 2015; 2020b, 池田 2021b）。

4) 要介護状態発生直後の始期より、その後の介護が長期化した場合に離職率は高くなる（前田 2000, 池田 2010, 労働政策研究・研修機構 2016）

　介護離職の実態は多様であり、中には3か月の介護休業期間では足りないケースや短時間勤務が必要なケースもある。しかしながら、家族介護を担う労働者の多くに共通するニーズにもとづくなら、ここに挙げた1）から4）の実態に即して両立支援制度を設計するのが合理的である。

　2009年の育児・介護休業法改正では1）の知見にもとづいて介護休業とは別に年5日（対象家族が2人以上であれば年10日）の介護休暇が新設された。2016年改正に当たっては、厚生労働省雇用均等・児童家庭局（当時）で行われた「今後の仕事と家庭の両立支援に関する研究会」（2014〜15年度）において2）、3）、4）を中心に、多くの労働者に共通する両立支援ニーズを踏まえた改正の方向性が議論された。結果として、介護休業の期間拡大や短時間勤務制度の義務化は見送られた。

　このように、育児・介護休業法は、制定当時の想定とは別の観点から、家族介護を担う労働者の多くに共通する課題を明らかにすることで、仕事と介護の両立支援制度の整備を進めてきた。2016年の育児・介護休業法改正は、その観点から行われた最大の制度改正であったといえる。

　筆者は、労働政策研究・研修機構（2006b）から最新の労働政策研究・研修機構（2020b）まで、仕事と介護の両立に関する当機構の調査研究を継続して担当してきた。さらに、2016年改正のために行われた上述の研究会に参加し、中央大学大学院戦略経営研究科ワーク・ライフ・バランス&多様性推進・研究プロジェクトにおいても、佐藤・松浦・池田（2017）のような研

究を行ってきた。

　そうした調査研究の結果から、「介護は育児と異なる」という観点に立つことが仕事と介護の両立支援においては重要であるという結論に至った。「介護は育児と異なる」のであるから、育児休業のような長期休業や所定労働時間の短縮（短時間勤務）は必ずしも必要ない。仕事に費やす時間を大幅に減らしてケアに費やす時間を確保するのではなく、なるべく仕事をしながら柔軟に介護に対応できるようにした方が良い。その方が、実際に仕事と介護の両立を図る多くの労働者のニーズに適っている。2016年の育児・介護休業法改正において、介護休業の期間を拡大せずに分割取得を可能にしたり、短時間勤務を義務化せずに所定外労働免除を義務化したりしたことは、そのような制度設計の考え方を端的に示している。その観点から池田（2021a）において、企業が仕事と介護の両立支援を行うための基本的な考え方を示した[6]。

　もちろん家族のケアという点で育児と介護には似ている面もある。だが、育児との異質性を強調することで、多様な介護の実態の中に均質性を見いだそうとした。介護は個別性が高く多様である。だからといって規則性を見いだすことができなければ、規則つまり制度はつくれない。その規則性を発見するために、共通性・均質性に着目するという作業は必要なことである。この共通性への着眼によって仕事と介護の両立制度を設計するための中心線を明らかにすることができた。

３ 介護問題の共通性から多様性へ

　制度とは多様な人びとを束ねる規則であると考えるなら、多様な介護の実態の中に共通性を見出して両立支援制度を設計することは正攻法であろう。しかし、共通性にばかり目を向けていると多様性に無頓着になる。

　３か月を超える介護休業や短時間勤務を必要とする労働者は少ないが、少ないから無視して良いのかという問題は残る。さらには、育児・介護休業法の枠組みに収まらない両立問題もある。たとえば、同法が想定する仕事と介

6　西久保（2015）も育児と異なる介護の特性に着目して、仕事と介護の両立支援制度に関する独自の考え方を示している。

護の時間的な調整の問題だけでなく、介護による労働者の健康状態悪化もま
た離職の原因になりうる（池田　2016, Ikeda 2017a）。離職しておらず、仕事
を休んでいるわけでもなく、普段どおりに出勤していても、介護疲労の蓄積
によって、仕事中に居眠りをしたり、重大な過失や事故を起こしそうになっ
たり、ノルマ等の目標を達成できなくなったりするという問題があることも
明らかになっている（池田　2013a; 2014a, 労働政策研究・研修機構　2015;
2017a, Ikeda 2016）。

　つまり、介護問題の共通性に立脚した制度づくりから、もう一歩踏み込
み、多様な問題に対応した両立支援制度の設計に取り組むことが次の課題と
して残されている。この問題意識と「介護離職ゼロ」というスローガンは親
和的である。「ゼロ」を目指すなら、共通性にだけ着目しているわけにはい
かなくなる。少数のニーズを少数だという理由で無視することはできない。
その観点から「介護離職ゼロ」の問題意識を引き受け、今後の仕事と介護の
両立支援制度の考え方を本書で示していきたい。

　なお、本書で問題にする介護の多様性について、もう少し詳細に述べてお
きたい。介護に関するこれまでの研究は、誰が介護を担うのかという問題意
識を強く持ってきた。それは、女性が介護を担ってきたことに対する批判的
精神の表れでもある（袖井　1989, 春日　2001, 大和 2008）。

　だが、今日では、女性だけでなく男性も介護を担うようになっている（津
止・斎藤　2007, 春日 2010, 平山 2014; 2017, 斎藤　2015）。さらに年齢との関
係でも、かつては中高年層が主な介護の担い手（介護者）であったが[7]、若年
層にも介護問題は広がっている（澁谷　2018, 池田 2021a）。また、ライフイ
ベントの順序としてかつては育児期の後に介護期が来ることが一般的であっ
たが、近年は育児期と介護期が同時に到来し、育児と介護という２種類のケ
アを同時に担う必要性に迫られるケースが目立つようになっている（相馬・
山下　2017）。さらに、かつては婚姻関係を前提に、妻が夫の老親を介護する
ということが一般的であったが（袖井　1989, 春日 2001）、近年は老親を介護

7　本書で特に断りなく「介護者」という場合は、家族介護者を指している。また、育児・介護休
　業法は雇用されて働く介護者を対象にしていることから、特に断りなく介護者という場合は、文
　脈上、雇用者の中で家族介護を担う者を指している。

する未婚の男女が増えている（山口 2023）。

　これらはすべて誰が介護をするのか（女性／男性、中高年／若者、育児後の女性／育児期の女性、既婚者／未婚者）という問いの範疇に収まる。そして、「誰が」という介護の担い手の多様化の実態を様々に取り上げて検討する研究が盛んに行われている。

　労働政策も、誰が介護を担うのかという問題に関心をもっている。働く介護者にもともと多い中高年女性の多くは、パートタイム労働者等の非正規雇用者である。これに対して、男性介護者の増加は、正規雇用者にも介護問題が広がりつつあることを示唆している。

　『平成 29 年就業構造基本調査』（総務省 2017 年）によれば、家族の介護をしている雇用者は女性が 173 万 2000 人に対し、男性は 126 万 7200 人である。雇用者全体に占める介護者（家族の介護をしている者）の割合は女性が 6.5％に対して男性は 3.9％であり、女性の方が働きながら介護をしていることに変わりはない。同調査をもとに年間 10 万人といわれる介護離職者においても、男性は 1〜2 割であり、残りの 8〜9 割は女性である。つまり、女性の方が介護離職をしている。

　にもかかわらず、男性介護者の問題が仕事と介護の両立において注目されるのは、男性介護者に正規雇用者が多いからである。第 0-1-1 表は、家族の介護をしている雇用者全体を 100％としたときの性別と雇用形態の組み合わせの比率を示している。最も多いのは非正規雇用（非正規の職員・従業員）の女性（34.7％）であるが、2 番目に多いのは正規雇用（正規の職員・従業員）の男性（26.7％）である。

　この正規雇用者への介護問題の広がりが、経済対策としての介護離職問題

第 0-1-1 表　介護をしている雇用者に占める性・雇用形態の比率

	会社役員	正規雇用	非正規雇用	雇用者計	人数（人）
男性	4.9%	26.7%	10.6%	42.3%	1,267,200
女性	2.8%	20.3%	34.7%	57.7%	1,732,000
男女計	7.7%	46.9%	45.4%	100.0%	2,999,200

『平成 29 年就業構造基本調査』（総務省 2017 年）を元に筆者作成

への危機感を高めていることは想像に難くない。非正規雇用者の離職が問題ではないということはないが、フルタイム勤務で仕事の責任も重い正規雇用者の離職は損失が大きい。また、企業も介護離職防止を経営課題として位置づけるようになりつつあるが[8]、そこにも同様の問題意識がある。

　正規雇用者の離職という意味では、男性だけでなく女性の離職も問題がないとはいえない。第 0-1-1 表において女性の正規雇用も 20.3％あり、女性の活躍が進むことによって、正規雇用の女性にも介護者が増えていけば、その離職防止は重要な経営課題として認識されるだろう。女性の管理職が増えていけばなおさらである。

　さらにいえば、正規雇用の介護離職者は今でも男性より女性の方が多いことに目を向ける必要がある。第 0-1-1 図に『平成 29 年就業構造基本調査』において介護・看護を理由に離職（つまり介護離職）した雇用者の正規雇用と非正規雇用の男女比率を示しているが、実は正規雇用の男女を比較すると男性 14％に対して、女性は 20％であり、女性の方が高い。正規雇用の介護者は男性の方が多いのに、正規雇用の離職者は女性の方が多いのである。それだけ女性は介護離職のリスクが高いといえる。

　男性介護者の問題として関心が高まった正規雇用の介護離職問題である

第 0-1-1 図　介護離職者の正規雇用／非正規雇用と男女の比率

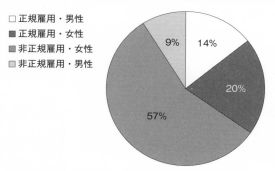

□ 正規雇用・男性
■ 正規雇用・女性
■ 非正規雇用・女性
■ 非正規雇用・男性

14%
20%
57%
9%

2012年10月以降に
介護・看護を理由に
離職した雇用者
（458,400人）にお
ける正規雇用と非正
規雇用を対象に集計

『平成 29 年就業構造基本調査』（総務省 2017 年）を元に筆者作成

8　日本経済団体連合会（経団連）は、加盟企業の仕事と介護の両立支援の取組み事例を集めた日本経済団体連合会（2018）を作成している。

が、今後は改めて女性の問題としても正規雇用の介護離職と向き合う企業が増えると予想される。

　もう1つ、年齢との関係も指摘しておきたい。第0-1-2図に、介護をしていない雇用者を含む全雇用者に占める介護者の割合を正規雇用と非正規雇用に分けて示している。もともと介護は中高年の問題として理解されていたが、今日では年齢も多様化している。それは正規雇用でも例外ではなく、介護者の割合は50代と60代前半において高いが、40代から30代、さらには30歳未満にも介護は広がりつつあることがうかがえる。

　介護者の割合が最も高い55-59歳や次に高い60-64歳は、正規雇用者といっても、多くの労働者は、役職定年や定年退職等により、もう企業の第一線からは退いている年齢に当たるだろう。だが、年齢が下がれば、それだけ働き盛りの時期に重なる。さらに、20代・30代・40代は育児期とも重なるため、育児と介護の両方を同時に担うダブルケアの問題にもつながりやすい。企業にとって正規雇用者の活躍が期待される幅広い年代で、育児だけでなく介護についても両立支援の重要性が増しているといえる。

　だが、育児・介護休業法はもともと男女双方を対象としており、正規雇用と非正規雇用の区別もない。一部の有期契約労働者は介護休業の対象外であるが、パートタイム労働者や派遣労働者も介護休業を取得できる。年齢や未

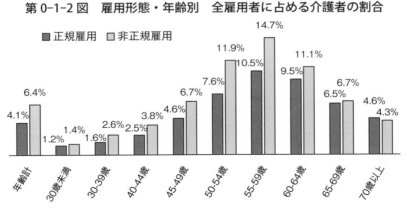

第0-1-2図　雇用形態・年齢別　全雇用者に占める介護者の割合

■ 正規雇用　□ 非正規雇用

『平成29年就業構造基本調査』（総務省 2017年）を元に筆者作成

婚・既婚も問わない。「誰が」という問題に関していえば、要介護者の続柄に制限を設けているが、2016 年改正でその対象も拡大されている。

　それよりも、介護というケアにおいて労働者は何をしているか、労働者の身に何が起きているかということの方が、育児・介護休業法にとっては問題である。Who より What の問いが重要であるといえる。なぜなら、法律をつくるときに想定していない事実が、後から次々と明らかになるからである。のみならず、介護休業等、法定の両立支援制度も法律の想定したとおりに利用されているとは限らない。その実態の多様性に制度設計が追いついていない。そうした What の多様性に対応した制度づくりの考え方を本書で検討したい。

第 2 節　本書の研究上の位置づけ

1　政策研究における位置づけ

　本書は、社会学をベースとした学術研究書であるが、厚生労働省所管の労働政策研究・研修機構において実施した政策研究の成果でもある。そのため、政策判断に役立つ知見を示すという実践的な関心を持っている。

　近年は学術的なエビデンスに依拠して政策をつくる Evidence-Based Policy-Making（EBPM）に対する関心が日本でも高まりつつある。その主たる関心は、統計的な手法による政策効果の検証つまり因果関係の解明に向けられている（川口 2008; 大橋編 2020; 大竹・内山・小林編 2022）。しかし、筆者が仕事と介護の両立というテーマで行ってきた研究は、因果関係に傾斜した EBPM とは問題関心の方向性がやや異なる。そこで、政策研究における本書の位置づけをあらかじめ整理しておきたい。

　まず、雇用・労働の現場には政策担当者の想像がつく問題と想像がつかない問題がある。ここでいう想像がつく問題とは、仮説を立てることができる問題と言い換えることができる。育児・介護休業法の文脈で一つ例を挙げるなら、女性の出産退職の原因として、育児休業（育休）を取りづらいという問題があることは想像がつくだろう。だが、実際の出産退職が想像したとおりに起きているとは限らない。そこで、因果推論の手法を用いて仮説を検証

しようという問題意識が生まれる。そうした仮説検証の結果にもとづいて政策判断をすることの重要性を EBPM は強調する。そのことの意義は大きい。

　しかしながら、現場で何が起きているのか、政策担当者にとって想像がつかない問題もある。介護離職と介護休業等の両立支援制度との関係は、そうした性質の問題である。EBPM の枠組みでいえば、ロジックモデルの構築が課題であったといえる。大竹・内山・小林（2022）は EBPM における政策プロセスを 1）政策課題設定、2）政策立案、3）政策決定、4）政策実施、5）政策評価の 5 段階に分け、各段階においてエビデンスに依拠することの重要性を説いている。この図式に沿っていえば、本研究は 2）政策立案にかかわる。この段階から 5）政策評価まで見通せるデータを取れたら良いが、データ収集の方針となる仮説を政策担当者も研究者も持ち合わせていない段階で研究が始まっている。

　筆者がこの研究を始めたきっかけは、介護休業制度の利用状況を調査してほしいという要請を厚生労働省から受けたことにある[9]。当時から介護休業の取得者は少ないといわれていたが、なぜ少ないのか、その理由は明らかではなかった。1995 年制定の育児・介護休業法は、育休と同じように介護休業を離職防止策の柱と位置づけ、他の両立支援制度よりも強い義務を企業に課していた。育休と同様に考えれば、介護休業の取得者が少ないのは、やはり取得しにくいからであり、介護休業を取りやすくすることが介護離職をゼロに近づける近道だという話になる。しかしながら、そのように考えるには、介護休業の取得者は少なすぎる[10]。

　ただし、前節で述べたように、介護のために仕事を休んでいる労働者は少なくない。介護休業制度は、主に介護の始期に発生する緊急事態への対応とその後に仕事との両立を図るための介護の態勢づくりを想定している（労働省婦人局編 1994）。そして実際に、この時期に仕事を休んで介護に対応している労働者は少なくない。だが、仕事を休む場合でも、大多数は年次有給休暇（年休）等、介護休業以外の方法で休んでいる（袖井 1995; 労働政策研

9　その成果は、労働政策研究・研修機構（2006b）として公表している。
10　労働政策研究・研修機構（2006a）が 30-54 歳の男女に行った全国調査において介護開始時に雇用就業者だった者（N=91）に占める介護休業の取得者は 6.6%（N=6）であった。

究・研修機構 2006a; 2006b)。一般的に出産・育児期の女性が、育休の代わりに年休を取るということはない。女性の育休は月単位の取得が一般的であり、他の休暇制度で代替することは困難である。だが、介護においては、そもそも月単位で仕事を休んでいるケースが少ない。数日から1〜2週間という期間であれば、年休でも対応可能である。その意味で、育児休業と介護休業は、当事者のニーズに大きな違いがある。

　このように、法政策の想定と労働現場の実態に乖離があり、政策担当者の想定とは異なる場面で介護離職は起きている可能性がある。つまり、政策担当者にとって想像がつかない問題が起きている可能性がある。そうであるなら、まずは介護離職が起きている場面を描き出し、政策担当者にとって想像がつく問題にする必要がある。仮説検証の前に、仮説を構築する必要がある。仕事と介護の両立について、労働政策研究・研修機構において筆者が行ってきた研究は一貫して、厚生労働省において政策立案の仮説を構築するための参考資料を提供するものであった。そのために当事者である労働者が、仕事と介護の両立においてどのような問題に直面しているか、その場面を描き出し、政策担当者に問題提起を行ってきた。

　もちろん、筆者の問題提起に沿って政策担当者が構築した仮説をもとにパネルデータを取るといった方法で厳密な仮説検証もできれば理想的である。しかし、問題を整理するだけでもけっこうな時間がかかってしまった。労働政策研究・研修機構が1つの研究計画の区切りとしている中期目標計画期間は第1期が3年半、第2期以降は5年であるが、本研究は第1期の途中に私が労働政策研究・研修機構の研究員になった1年目（2005年）から開始している。本書は、2017〜2021年度の第4期中期目標計画期間の最終とりまとめであるが、介護離職という問題を整理するだけの作業に15年以上の歳月を費やすことになった。EBPMにおけるロジックモデルの構築にそれだけ時間と労力がかかるテーマもあるということである。その仮説を検証することは今後の課題としてもちろん重要であるが、団塊世代が75歳を超える2025年は目前に迫っている。このタイミングで本書を刊行し、今後も続く研究の一里塚とすることにした。

　そのような限界を自覚しつつ、本書が政策研究として目指す到達点を改め

て明確にしておきたい。前述のように、介護休業の取得者がなぜ少ないのか、どのような理由で介護離職をしているのかという問いに対して、答えの見当がつかない状態から当機構の介護離職研究は始まっているが、以下の4つのフェーズを経ることで、その答えがみえてくると考えている。

1)　事例調査による個別・具体的な状況把握
2)　記述統計による定量的な事実関係の把握
3)　介護離職に関連する諸変数の特定
4)　介護離職の原因の特定

　研究の出発点において、当事者がどのような場面で介護離職に直面しているか、その具体的なイメージをもっていないのだから、当事者に話を聞いてイメージをつかむ必要がある。これが第1段階の事例調査である。厚生労働省は育児・介護休業法にもとづいて、企業や労働者に指導や助言を行うことがある。その意味でも、事例にもとづいて具体的に実情を理解することは重要である。そのため、本書でも事例調査の知見を多数参照している。

　その事例調査の知見を踏まえて、定量的な調査を行っているが、一直線に介護離職の原因を特定するような分析はできない。記述統計にもとづいて事例調査で得られた知見が一般化可能かを判断しながら、介護離職にかかわる事実関係を把握する。これが第2段階である。労働政策は、多くの企業と労働者に影響を及ぼすため、定量的に実情を把握することも重要である。

　その上で、介護離職に関連する変数を相関関係として取り出す作業が第3段階となる。この相関関係の一部が因果関係ということになる。ここでようやく第4段階の入り口に立つことができる。本書はこの入り口までは来ているが、第4段階の研究を本格的には行っていない。

　もちろん育児・介護休業法が介護離職の防止という目的をもっている以上、その効果を占う因果推論は必要な作業である。本書も因果関係に関心はあるが、この点は今後の課題としたい。

　だが、もともと現場で何が起きているか想像がつかなかった問題について想像がつくようにしたことの意義はあるだろう。想像がつく、つまりイメージできるということは、姿形を描けるということである。その姿形を描くという問題関心をタイトルの「構造」という概念で表している。当事者が直面

する問題と必要な支援について想像がつくようにしておけば、当機構の研究によらずとも、データを収集して因果推論を行うことができるだろう。それだけの関心をもっていただける知見を示せていれば幸いである。

2 学術研究上の位置づけ

　本書は社会学をベースとしているが、より具体的にいえば、職業社会学という職業移動に関する研究分野に当たる[11]。

　一般的に、仕事と家庭生活の両立に関する社会学的研究は、家族社会学の蓄積が豊富である。また介護については福祉社会学も豊富な蓄積のある分野である。いずれも「ワーク・ライフ・バランス」の「ライフ」に当たる研究領域である。これに対して、本書は労働研究つまり「ワーク」に関する研究書である[12]。本書も「ライフ」の領域の研究を大いに参照している、それでも家族社会学や福祉社会学とは関心の持ち方が異なる。

　労働研究書である本書は、仕事の場である企業とそこで働く労働者にとっての問題として家族介護をとらえている。家族社会学は家族の問題として介護をみる、福祉社会学は福祉の問題として介護をみる、これに対して、本書は職場の問題として介護をみる。そのような違いがある。したがって、本書は社会学の研究書であるが、家族社会学や福祉社会学に対して新しい貢献をすることは考えていない。あくまでも、労働研究の文脈で、広義の労使関係の中に介護離職という問題を位置づけ、労使の取組みとして仕事と介護の両立という問題をどのようにとらえるべきかいうことに関心を向けている。

　したがって、家族や福祉の研究者からみると、本書の介護に関する分析は

11　もともとは文字どおり職業内／職業間の労働移動の研究を主たるテーマにしてきた。だが、女性の結婚・出産・育児を契機とした離転職への関心から、育児休業等の両立支援制度や、男女雇用均等施策等の人事労務管理全般を視野に入れた研究へと発展してきた。具体的な研究に今田（1991; 1996）、前田（1998）、今田・池田（2006）がある。介護離職を扱う本書は、家族的責任にともなう離転職問題の1つに位置づけられる。家族的責任とは関係しないが、企業内の移動に関する研究として今田・平田（1995）も有名である。組織や制度が社会移動に影響するという観点において第4世代の社会階層論（竹ノ下　2013）と共通するところもあるが、法制度や企業の人事制度への関心が強いという意味では、産業社会学と共通する面もある。

12　家事・育児・介護を無償労働（アンペイドワーク）という広義の「仕事」（ワーク）に含める考え方もあるが、一般に「仕事と家庭の両立」や「ワーク・ライフ・バランス」というときの「仕事」つまり「ワーク」は有償労働を指している。

14

粗っぽいものに映るだろう。家族社会学や福祉社会学のように、望ましいケアのあり方を検討し、ケア論に新たな知見を加えるようなことを本書は目指していない。餅は餅屋である。そこは労働研究者が出る幕ではない。そのため、家族社会学や福祉社会学等の隣接分野の知見を参照はするが、それはあくまでも背景知識としての理解に留まる。育児・介護休業法の規制の対象である企業が、労働者の介護離職を防止するための備えとして知っておくべき範囲で介護の実態に目を向け、企業が対応すべき課題として介護問題をとらえている。裏返していえば、企業の人事労務管理や労使関係に影響しない介護問題には踏み込んでいない。労働研究として介護離職について新たな知見を加えるという学術的貢献を目指している。

３　関連する研究成果と本書の関係

　これまで労働政策研究・研修機構では仕事と介護の両立支援制度に関する研究を継続的に実施してきた。2005 年からの調査は、筆者がすべて担当し、分析結果を以下の労働政策研究報告書として公表してきた。

1) 労働政策研究報告書 No.73『介護休業制度の利用拡大に向けて——「介護休業制度の利用状況等に関する研究」報告書』（2006 年）
2) 労働政策研究報告書 No.170『仕事と介護の両立』（2015 年）
3) 労働政策研究報告書 No.204『再家族化する介護と仕事の両立——2016 年改正育児・介護休業法とその先の課題』（2020 年）

　1）と 2）はそれぞれ厚生労働省の「今後の仕事と家庭の両立支援に関する研究会」で報告し、2009 年と 2016 年の育児・介護休業法改正に活用された。そして、2016 年改正後の課題を検討したのが 3）という位置づけである。ここまでの研究で得られた知見は、池田（2021a）にとりまとめて出版されている。

　本書は、その先に研究を進めようとしている。その意味で、これまでの筆者の研究成果と主張・力点の異なるところがある。しかし、それは、これまでの研究成果を否定するものではない。これまでは介護の共通性に着目して、仕事と介護の両立支援制度のあり方を検討してきた。その観点において、本書の分析結果は、これまでの研究の知見と矛盾しない。介護の共通性

に立脚して両立支援制度を設計するという趣旨で考えるなら、その要点は池田（2021a）の知見から一歩もはみ出ていない。

しかし、本書では、介護の多様性に着目することで、多くの労働者が求めているわけではないという理由で、これまで焦点を当てていなかった両立支援ニーズを正面から取り上げている。その典型が、3か月を超える長期の介護休業ニーズである。これまでの研究は、長期の介護休業の必要性は低いという結論であった。にもかかわらず、やはり長期の介護休業は必要ではないかという問いを立てるのは手のひらを返しているように思われるかもしれない。しかし、それは、多数に共通する最大公約数のニーズを取り出すか、少数の多様なニーズに幅広く目を配るかという関心の向け方の違いである。

これら2つの関心の持ち方は、どちらが重要ということではない。だが、制度づくりの手順としては、まず人びとの共通性に着目し、次に多様性に目を向ける方が考え方を整理しやすい。介護の実態は多様であり、最初から多様性に目を向けていたら収拾がつかない。人びとの行為を束ねるのが制度であるという前提に立つなら、まずは共通性を取り出す作業が必要になるのは当然だろう。その共通性を取り出し、制度設計の中心線を引く作業は一段落したという認識のもと、次は多様性に目を向けようというのが本書である。

第3節　研究方法

1　調査の概要

本書では、労働政策研究・研修機構の第4期中期目標計画期間（2017〜2021年度）において実施したウェブモニターアンケート調査の二次分析を行う[13]。

働く介護者の実態は総務省の『就業構造基本調査』において把握されているが、同調査のテーマは文字どおり「就業」であり、労働者の家族介護や企

13　本研究の実施にあたり、研究会を開催して仮説や分析結果の検討を行った。研究会参加者は以下のとおり（五十音順）。酒井計史（JILPT リサーチアソシエイト）、周燕飛（JILPT 主任研究員（当時）。現・日本女子大学教授）、新名正弥（田園調布学園大学准教授）、新見陽子（同志社大学教授）、品治佑吉（JILPT アシスタントフェロー（当時）。現・立教大学助教）、山口麻衣（ルーテル学院大学教授）。

業の両立支援の実態に関する詳細な調査ではない。また、労働政策研究・研修機構（2006a）のような住民基本台帳から標本抽出をした一般的な標本調査では雇用されて働く介護者の出現率は極めて低く、分析に堪えうるサンプルサイズを確保することが困難である。

　そこで、代替的な方法として、『平成29年就業構造基本調査』（総務省2017年）が把握している介護者と回収サンプルが近似するようウェブモニターから割当法で標本抽出を行った[14]。調査の概要は以下のとおり[15]。

1) 調査名　「家族の介護と就業に関する調査」
2) 調査対象
    2000年4月以降に家族の介護を経験し、次のいずれかに該当する男女
    a) 調査時点で介護をしており、その時の年齢が20〜69歳の者
    b) すでに介護を終了しており、要介護状態終了時点の年齢が20〜69歳の者
3) 調査方法等
    抽出：調査会社保有の登録モニターから、指定した回収条件を満たすようにサンプルを抽出し、指定した回収数になるまで回答依頼を行う。また、そのために対象者の属性を把握するスクリーニング調査を行う。
    調査票の配付・回収：インターネットを使用してブラウザ等の画面で質問の回答を得る。
4) 調査委託先
    楽天インサイト（モニター登録数221万2,088人　2018年4月現在）
5) 回収数　4,000件
6) 調査時期　2019年2月

労働政策研究・研修機構では、介護離職の実態を把握する調査を何度か実

14　ウェブモニター調査であることのデータの偏りは避けられないが、仕事と介護の両立の実態を量的に把握するための試行的な調査としては十分なデータを確保できる方法を採用した。
15　詳細は巻末の付録を参照。調査結果は労働政策研究・研修機構（2020a; 2020b）として公表されている。

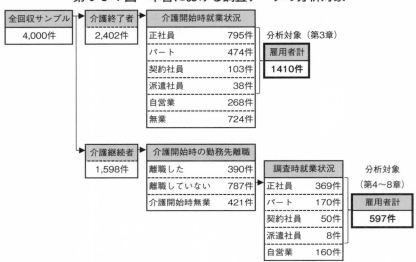

第 0-3-1 図　本書における調査データの分析対象

全回収サンプル	介護終了者	介護開始時就業状況		
4,000件	2,402件	正社員	795件	分析対象（第3章）
		パート	474件	雇用者計
		契約社員	103件	**1410件**
		派遣社員	38件	
		自営業	268件	
		無業	724件	

介護継続者	介護開始時の勤務先離職		調査時就業状況		分析対象
1,598件	離職した	390件			（第4〜8章）
	離職していない	787件	正社員	369件	雇用者計
	介護開始時無業	421件	パート	170件	**597件**
			契約社員	50件	
			派遣社員	8件	
			自営業	160件	

資料）「家族の介護と就業に関する調査」（2019 年）
筆者作成

施しているが、本調査は 2016 年の改正育児・介護休業法が施行された 2017
年から 2 年後に実施している。

　なお、育児・介護休業法は雇用されて働く労働者（雇用者）を対象にして
いることから、本書では、家族に要介護状態が発生した当初の時期（以下、
介護開始時と呼ぶ）に雇用者であった者、もしくは調査時点で雇用者であっ
た者を分析対象にする。また、育児・介護休業法が定める仕事と介護の両立
支援制度は介護開始時の勤務先での就業継続を目的としていることから、本
書でも介護離職とは、介護開始時の勤務先を離職することと定義する。つま
り、勤務先を辞めて無業になったケースだけでなく、別の勤務先に転職した
ケースも離職に含める。そのような目的で分析対象を第 0-3-1 図のように限
定している。

2　分析方法

　データ分析を行っている第3章から第8章までの各章は、第1節が問題設定、第2節が先行研究の整理、第3節が分析課題の提示、第4節がデータ分析、第5節が考察という構成になっており、実証論文のような組み立てになっている。

　だが、仕事と介護の両立については、その基本的な事実認識においてまだ広く共有されていないことが多い。そこで、記述的な事実関係の把握をまずは重視し、先行研究においても国内の調査研究を参照することで、本書のデータ分析の背景となる日本の家族介護の実態についての理解を深めるよう努めている。また、労働政策研究・研修機構において筆者が過去に実施した事例調査の結果も参照し、それらの知見を踏まえて、データ分析の課題を設定している。

　データ分析においても、まずはクロス集計を中心とした記述的な実態把握を行っている。その知見を総括する形で多変量解析も行うという方法を採用している[16]。分析で使用する変数は、調査票の設問（ワーディング）と記述統計量を巻末の付録に一括して掲載している。

　なお、仕事と介護の両立支援制度は利用者が少ないため、サンプルサイズの制約から既存制度の利用状況を詳しく分析することが難しい。そこで、先行研究では当事者の主観的意識や働き方・休み方の実態に表われる両立支援の必要性（両立支援ニーズ）に着目した分析を行うことで制度の整備に向けた潜在的課題を掘り起こしてきた（労働政策研究・研修機構　2006a; 2006b, 池田　2010, 西本　2012）。本書でも同じく両立支援ニーズに着目することで、介護離職の危機に対応した潜在的な両立支援制度の課題を明らかにしたい。

16　多変量解析においては、今後の因果関係の解明に向けた仮説を提示するという趣旨で回帰分析を行っているが、現状は偏相関分析のように他の変数の影響を統制した相関関係の析出に留まっている。両立支援ニーズと主観的な介護離職リスクという主観的変数の関係を分析している点でも因果関係の解明は今後の課題とし、仮説の提示に留まっている。

第4節　本書の構成と各章の要旨

1　本書の構成

　本書の問題意識は「介護離職の構造」というタイトルに集約されている。そこで、第1章においては、この「構造」という概念を、社会学の「社会構造」概念を参照しながら整理する。

　社会学的な構造概念は、規範として人びとを統制する「制度的構造」と人びとの相互行為の中に見出される「関係的構造」に分けることができる（Scott 2006）。第2章では、介護離職を防止する制度的構造を整理するために、育児・介護休業法と介護保険制度の概略を示す。育児・介護休業法は高齢者介護に対象を限定していないが、実際の法改正においては介護保険制度によって提供される介護サービス（以下、介護保険サービス）との連携を意識してきた。そうした政策立案の経緯を踏まえて、介護保険制度との関係の中で育児・介護休業法が対応を迫られる両立支援の課題を整理する。

　第3章では、介護離職をめぐる制度的構造と関係的構造の間隙に焦点を当てる。具体的には育児・介護休業法が定める93日（3か月）を超える期間の介護休業の必要性とその理由を検討する。この分析を通じて、育児・介護休業法という制度的構造との関係で本書が焦点を当てるべき介護離職の関係的構造の論点を整理する。

　第3章の分析結果を受けて、第4章と第5章では、3か月を超える介護休業のニーズにどのような両立支援制度で対応しうるかを検討する。介護休業と介護休暇と短時間勤務という3つの両立支援制度の代替関係を示すことで、当事者のニーズに表われる介護離職の関係的構造と法制度として設計される制度的構造をどのように接合しうるかを検討する。

　第6章では、この制度的構造と関係的構造の関係をとらえる視野を介護保険制度にも広げて、介護サービスの供給制約と介護離職の関係を分析し、その観点から育児・介護休業法が定める両立支援制度の課題を検討する。

　第7章では、介護の関係的構造として、どのように介護をするかという問題に焦点を当て、献身的に介護を行うのではなく、要介護者の自立を重視する介護方針を取り上げる。そして、この介護方針を起点に介護離職の関係的

構造を明らかにし、育児・介護休業法という制度的構造とどのように接合しうるかを検討する。

　第8章は、要介護者との関係にとどまらず、家族や友人そして職場における人間関係に焦点を当てる。労使関係に立脚して企業の行動を規制する労働政策は、家族や友人との人間関係には介入することができないが、それでも企業にできることがあるのではないかという問題意識で両立支援の課題を検討したい。

　このように、第3章から第8章までの分析は、一貫して育児・介護休業法という規範つまり制度的構造と、実際に仕事と介護の両立を図る労働者の実態から析出される関係的構造の関係に着目し、制度の想定と実態の乖離を埋めるための接点として両立支援ニーズを分析している。

　なお、第1章から読み進めて本書全体を理解することだけでなく、政策立案等の資料として部分的に参照することもできるよう、各章は一話完結の形になっている。

2　各章要旨

第1章　法制度と実態の乖離を問う

　育児・介護休業法を念頭に置いて、制度づくりへの関心を表す概念として「構造」概念を整理した。その要点は以下のとおりである。

1) 制度の機能（効果）への関心は既存制度の労働現場への影響を問題にする。一方、制度の構造への関心は新しい制度の必要性とそのあり方を労働現場の実態から検討することに向けられる。

2) 仕事と介護の両立支援においては、介護離職の防止を目的とした育児・介護休業法が定める制度の構造（制度的構造）と労働者が仕事と介護の両立を図る行為の構造（関係的構造）の乖離が重要な問題とされてきた。

3) 仕事と介護の両立支援ニーズの検討に当たっては、介護領域の制度的構造である介護保険制度や、介護領域の関係的構造に含まれる介護方針の多様化の動向も踏まえることが重要である。

第2章　介護離職防止のための法政策

2016年の育児・介護法改正によってつくられた今日の仕事と介護の両立支援制度の枠組みを整理した。その要点は以下のように整理できる。

1) 企業による両立支援が必要な場面として、1995年の育児・介護休業法制定当初は介護の始期の緊急事態への対応と介護の態勢づくりを想定していたが、実際はその後の日常的な介護の場面でも両立支援は必要である。

2) 当初は長期1回を原則とする介護休業が両立支援の柱とされていたが、介護休業の分割取得や半日・時間単位の介護休暇のように、短い期間で柔軟に仕事を休める方が仕事と介護の両立を図りやすい。

3) 日常的な介護と仕事の両立を図るために、所定外労働が免除されつつ、短時間勤務やフレックスタイム、時差出勤といった形で柔軟に勤務時間を調整しながら働ける制度が重要である。

第3章　長期介護休業の必要性

仕事と介護の両立を図る労働者が介護休業を必要とする理由は、育児・介護休業法の想定より多様であることを踏まえて、その多様な理由にもとづく多様な休業期間のニーズを分析した。その結果の要点は以下のとおり。

1) 家族介護を担う労働者の多くは、介護のための連続休暇を必要としていない。だが、少数ではあるが、法定の介護休業期間に当たる3か月を超える連続休暇を必要とする労働者もいる。

2) 3か月を超える連続休暇が必要という労働者は、介護開始時の勤務先を介護終了までに辞めている確率が高い。

3) 介護のために3か月を超える連続休暇が必要になる主な理由は「日々の介助」と「家族・親族の支援」「自身の健康」である。

第4章　日常的な介護と介護休業

当事者にとって十分な介護休業期間の長さは、介護期間の長さに依存するところがあるため、長期介護の休業ニーズに直接応える形で十分な期間の介護休業制度を設計することは難しい。そこで、介護休業のニーズを他の両立

支援制度で代替しうるかを検討した。分析結果の要点は以下のとおり。

1) 仕事がある日の介護時間の長さと両立支援ニーズとの関係において、介護休業・介護休暇・短時間勤務は相互に関連性がある。

2) 3か月を超える長期の介護休業ニーズには、介護休暇の日数を11日以上に増やすことでも対応可能。

3) 主観的介護離職リスクに対応した両立支援ニーズにおいては、介護休業と短時間勤務の間に代替関係がある。

第5章　介護者の健康と両立支援ニーズ

介護者の健康問題による離職は、生活時間配分の観点から両立支援制度を設計している育児・介護休業法の守備範囲の外にあるようにみえる。だが、両者には重なる部分もあることを明らかにした。その要点は以下のとおり。

1) 介護による傷病がある場合だけでなく、介護疲労がある場合も主観的介護離職リスクは高くなる。

2) 介護による健康状態悪化がある場合は、介護休業や介護休暇、短時間勤務のニーズが高くなる。

3) 介護者の健康状態悪化にともなう主観的介護離職リスクとの関係でも、介護休業と短時間勤務のニーズは代替関係がある。

第6章　介護サービスの供給制約と介護離職

介護サービスの供給制約と介護離職の関連性を分析し、その観点から重要な両立支援のあり方を検討した。分析結果は以下のように要約できる。

1) 施設介護か在宅介護かは主観的介護離職リスクとは関連性がない。在宅介護であっても介護者の生活と介護サービスの時間的なミスマッチがなければ主観的介護離職リスクは低下する。

2) 介護による傷病がある場合には、介護者の生活と介護サービスの時間的なミスマッチが問題になる割合が高くなる。

3) 介護者の健康管理のための短時間勤務は、介護サービスの時間的ミスマッチとの関係でも主観的介護離職リスクを下げることにつながる。

第7章 「望ましい介護」と仕事の両立

どのように介護をするのかという介護方針の多様化が、介護離職と両立支援のニーズにどのように関係するかを分析した。その要点は以下のとおり。

1) 女性より男性の方が献身的である割合は高いが、女性は自立重視の場合でも献身的な男性と同程度の時間を介護に費やしている。

2) 男性は要介護者に恩があった場合に献身的である傾向が強く、女性は要介護度1・2の場合や在宅介護の場合に自立重視の傾向が強くなる。

3) 男女共通して介護より仕事を重視する場合に、自立重視の傾向が強い。また、女性は就業状況と介護方針に関連性がある。

4) 自立重視的な介護方針の場合に主観的介護離職リスクは低くなるが、献身的な介護方針にともなう離職リスクにも、短時間勤務で対応できる可能性がある。

第8章 介護離職と人間関係

仕事と介護の両立は、介護休業や介護休暇のような両立支援制度や介護保険制度といったフォーマルな制度だけでなく、職場や家族、友人等との人間関係にも支えられている。そのような問題意識で、家族や友人、職場における人間関係と介護離職の関係を検討した。分析結果の要点は、次のとおりである。

1) 家族や友人との関係悪化は主観的介護離職リスクを高める。

2) 介護による健康状態悪化や仕事中に介護のことで呼び出されることは、家族や友人との関係悪化につながりやすい。反対に、職場で介護のことを話せる場合は友人関係の悪化を回避している可能性がある。

3) 家族・友人関係の悪化にともなう主観的介護離職リスクも短時間勤務のニーズと関連性がある。

法制度と実態の乖離を問う
——本研究のための「構造」概念の整理

第 1 節　はじめに：制度づくりへの関心

　本題である介護離職問題の分析に入る前に、本章では、「介護離職の構造」というタイトルにある「構造」概念について整理する。

　本書は、介護離職をゼロに近づけるために、当事者である労働者が直面する多様な問題に対応した両立支援制度の整備が必要であるという問題意識をもっている。その意味で、制度づくりに役立つことを目的としている。この制度づくりへの関心を「構造」という概念に込めている。

　ここでいう「構造」は、社会学の「社会構造」概念をベースにしている。世界的に有名な理論社会学者である A.Giddens は、ベストセラーとなった教科書『社会学』（第 5 版）の中で以下のように述べている。

> 　社会構造の概念は、私たちの生活の社会的脈絡が、出来事なり行為のたんなる無原則な寄せ集めではないという事実を指し示している。私たちの生活の社会的脈絡は、はっきりしたかたちで、構造化、つまり、様式化されている。私たちの行動の仕方や私たちが互いに形づくる関係のなかに、規則性を見いだすことができる。（Giddens 2006＝2009, p.23）

　この記述は、介護離職という問題を考察するのにぴったりである。家族の介護をしながら働く労働者の実態は多様であり、一見すると「出来事なり、行為のたんなる無原則な寄せ集め」のようにみえる。だが、そこには構造つまり様式や規則性がある。

　この Giddens（2006）をもとに、本書でも「構造」という概念を社会的行為の規則性と定義する。この「構造」概念にしたがって、本書では家族介護を担う労働者が介護離職に至る「社会的脈絡」つまり経緯や背景をとらえ

る。そして、仕事と介護の両立困難に直面した労働者が、離職の回避を試みるという行為の連関を描き出したい。

　この社会構造には２つの側面がある。１つは、あらかじめ定められた規則つまり「規範的パターン」として「人びとの行為を統制し導く」構造である（Scott 2006=2021, p.193）。これを「制度的構造」（Scott 2006）と呼ぶ[1]。もう１つは、「行為者たちのお互いに対する一般的で持続的な関係性――個別具体的な相互作用の背後に存在している『構造的形式』」（Scott 2006=2021, p.194）、平易に言い換えるなら、人びとの相互行為の中に見いだすことができる規則である。これを「関係的構造」（Scott 2006）と呼ぶ[2]。

　法律は文字どおり人びとの行為を統制し導く規範の一つであり、育児・介護休業法は、仕事と家庭の両立という行為に規則を与える制度的構造の１つであるといえる。そこには、法定の両立支援制度を利用することで、介護離職を回避できるという想定がある（労働省婦人局編 1994）。つまり、制度的構造は関係的構造における行為の規則性つまり行為のパターンをあらかじめ想定している。

　だが、当事者の仕事と介護の両立を図る行為のパターンは、法律の想定どおりとは限らない。たとえば、介護のために仕事を休む労働者の多くが介護休業ではなく年次有給休暇（年休）を取っている（袖井 1995; 労働政策研究・研修機構 2006a, 2006b）。つまり、仕事と介護の両立を図る労働者の実態の中に、制度的構造とは別の規則を見出すことができる。これが関係的構造である。

　この対比に沿っていえば、当機構では介護離職の関係的構造を析出し、育

1　Scott（2006）は、後にも言及する T.Parsons と R.K.Merton を、その代表例に挙げる。なお、社会学における「制度」概念は、仕事と介護の両立支援制度というときの「制度」のように法律や就業規則等に明文化された規則に限定されない。例えば、 Giddens は Radcliffe-Brown にならって「制度」概念を「規格化された行動様式」と定義し、「歴史の長期的波動の堆積」であるという（Giddens 1979=1989, p.105）。そこには、明文化された規則だけでなく、慣行として人びとが従っている行動様式も含まれていると理解できる。一方、労働政策を論じる本書では、一般的な用語法にならって「制度」概念を法律や就業規則等として明文化された規則に限定している。そのため、制度的構造という場合は明文化された規則の体系としての制度と、その明文化された制度が想定する企業や労働者の行為の規則性を念頭に置いている。
2　その古典的な理論家として Scott（2006）は G.Simmel を挙げるが、人びとの相互行為に焦点を当てる E.Goffman の研究やエスノメソドロジー、エスノグラフィー等は、この関係的構造を明らかにする研究に位置づけることができる。

児・介護休業法の枠組みという制度的構造と照合することで、両立支援制度の整備に向けた提言を行ってきた。そして、実際に育児・介護休業法の改正においても、当機構の研究成果が参照されてきた。

育児・介護休業法の改正においては、審議会に先立って研究会を開いてきた歴史がある。この研究会においては、現行法という制度的構造の外に目を向け、企業や労働者の実態の中に見出される関係的構造の知識を共有することで、制度改正の方向性を検討してきた。労働政策研究・研修機構（2006b）は 2009 年改正、労働政策研究・研修機構（2015）は 2016 年改正時の研究会においてそれぞれ参照されている[3]。

本書も同じ問題関心の延長線上にある。本書のタイトル「介護離職の構造」は、介護離職の防止を目的とした育児・介護休業法の枠組み（つまり制度的構造）と、これまで労働政策研究・研修機構において調査してきた介護離職の実態（つまり関係的構造）の関係を分析し、当事者の実態（関係的構造）に即した両立支援制度（制度的構造）の構築に向けた課題を明らかにしたいという問題意識を表している。

そのための本格的な分析に先だって、本章で「構造」概念を整理することにより、本研究の視点を明確にしておきたい。

第 2 節　両立支援制度の機能と構造

1　構造への関心と機能への関心

「構造」概念は、「構造主義」や「ポスト構造主義」という現代思想の中心概念として人文社会科学では広く知られているが、労働政策研究においては「機能」との組み合わせで「構造」概念を理解することが重要である。平たくいえば、機能とは「働き」であり、構造は「仕組み」である。

労働政策研究・研修機構は「我が国の労働政策の立案及びその効果的かつ効率的な推進に寄与し、もって労働者の福祉の増進と経済の発展に資することを目的」（独立行政法人　労働政策研究・研修機構法　第 3 条抜粋）として

3　研究会の内容は厚生労働省雇用均等・児童家庭局（2008; 2015）に取りまとめられている。

いる。ここでいう「政策の立案」は制度の仕組みづくりであり、「政策の効果的かつ効率的な推進」とは制度の働きを高めることだと理解すれば、当機構の政策研究とは、制度の仕組みと働きに関する研究であるといえる。

　このように整理すると、因果推論にもとづく政策の効果検証に関心をもつEBPM（Evidence-Based Policy-Making）は、制度の「働き」つまり機能を問題にしているといえる。一方、本書は制度の「仕組み」に関心がある。本書が「構造」概念を中心に据える第1の理由は、機能との対比において、構造の方に関心があるということである。

　もちろん本書も制度の効果に関心がないわけではない。育児・介護休業法には介護離職を防止するという目的があり、その目的のとおりに法定の両立支援制度が機能しているかという問いを無視することはできない。かつて社会学においては構造と機能の結びつきに着目する構造−機能主義が大きな影響力をもち、産業社会学がこの観点から労働研究に貢献してきた[4]。近年は社会学的な労働研究も多様化しているが、企業の人事労務管理や政府の政策等を分析対象とし、効果的な制度のあり方を問う研究は今日でも構造−機能主義的な性格をもっている[5]。政策の効果という機能への関心は、制度的構造が「人びとの行為を統制し導く」ことができているかという構造への問いに置き換えることもできる。その意味で、政策研究において、制度の構造への関心と機能への関心を完全に切り離すことはできない。

　しかしそれでも、構造への関心と機能への関心は異なる方向性をもっている面がある。そして、本書の関心は機能より構造に傾斜している。

　制度の機能（つまり働きや効果）に関する研究は、その影響が及ぶ先にある企業や労働者の行動に関心を向ける。そして、制度に対する企業や労働者の反応を厳密に分析するために因果推論の統計手法が採用されている。企業や労働者が制度に従うにせよ背くにせよ、原因としての制度は所与であり、

---

[4]　稲上毅は、稲上（1981）や稲上（2005）等の労働研究で有名だが、労働者の主観的意味や相互行為に着目する一方で、Parsons（1937）の翻訳者の1人という一面も持っている。

[5]　ただし、構造と機能の関係について、機能によって構造が決まる、あるいは反対に構造によって機能が決まるという決定論的な発想は後退している。たとえば、佐野（2021）の日英比較研究は、人事管理の仕組み（本書でいう構造）が両国で異なるにもかかわらず、実際の従業員の管理（つまり機能）においては類似性がみられることを明らかにしている。構造と機能の結びつきの多様性を前提にその結びつき方を明らかにすることに関心を向けているといえる。

その影響を受ける存在として企業や労働者の行動が問題になる。

　本書のテーマに即していえば、介護休業制度に介護離職を防止する効果があるかという問いは、制度の機能を問題にしている。だが、このような問いが可能なのは離職防止効果がありそうだといえる制度が実際に存在するからである。データにおいても、介護休業制度が離職防止に役立っていそうだといえるほどの制度利用者がいるということが前提になる。

　しかし、介護休業については、そういった仮説が成り立つだけの制度利用者がいないというのが、当機構の介護離職研究の出発点である（労働政策研究・研修機構　2006a; 2006b）。そこで、池田（2010）において介護休業は介護離職を防止するために本当に必要なのかという問いを改めて立て、データ分析の結果からやはり必要だという結論に至った。しかし、法定の介護休業制度に離職防止効果があると仮定しても、その対象者は非常に少ない。

　その一方で、介護休業の必要性とは別の理由で離職をしている労働者も少なくないことが明らかになっている（池田　2010）。つまり、介護休業制度は、介護離職者が直面する多様な問題のごく一部にしか対応できていない。

　したがって、介護休業制度に介護離職防止効果があるかという問いは重要だが、同時に介護休業制度が対応していないところで介護離職をする労働者が、どのような両立支援を必要としているかを明らかにすることも重要である。そのような問題意識で、既存制度の効果検証を重ねる前に、制度とは無関係に行動する当事者の実態を把握し、その中に介護離職の危機に直面する労働者の行為の規則性（つまり関係的構造）を明らかにし、その実態に即した両立支援制度（つまり制度的構造）のあり方を検討するという方針で、育児・介護休業法に関する当機構の研究は行われてきた。

　単純化していえば、制度の機能への関心は〈制度→実態（企業や労働者の行動）〉という方向で問題を考えるのに対し、本研究における制度の構造への関心は〈実態（企業や労働者の行動）→制度〉という方向で考えるという違いがある。もちろん、現実の政策判断において、この上の「実態」と「制度」をつなぐ「→」は双方向である。また、研究においても、前述したとおり、機能と構造への関心として厳密には切り離せない。だが、当機構における介護離職の研究は、前者より後者を優先課題としていた。本書も同じ問題

意識をもっている。すなわち、当事者の介護離職の理由の多様性に比して、育児・介護休業法が定める両立支援制度が対応している問題の範囲は狭いという問題意識がある。

2 制度の布置と守備範囲

　仕事と介護の両立支援制度が対応している問題の範囲が狭いという本書の問題意識は、介護離職者の行動範囲に比して制度の守備範囲が狭いということである。この問題意識は、介護離職という行為を行動範囲という空間的な視点でとらえている[6]。一方、政策の効果検証という因果関係への関心は、介護離職という行為を原因（前）と結果（後）という時間的な前後関係でとらえている。その意味でも、構造への関心と機能への関心は異なる視点をもっている[7]。

　労働者の空間的な行動範囲として介護離職問題をとらえるということは、家族介護を担う労働者の中で介護離職が身近なのは誰か[8]、そして、その問題に育児・介護休業法は対応できているかという問いをもつことである。

　家族の介護を担う労働者の誰もが離職の危機に直面するわけではない[9]。介護離職という問題が身近な者とそうでない者がいる。たとえば、ジェンダーとの関係でいえば、男性よりも女性の方が介護離職は身近だろう。しかし、序章でみたように、近年は男性の介護離職者も目立ち始めている。その意味で、介護離職が身近な労働者の範囲は変化する可能性がある。

　もちろん、空間的な身近さは、将来の離職の発生確率という形で時間的な

6　人びとの行動範囲の特定により社会構造を明らかにするという関心は、婚姻に着眼して家族制度を明らかにする人類学的研究として古くからある（Lévi-Strauss 1949, Murdock 1949）。

7　ただし、時間的な行為の因果関係の連鎖が描き出す人々の動線が空間的な行動範囲として表われることや、一定の空間的な範囲の中で人々が行う行為に因果関係を見出すこともできる。たとえば、P. Bourdieu（1979）の「文化資本」は、社会階級上の地位達成を説明する時間的な概念であるとともに社会階級の空間的境界を説明する概念でもある（宮島 1994, 池田 2001）。その意味で、時間的な視点と空間的な視点は対立するものではない。

8　C.Lévi-Strauss 等、フランスの構造主義思想を批判的に継承し、独自に発展させた Bourdieu は、芸術鑑賞のような趣味が学歴や職業等、社会階級上の空間的位置と結びついていることを明らかにしたが、その分析において、多種多様な趣味が、それぞれ誰にとって身近なものであるかを問題にしている（Bourdieu 1979）。

9　労働政策研究・研修機構（2006a; 2015; 2016）等の調査が明らかにしてきたように、介護終了まで継続就業する労働者の方が離職者より多い。

因果関係に置き換えて理解することもできる。時間的な前後関係で人びとの行為をとらえる視点は、時点と時点を結ぶ線で行為の連鎖をとらえる。サッカーに例えるならボールを適切に蹴ると味方にボールが届く。そこには因果関係がある。その因果関係が連なることで、パスがつながっていく。一方、空間的な行動範囲をとらえる視点は、フィールドのどの範囲でパスがつながっているかをみている。パスのつながりを面でとらえているといえる。

　仕事と介護の両立支援政策において、このような空間的な視点を重視するのは、両立支援制度が対応している介護離職者の行動範囲つまり制度の守備範囲と、実際に介護離職をする労働者の行動範囲の不一致が重要な問題であったからである。再びサッカーに例えるなら、対戦相手のパスがフィールドの左側にも展開しているのに、右側の守備だけ固めていても失点してしまう。同じように、介護離職を身近に感じている労働者が直面する問題の中に、育児・介護休業法が対応しているものと、対応していないものがある。したがって、介護離職を防ぐのに十分な守備範囲を確立するためには、介護離職者の行動範囲を把握する必要がある。

　1995 年に制定された初期の育児・介護休業法に関していえば、家族介護を担う労働者の多くは、介護休業を取らずに年次有給休暇等で介護に対応し、日常的な介護においては制度に依拠しない形で勤務時間の調整を行っていた[10]（労働政策研究・研修機構 2006b）。このように、育児・介護休業法が対応していない当事者の実態を明らかにし、法制度が対応できる問題の範囲という意味で制度の守備範囲を広げる形で育児・介護休業法は改正を重ねてきた。

　そして、この守備範囲の広げ方においては、介護休業のような 1 つの制度を改正していくことだけでなく、介護休暇や所定外労働免除の新設、勤務時間短縮等の選択的措置義務の期間拡大といった形で、複数の制度の組み合わせを豊かにするという方法がとられてきたことも重要である。

　介護休業によって回避できる離職もあれば、介護休暇によって回避できる離職もある。所定外労働免除で回避できる離職もあるというように、介護離

10　初期の勤務時間短縮等の選択的措置義務は介護休業と合わせて 3 か月までという規定であったため、日常的な介護に対応する制度ではなかった。

職が起きる場面を類型的にとらえ、介護離職が起きる場面のバリエーションに対して両立支援制度のメニューが不足していないかを検討する。そして、メニューが足りなければ、新たに制度をつくる。そのような問題意識で、育児・介護休業法は両立支援制度のメニューを増やしてきた。

　もちろん介護休業制度や介護休暇制度、所定外労働免除の制度といった1つ1つの制度の介護離職抑制効果を因果推論にもとづいて検証することにも意義はある。また、仕事と介護の両立を図る当事者の行動について、介護離職の原因となる問題を特定することも重要である。しかし、その前に、述べたような問題の多様性と両立支援制度のメニューの充実に関心が向く理由として、次のような事情もある。それは介護離職防止策として影響力が大きいといえそうな制度は今のところなく、複数の制度の組み合わせによって離職を防止する戦略が最適であるといえるからである。

　この点は育児と対比させると分かりやすいだろう。育児においては出産・育児期の離職を防止する両立支援制度として育児休業が大きな影響力をもっている。スポーツの団体競技にたとえるなら、エースと呼べる存在であり、そのエースの働きという意味で、制度の効果について様々な視点から多数の研究が蓄積されている（樋口 1994; 2007; 2009, 樋口・阿部・Waldfogel 1997, 森田・金子 1998, 今田・池田 2006, 池田 2012; 2013b; 2014b）。

　介護休業も同じくエースの期待を背負って法制化されたが、今のところそれほど大きな影響力はなく、介護休業に代わるエースと呼べる制度もまだない。その前に、介護離職を防止するだけの制度がそろっているか、つまりスポーツの団体競技でいえば、試合を戦えるメンバーがそろっているかということが問題であるという状況である。

　このメンバー構成への関心も「構造」という概念に込められている。1つ1つのポジションに役割や守備範囲があり、タイプの違う選手が有機的に配置されることで強いチームができあがる。同じように、介護休業制度、介護休暇制度、所定外労働免除の制度というタイプの異なる制度が、それぞれに性質の異なる介護離職の問題に対応することで介護離職を抑制できるという考え方である。こうした両立支援制度の有機的な配置と連関が、育児・介護休業法の制度的構造を形成している。

　したがって、データ分析においても、因果関係に固執することはしない。それよりも重要なのは、制度同士の代替関係と補完関係である。

　制度が代替的であるというのは、同じタイプの問題に複数の制度が対応している状態である。たとえば、介護休暇と年次有給休暇（年休）は代替関係にある。要介護者の通院の付き添いやケアマネジャーとの面談という同じ場面で介護休暇を取ることもできるし、年休を取ることもできる。

　一方、補完関係とは異なるタイプの問題に複数の制度で対応することを意味する。たとえば、介護休業と介護休暇は補完的な関係にある。通算 93 日の介護休業は、介護が始まった当初の介護保険サービスの利用の手続きや在宅介護から施設介護への移行といった介護態勢の構築のために取得することを想定しているが、年 5 日の介護休暇は態勢構築後の日常的な介護におけるケアマネジャーとの面談や通院の付き添いといったことへの対応を想定している。このように対応する介護の場面が介護休業とは異なる想定で、介護休暇は 2009 年に新設されている。

　1 つ 1 つの制度単体の効果ではなく、複数の制度の組み合わせで介護離職を防止するのであれば、代替関係にある制度をいくつもつくるのは冗長であり、補完的に制度を組み合わせることが重要になるだろう。このようにして、介護離職をゼロに近づけることのできる制度の組み合わせを考えることを本書は企図している。

　制度の効果検証や介護離職に関する行為の因果関係の解明は、その次の課題になる。仕事と介護の両立支援制度というチームの強さつまり機能を問題にするのは、メンバーつまり制度の構成がそろってからということである。

第 3 節　介護離職の制度的構造と関係的構造

1　制度的構造と関係的構造の相互作用

　制度化された規則である制度的構造が人びとの行為の関係的構造に対応しているかという本書の問題意識は制度的構造と関係的構造の間にズレが生じることを前提にしている。このときに、制度の対応は 2 通りある。

　1 つは、制度の想定に合わせて当事者の行動を変えることである。つま

り、 Scott（2006）が人びとの行為を統制して導くという制度的構造に合わせて関係的構造を変えるということである。その代表的な理論社会学者として有名なT.Parsonsは、これを社会化と社会統制として理論化した。

　社会化とは社会の規範を内面化し、逸脱しない行動様式を身につけることである。Parsonsにおいては子どもの社会化が有名であるが、労働研究にも職業的社会化や組織社会化という概念がある。本書のテーマである両立支援制度についていえば、法律が期待する制度利用方法を身につけることがこれに当たる。典型は介護休業の取り方であり、介護休業を法律が想定する緊急対応と態勢づくりではなく、日常的に継続する介護のために取るものだと誤解していると、介護が法定の93日で終わらなかった場合に復職できなくなってしまう。そのような誤解を、説明会や講習会で改めることにより、介護離職のリスクを下げることができる（佐藤・松浦・池田 2015）。

　社会統制は実際に逸脱行為が起きたときに賞罰を通じて逸脱行為の是正を行うことである。たとえば、両立支援制度を利用しないで、インフォーマルに勤務時間を変更して介護に対応するという方法は、これが遅刻や早退という形を取るなら、企業が就業規則等で定める労働時間管理制度に違反する行為として、罰則の対象になりかねない。結果的に職場に居づらくなって離職するリスクは高くなるだろう。その意味で、制度として認められている範囲で両立を図ることが望ましいという結論になる。

　もう1つの対応は、関係的構造に合わせて制度的構造の方が変わるというものである。本書がもっている制度づくりへの関心は、こちらの対応を念頭に置いている。たとえば、介護のために遅刻や早退をせざるを得ない労働者に罰則を与えるか否かを考えるのではなく、例えば時間単位で介護休暇を取れるようにするという考え方をする。実際、育児・介護休業法は当事者が実践する仕事と介護の両立のパターンつまり関係的構造に沿う形で制度の新設や改正を繰り返し行ってきた。

　そして、今後も、そのような関係的構造に合わせて制度的構造の組み替えがおきるだろうという見通しで、当機構の介護離職に関する研究は、労働者の実態（行動や意識）を分析してきた。その分析を通じて、家族の介護を担う労働者の健康問題という育児・介護休業法の想定にない問題も提起してき

た（労働政策研究・研修機構 2015; 2017，池田 2016; 2017）。育児・介護休
業法は仕事と介護の生活時間配分の問題に焦点を当てている。それは勤務
日・勤務時間に介護に対応する必要が生じた場合に、休暇・休業を取得した
り、勤務時間を変更できたりするという発想である。しかし、介護疲労や介
護による傷病といった健康問題は勤務時間外の介護負担が蓄積して起きてい
る場合がある。その意味で、生活時間配分とは異なる次元の問題が介護離職
につながっている可能性がある。

　介護による労働者の健康状態悪化のほかにも、仕事と介護の両立という
テーマには、育児・介護休業法にしたがっていれば介護離職をゼロにできる
わけではないという問題が、関係的構造の分析から次々と明らかになってき
た歴史がある。既存制度の影響力を問題にするより、当事者の意識や行動を
分析して新たな制度づくりにつなげるという問題意識の方が強くなるのは、
そのような事情によるところもある。

　このように関係的構造から制度的構造に働きかける側面に着目して独自の
理論を構築した Giddens は、その理論を構造化理論と呼んでいる（Giddens
1979; 1984）。その意味で仕事と介護の両立支援の制度改定は、 Giddens の
いう構造化と親和的である。冒頭で Giddens による「社会構造」概念を引
用したのも、法改正への関心が構造化理論と親和的であることによる[11]。こ
の点をもう少し掘り下げてみよう。

2　法改正を問うための構造概念

　人々の行為の実態の中に見出される規則性つまり関係的構造に合わせて法
律に表われる制度的構造が作り替えられるという発想は、次のような
Giddens（2006）の記述と通じるところがある。

　　社会構造は、たとえば建造物のような、人びとの行為とは無関係に独立
　　して存在する物理的構造のようなものではない。人間の社会は、つねに構
　　造化の過程にある。人間の社会は、その社会を構成する建築ブロックその

11　Scott（2006）も、制度的構造と関係的構造の新たな関係を理論化した社会学者の 1 人として
　　Giddens を挙げている。

もの——あなたや私のような人間——によって、時々刻々建て直されている。

　（中略）1杯のコーヒーは、あなたの手元に自動的にやってくるのではない。あなたは、たとえばカフェに出掛けていって、コーヒーをブラックで飲むかミルクを入れて飲むかを選択する。あなたが他の何百万人の人たちとともに、そうした選択をおこなえば、あなたは、コーヒー市場を形成し、地球の反対側のおそらく何千マイルも離れたところで暮らすコーヒー生産者の生活に影響を及ぼすことになる。（Giddens 2006=2009, p.23）

　コーヒーをブラックで飲むかミルクを入れて飲むかという例えは、介護に直面したときに介護休業を取るのではなく、年休で対応するという人びとの選択が育児・介護休業法を改正し、介護休暇を新設することにつながったという実例に近い。

　また、法律が「時々刻々と」改正されるということはないが、育児・介護休業法は法施行から5年後に見直すことが慣例になっている。その意味で、「常に構造化の過程にある」という言葉とも整合的である。つまり、育児・介護休業法は、その構造化の過程を規則として制度化しているといえる。いうなれば、法律に表われる制度的構造と、人びとの行為の中に見出される関係的構造のほかに、両者の関係を調整する構造が政策立案の過程にはある。

　この3つ目の構造を「調整の構造」と呼ぶなら、調整の構造にも、育児・介護休業法の5年後見直しのようにあらかじめ制度化されている場合と、そうではなく、政策決定にかかわる当事者や利害関係者の相互行為の結果として制度の見直しが行われる場合がある。たとえば、子が1歳6か月から2歳までの育児休業（育休）の再延長を認めた2017年改正や、男性の育休制度を改正した2021年改正は、5年後見直しとは別に行われている。

　さらに、5年後見直しにおける改正事項もあらかじめ決められているわけではない。法改正を行うと付帯決議として、一部の問題は次回の改正に議論を持ち越される。その意味では計画されている面もあるが、付帯決議に挙がった事項が5年後に必ず改正されるわけではない。つまり、いつどのような制度改正が行われるかは、様々な協議や調整の結果であり、統制できない

面がある。

　その意味で、本書が対象にしている育児・介護休業法は、制度化された規則（制度的構造）が人びとの行為を統制するという一方的な関係でもなければ、人びとの行為の中に見出される規則性（関係的構造）がそのまま制度として構造化されるという関係でもない。制度的構造と関係的構造が調整を要する関係であるということは、両者は交渉的な関係にあると言い換えることができる。

　制度的構造と関係的構造が矛盾なくつながっているところだけをみれば、社会化や社会統制で社会構造が維持されているようにみえるし、反対に、構造化によって人びとの行為が社会構造を変えているようにもみえる。しかし、育児・介護休業法に限らず、労働研究が明らかにしてきた法制度と企業や労働者の行為の関係においては、面従腹背や同床異夢といえる矛盾が常態としてある[12]。

　このような観点に立つなら、Giddens をはじめとする社会学の構造概念は、そのまま本研究に応用しにくいところもある。

　その最たるものは構造の全体的な統一性である。Giddens は構造概念を言語の文法に例えるが（Giddens　2006＝2009, p.123）、この例えは仕事と介護の両立という本書のテーマになじまないところがある。この例えに沿って考えるなら制度的構造とは文法であり、関係的構造とは日々の発話や会話という相互行為の規則性だといえる。ここでいう文法を、文法書に明文化された規則にとどまらず、慣行として人びとの言葉遣いを統制する規則を含むものと理解するなら、関係的構造全体を包摂する統一的な制度的構造というものを、介護離職という行為についても想定できそうである。

　だが、仕事と介護の両立を図り、介護離職を回避するという問題について、言語の文法のような、人びとの行為全体をカバーする体系的規則がある

12　企業の中にも、人事労務管理の制度と人びとの就業実態の間に矛盾があることは珍しくなく、勤務先の制度に背く行動はしていないが内心では納得していないという面従腹背や、上司のためではなく自分のために上司の命令を聞くといった同床異夢の事例がたくさんある。『社会と調査』第 26 号の特集「企業組織を調査する」掲載の佐藤厚（2021）、山下（2021）、髙橋（2021）は、企業の人事労務管理に関する制度と従業員の就業実態の乖離や矛盾をとらえる研究方法を産業社会学が蓄積してきたことを示唆している。

と想定することは、今のところ現実離れしている。抽象的な想定をすれば、そのような体系的規則があるということができるかもしれないが、少なくとも育児・介護休業法が定める規則にそのような全体性と体系性はまだない。

　Giddens は、文法を知っているから会話ができるのと同じように行為は構造を利用しているという（Giddens 2006=2009, p.123）。だが、育児・介護休業法は、介護休業や介護休暇といった法定の両立支援制度を労働者は利用しましょう、企業は利用させましょうと推奨して規則に人びとを従わせる力もない。それよりも、介護休業ではなく年休で介護に対応することで介護離職を回避するという労働者の行為の実態を尊重し、その中に見出される関係的構造に合わせて法制度をつくってきた。

　つまり、介護離職問題において育児・介護休業法という制度的構造は、仕事と介護の両立を図る労働者の関係的構造に対して交渉力が弱い。企業や労働者に法制度に従いなさいと強くいえない。法制度に従った方が介護離職を回避できるといえる全体性と統一性を備えた規則を備えていないからである。もちろん、労働法の中には企業や労働者に対して強い交渉力をもっている法律もある。労働基準法や労働組合法はそうだろう。強い交渉力をもつ法制度だけをみれば、職場も社会化（教育）と社会統制（取り締まり）によって秩序が保たれているようにみえるが、交渉力が弱い法律もあるということである。

　また、今後、仕事と介護の両立支援制度の整備が進み、関係的構造の大部分を包摂する制度的構造を形成するにいたったとしても、やはり全体を統制する統一的な制度的構造を想定することは、育児・介護休業法に関しては現実的でないだろう。政府の統制に企業や労働者を従わせるような強い取り締まり体制を構築していないからである。あくまでも当事者の自主性に委ねつつ、労使のトラブルを予防・解決するために、企業や労働者の相談に応じ、助言や指導をするという現場への介入の仕方は変わらないだろう。その意味で、制度的構造と関係的構造の調整という問題は残り続けると考えた方が現実的である。

　いずれにせよ、本書のタイトルである「介護離職の構造」は、育児・介護休業法に表われる制度的構造と、仕事と介護の両立を図る労働者の行為の中

に見出される関係的構造、そして両者の調整の構造という 3 つの構造の組み合わせで成り立っているといえる [13]。このうち、調整の構造のあり方については、本書の知見を政策立案に活用する段階の問題であるため、本書では立ち入らない。本書を含む労働政策研究・研修機構の研究活動自体が企業や労働者の実態と法制度の関係を検討するという「調整の構造」に組み込まれている [14]。そのことを前提とした上で、制度的構造と関係的構造の間にどのような調整の課題があるのかを明らかにしていきたい。

第 4 節　高齢者介護の制度的構造と関係的構造

1 企業による両立支援制度と福祉体制

　本書では、構造概念を言語の文法のような統一的な規則の体系ではなく、多元的なものとして理解している。その縦軸が制度的構造と関係的構造の二元構造であるとするなら、横軸として「仕事領域」と「介護領域」の二元構造を設定することができる。

　第 1-4-1 図に、仕事と介護の両立という問題における制度的構造と関係的構造の関係を整理しているが、労働政策としての育児・介護休業法は「仕事領域」の「制度的構造」に位置づけることができる。だが、もう一方の「介護領域」にも「制度的構造」と「関係的構造」がある。そして、育児・介護休業法は、三方に位置する他の構造との調整を必要とする。1 つは、前節までに言及してきた「仕事領域」の「関係的構造」つまり、労働者の休暇・休業取得行動や勤務時間短縮といった「働き方・休み方の実態」であるが、このほかに「介護領域」における「制度的構造」と「関係的構造」を踏まえる

13　これに加えて、法定の両立支援制度とは別に企業が就業規則等で定める両立支援制度がある。そこには、93 日を超える長期の介護休業制度や有給の介護休暇制度等、法定を上回る内容の制度や、在宅勤務制度等、企業独自の制度が含まれる。そうした個々の企業の制度もまた自社の従業員の行動パターンを想定して制度設計をしているが、その想定と実態は必ずしも一致しない。だが、本書では、個別企業の両立支援制度は法定どおりであるという仮定を置き、法制度と個別企業の制度の関係は問わないことにする。

14　労働分野の政策決定は政府・労働者・使用者（政労使）の三者の協議と合意によることが手続きとして制度化されている。つまり、政府は法制度の制定や改正にあたって当事者の実情を踏まえることがルールになっている。その意味で、制度的構造と関係的構造の調整の構造が制度化されているといえる。

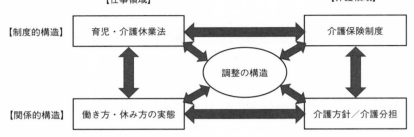

第 1-4-1 図　仕事と介護の両立における制度的構造と関係的構造

筆者作成

必要がある。

　そのため、「制度的構造」と「関係的構造」の調整を担う「調整の構造」は「仕事領域」だけでなく「介護領域」にも注意を向ける必要がある。労働政策研究・研修機構の政策研究は「調整の構造」に組み込まれていると前述したが、本研究も「仕事領域」に軸足を置きつつ、「介護領域」にも目を向けて研究を行う必要がある[15]。

　その介護における制度的構造の典型は、高齢者介護における介護保険制度である。この介護保険制度は介護サービスを保険制度によって提供する財政的な仕組みであるが、「介護の社会化（脱家族化[16]）」という目的において高齢者介護にかかわる人びとを「統制し導く」規範的な側面を有している。そして、このケアの社会化（脱家族化）という理念は、単に介護の問題に留ま

15　本書では仕事と介護の両立を可能にする調整を問題にしているが、育児と介護を同時に担うダブルケアにおいては、育児と介護の調整も問題になる。相馬・山下（2017）は「ダブルケアに従事する人は常に介護と育児のどちらを優先させるかの選択を日々迫られ、介護と子育てに関わる決断をしなければならない」が、「介護支援者は介護（高齢者）だけ、子育て支援者は子育て（親子）だけをみるのでも大変な仕事量をかかえており、またそれぞれの対象者しか見えにくいのが現状である。また、行政窓口も所管別に対応することが多い」（相馬・山下 2017, p.71）という問題を指摘している。仕事（労働政策）と介護（高齢者福祉政策）に限らず、縦割り行政の弊害が様々に指摘されている日本では異なる制度的構造をもつ政策分野の調整は重要なテーマであるといえる。

16　社会化という言葉は、前述した「社会化と社会統制」という文脈でも使用されるため、介護の社会化の文脈では「脱家族化」という概念を用いる。日本の政策の文脈で介護の社会化という用語を用いるときには、「介護の社会化（脱家族化）」という形で脱家族化と言い換え可能な概念として「社会化」を用いていることを明確にしたい。

らず、福祉体制（福祉レジーム）というより大きな社会の制度的構造とも関連している。

　仕事と介護の両立という問題は、介護というケアを家族が担うことを前提にしているが、そもそも家族が介護を担うということ自体が自明ではない。食事や着替え、入浴といった日常生活行動のケアを家族が担うのではなく、公的サービスもしくは市場サービスを利用するという選択肢もある。その観点から、日本では介護保険にもとづくサービス（以下、介護保険サービス）が広く利用されている[17]。

　介護を家族が担うのか、サービスを利用するのかは、個人の選択の問題でもあるが、政策の力点の置き方にも左右されているところがある。その意味で制度的構造への関心は介護領域においても重要である。

　Esping-Andersen（1990）は、欧米資本主義社会の福祉体制を、自由主義、保守主義、社会民主主義に類型化したが、その分類軸の１つとして、Esping-Andersen（1999）は「脱家族化」概念を提示する。脱家族化とは、「家族への個人の依存を軽減するような政策を指している。つまり、家族の互恵性や婚姻上の互恵性とは独立に、個人による経済的資源の活用を最大限可能にする政策」（Esping-Andersen 1999=2000, p.78）である。

　そして、この脱家族化概念は、特に女性の家族的責任と仕事の両立という問題に直接かかわることを Esping-Andersen（1999）は以下のように明言している[18]。

　　女性（あるいは、少なくとも母親）が家庭の責任を負わされ、そのことが彼女たちの就労による完全な経済的自立を制限しているという事実を前提にすれば、彼女たちの脱家族化は、多くの研究が示唆するように、ただ福祉国家の肩にのみかかっている。（Esping-Andersen 1999=2000, p.78）

17　介護保険サービスは、財源は公的な保険であるが、サービスの提供は民間事業者が行うという仕組みであり、公的サービスと市場サービスの混合形態であるといえる。
18　近年、介護は女性だけでなく男性も担うようになりつつあることが関心を集めている。この問題については第 7 章で扱う。

Esping-Andersen（1999）は、「最大限の福祉義務を家族に割り当てる体制」を家族主義福祉レジームといい、自身の3類型の中では保守主義において家族主義の色彩が強いことを指摘する。

一方、Kröger and Yeandle 編（2013）は、仕事と介護の両立に関する国際比較研究において、イギリス・オーストラリアを自由主義、スウェーデン・フィンランドを社会民主主義とする Esping-Andersen の枠組みを踏襲しつつ、日本と台湾を「家族主義」と呼んでいる。同じように新川（2014）は Esping-Andersen の3類型に家族主義を加えた4類型を明示し、日本を家族主義に分類する。

日本の福祉政策の家族主義は政府の方針として明示されている（横山2002）。例えば1978年の『厚生白書』は、三世代同居率の高さに着目し、以下のように述べる。

　　老親がまだ元気なうち（たとえば50〜65歳くらい）においては子ども夫婦にとって、出産、育児の手伝いや援助を期待でき、さらに就労を希望する主婦にとっては、留守番や子どもの世話の一部をまかせることができる。次に老親がしだいに身体的機能が衰える時期（たとえば70歳以上）においては子ども世帯による老親の介護が期待できる（厚生省　1978, p.58）

背景には、欧米に比して高い三世代同居率があった。伝統的な日本の家族には長男が親と同居し、その妻（長男の嫁）が老親を介護する慣習があった（袖井　1989）。時代が下るにつれて、老親と同居するのは長男に限らなくなったが、育児・介護をめぐる成人親子の互助的な関係は長く維持されてきた。前田（1998）は、老親との同居が育児期の女性の就業にはプラスに作用するが、介護期の女性にはマイナスに作用することをデータ分析によって明らかにしている。よくも悪くも成人親子の結びつきが強いことを物語る研究だといえる。

しかしながら、日本の政策は家族主義のみを強調してきたわけでもない。福祉国家の類型論は「自由主義」「保守主義」「社会民主主義」「家族主義」というラベルを貼ることで、その国の福祉体制を静態的にとらえすぎる懸念

がある。実際は、Kröger and Yeandle 編（2013）が、まさに仕事と介護の両立をテーマに検討しているように、社会民主主義の国であっても「大きな政府」を維持することは難しくなっており、介護を家族に委ねようとする力が働いている[19]。

　反対に、日本では家族主義的福祉政策が依拠してきた三世代同居率が低下傾向にあり、「大きな家族」を維持できなくなっている。第 1-4-2 図が示すように、65 歳以上の者がいる世帯において「三世代世帯」の割合は低下しており、「親と未婚の子のみの世帯」「夫婦のみの世帯」「単独世帯」が上昇

第 1-4-2 図　世帯構造別　65 歳以上の者がいる世帯の構成割合

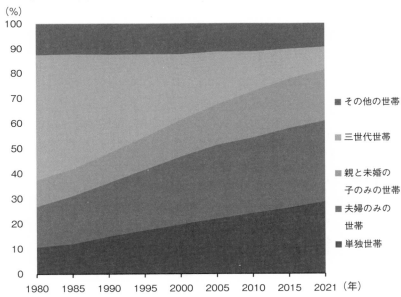

資料：1985 年以前の数値は厚生省「厚生行政基礎調査」、1990 年以降の数値は厚生労働省「国民生活基礎調査」
※ 1995 年は兵庫県を除いている。2020 年の調査は中止。
筆者作成

19　Pfau-Effinger and Geissler（2005）は、ヨーロッパ各国において 1970 年代以降に公的介護支援政策が見直され、老親介護の地域化や家族化がみられるという。Verbakel（2018）は、公的介護支援制度と家族介護の代替・補完関係を検討し、公的介護支援制度がある程度充実していないと家族介護者に負担がかかり過ぎて、介護支援システム全体の持続性が下がることを指摘している。

している。そして、家族の介護負担が耐えがたいほどに重くなったことを受け止めて、日本政府は介護の社会化（脱家族化）を目指してきた。その方針を具体化したのが、2000年に始まった介護保険制度であり、「介護離職ゼロ」も介護の脱家族化を推進する意思表明であるといえる。

　この介護の脱家族化の方針は、育児・介護休業法が定める両立支援制度に関する労働者のニーズにも影響しているところがある。例えば介護保険制度のもとで在宅介護サービスの利用が拡大し、要介護状態の発生から介護サービスの利用開始まで3か月もの期間を必要としなくなったことが、介護休業のニーズを引き下げている面がある（池田　2010, 厚生労働省雇用均等・児童家庭局　2015）。

　その一方で、介護保険制度は期待したほどには家族介護を代替していない。財政上の制約から介護保険サービスの支給限度額が家族介護を代替するレベルにはなく、「介護保険を最大限活用しても、家族介護がなければ自宅での生活が成り立たないケースは少なくない」（下夷　2015, pp.56-57）[20]。

　介護保険制度が始まった2000年の給付総額は3.6兆円であったが、5年後（2005年）には6.4兆円、10年後（2010年）には7.4兆円となり、15年後（2015年）は10.1兆円となった。これと歩調を合わせるように、2000年には2,911円（全国平均）だった介護保険料は2015年には5,514円になっている（財務省主計局　2017, p.51）。サービス供給の面では在宅介護サービスが大幅に増えている。1カ月平均のサービス受給者数は2000年の184万人から2012年は458万人へと2.5倍になった。特に在宅サービスの受給者増加が著しく、2000年の124万人から2012年には338万人と2.7倍になっている。また、2006年から開始された地域密着型介護サービスも受給者が伸びており、2006年の16万人から2012年には33万人へと2.5倍になっている。しかしながら、特別養護老人ホームなどの施設サービスは、2000年の60万人から2012年は87万人と1.4倍の伸びであり、在宅サービスに比べて受給者数は少なく、また増加の伸びも小さい（下夷　2015, p.54）。

　さらに、急速に増える介護保険サービスの利用が財政を圧迫するようにな

20　菊池（2012）、菅・梶谷（2014）、黒田（2014）のように、介護保険サービスが家族の介護時間を減らす効果を一部認める研究においても、その効果は限定的である。

り、サービスの供給制約とともに家族の介護負担が増す「介護の再家族化」が起きているという指摘もある。藤崎（2009）は、訪問介護サービスのあり方をめぐる各種政策資料と統計データを分析することで、介護保険制度による介護の社会化（脱家族化）と再家族化の動向を考察している。その結果から、生活援助サービスに様々な規制がかけられており、その規制は 2005 年度の介護保険法改正を経ていっそう強化されていることから介護の社会化より再家族化が進んでいると結論づける。

　育児・介護休業法が当初は想定していなかった日常的な介護について制度の整備が必要と判断された背景にも、介護保険制度が対応していないところで家族が介護に対応する必要が日常的にあるという事実認識があった（厚生労働省雇用均等・児童家庭局　2008; 2015）。

　政府の理念・理想は介護の社会化（脱家族化）の推進にあるが、現実は財政制約から介護の再家族化に向かう力も働いている。今日の政府は明確な家族主義の方針を掲げているわけはないが、だからといって脱家族化が進んでいるわけでもなく、両者の間で揺れ動いているのが、高齢者介護政策の現状であるといえる。つまり、高齢者介護の制度的構造は脱家族化という一方向の理念に集約されるわけではなく、介護サービスの供給制約をともないながら介護にかかわる人びとの行為を統制している。その意味で、脱家族化とともに、反対方向の再家族化もまた結果として人びとを統制し導く規範として作用している面がある。介護の再家族化が進めば家族の介護負担が増す分、育児・介護休業法において、さらなる両立支援制度の拡充が必要になることが予想される（労働政策研究・研修機構　2020b, 池田 2021b）。

　もちろん育児・介護休業法は高齢者介護に限定しておらず、介護保険制度は家族を介さずに要介護者を直接支援する枠組みであるため、両者は「介護」という概念を共有しながらも、支援の目的が異なる。政府の「介護離職ゼロ」は、育児・介護休業法が定める両立支援制度とともに介護保険サービスにも介護離職の防止を求めているが、育児・介護休業法と介護保険法は同床異夢である。

　しかし、1995 年に育児・介護休業法が制定された 2 年後の 1997 年に介護保険法が制定され、企業に介護休業が義務づけられた 1999 年の翌年 2000 年

に介護保険制度が始まっているという経緯もあって、高齢者介護においては育児・介護休業法が定める仕事と介護の両立支援制度のニーズに介護保険制度が影響してきたことは否めない。厚生労働省において、両者の調整のための協議や情報交換・意見交換の場をつくる試みも行われており[21]、その意味での労働政策と高齢者介護政策の調整の構造化が課題になっている。

2 望ましい介護の多様性

介護の脱家族化と再家族化というマクロな福祉体制の変化が、仕事と介護の両立をめぐる制度的構造の大きな変化であるとするなら、介護を担う家族の行為という関係的構造にも変化がみられつつある。

介護保険制度ができる前、家族主義的な福祉体制の元で家族の介護負担が問題になっていた当時、家族には付きっ切りでケアをする献身的な介護が期待されていた。春日（2001）は、介護保険制度が始まる前の調査にもとづき、息子の妻（嫁）には、やり過ぎるほど献身的に介護をしなければならない社会規範があったという。さらに義務ではなく、愛情にもとづく介護においても、介護者は自分の自由を奪われるという（春日 2001, pp.152-153）。

C. Ungerson（1987）は家族の介護を引き受ける理由を義務と愛情に大別しているが、いずれにせよ献身的な介護における家族介護者の負担は重い。しかしながら、近年はどのように介護をすべきかという介護の仕方に関する規範が多様化していることを、平山（2014; 2017）は指摘する。

平山（2014）はアメリカの社会学者である S. Matthews の一連の研究を引用しながら[22]、男性が女性に比べて介護をしていないとみなされるのは、男女によって望ましい介護のあり方（介護方針）に関する規範意識が異なるからだという。男性は老親介護において「手厚く世話をするのではなく、自立を維持させるために手助けを最小限にする」（平山 2014, p.194）という。平山（2014）は、このような介護を「ミニマムケア」と呼び、老親介護を担

21　たとえば、育児・介護休業法の改正事項を議論する際に、介護保険制度の担当者からヒアリングを行うというようなことが行われている。2014 年 12 月 19 日の「今後の仕事と家庭の両立支援に関する研究会」の資料と議事録を参照。
22　具体的には、 Matthews and Rosner（1988）、 Matthews（1995）、 Matthews and Heidorn（1998）、Matthews（2002）を参照している。

う日本の男性（息子介護者）の事例調査から、「彼らが介護をやりすぎない
のは、親の心身の機能をできるだけたくさん、そしてできるだけ長く維持し
たいからである。」「だから、親が親自身に危険が及ぶようなことをしない限
りは、たとえ不可解で非効率なことをしていたとしてもそのまま続けさせ
る。そして、もうこれ以上は自分だけでは無理だと思うぎりぎりのところま
で手を出さない。」（平山 2014, p.184）という当事者の主張を紹介する。

　このような介護の仕方は、姉妹や妻といった家族から注意や非難を受け
て、介護方針をめぐる対立が家族の間に生じることがある。しかし、注意や
非難を受けるのは、介護をしていないからではなく、介護方針が異なるため
であり、注意や非難をする姉妹や妻を息子の方が締めだしてしまうこともあ
る（平山 2014, p.187）。

　平山（2014; 2017）が引用する S. Matthews は、平山のいうミニマムケア
を 1 つの介護の仕方として評価する。その一方で、平山（2014; 2017）自身
はミニマムケアを認めることに懐疑的である。この問題について、どちらが
という価値判断を下す知見を労働政策研究は蓄積していない。だが、介護方
針の多様化は、企業が労働者に提供する両立支援のニーズに関わる（労働政
策研究・研修機構 2020b, 池田 2021a; 2021b）。その意味で、労働政策研究
においても重要な問題である。

　ケアをめぐる従来の議論は、誰がケアを担うべきかという問題に強い関心
を向けてきた。そして、ジェンダー論を軸に女性だけでなく男性もケアを担
う方向性を示すとともに、ケアの脱家族化として家族だけではなく社会的支
援によるケアを拡充する方向性を議論してきた。その過程で、男性によるケ
アや社会的サービスによるケアの不十分さが問題にされ、その不足を補うた
めにやはり女性が家庭で重い責任を負っているという実態を明らかにしてき
た。ジェンダー論に依拠して息子介護に焦点を当てる平山（2014; 2017）も
そうした研究の一つである。

　しかし、介護の担い手（介護主体）が多様化し、女性だけでなく男性も介
護をするようになると、どのように介護をするかという介護方針も多様化す
る。この介護方針の多様化という問題は、介護主体の問題とは別に、仕事と
介護の両立にとっても重要な要因になる可能性がある。

　育児・介護休業法において仕事と介護の両立支援制度をどのように設計するかは、よりマクロな福祉体制における介護の脱家族化と再家族化という変化との調整が必要な問題である。加えて当事者が仕事と介護の両立を図る行為においては、介護方針の多様化を踏まえることも重要である。

　福祉体制において介護の脱家族化が進み、介護方針において要介護者の自立を重視するミニマムケアが増えれば、家族介護を担う労働者の仕事と介護の両立負担は小さくなるため、企業による両立支援制度は最小限で済む。しかし反対に、献身的な介護を前提に介護の再家族化が進めば、家族介護を担う労働者の仕事と介護の両立負担は大きくなるため、企業は両立支援制度を最大限に整備する必要が生じる。その意味で、企業の両立支援制度の必要性は相対的なものである。

　では、当事者の介護負担が増して、仕事と介護の両立が困難になったとき、介護離職のリスクはどのような形で出現するだろうか。育児・介護休業法が定める両立支援制度は、仕事の時間と介護の時間の生活時間配分に焦点を当て、介護のために出勤できなくなって離職せざるを得なくなるという想定のもと、休業や休暇といった制度によって離職を回避するという設計になっている。しかし、ここにも制度の想定と実態が必ずしも一致しないという問題がある。

　育児・介護休業法は、入退院の手続きや介護サービスの利用手続き、通院の付き添いやケアマネジャーとの面談、デイサービスの送迎対応といった、要介護者のために時間を費やすことを想定して、介護休業や介護休暇、所定外労働免除、勤務時間短縮等の選択的措置義務等の両立支援制度を設計している。しかしながら、労働者が介護のために仕事を休む理由はほかにもある。それは要介護者ではなく介護者の健康状態悪化である。

　池田（2014a）は年次有給休暇（年休）を取って介護に対応する労働者が多いという実態を踏まえて、介護のために体調が悪くなった場合にも年休取得確率が高まることをデータ分析によって示している。健康状態の悪化を理由に仕事を休むことをアブセンティーズムというが、介護によるアブセンティーズムという問題があるといえる。加えて出勤はしているが健康状態が

良くないことから仕事のパフォーマンスが上がっていないことをプレゼンティーズムというが、介護によるプレゼンティーズムの問題もあることが明らかになっている（労働政策研究・研修機構 2015, Ikeda 2016, 池田 2021a, 林 2021）。

　なお、生活時間配分の問題も健康状態の問題も、企業の両立支援制度だけで対応可能なものでなく、介護の脱家族化というマクロな福祉体制が関係しており、介護保険サービスが家族介護を代替できる範囲が広がれば、介護者はそれだけ仕事や健康状態の回復に時間を割くことができる。

　また、前述した献身的か自立重視かという介護方針も関係しており、献身的である場合には、介護者の健康状態悪化を招きやすく、短時間勤務のニーズも高くなる。つまり、人と人とのかかわり方、人間関係の問題がミクロな介護問題の基底にある。

　このように介護が仕事に及ぼす影響は多様である。そのため、柔軟な発想で問題の出現パターンを想定し、広い視野で問題をとらえることが、「介護離職の構造」を明らかにするために重要であるといえる。

第5節　要約：介護離職の問題構造

　育児・介護休業法において仕事と介護の両立支援制度の改定を行うプロセスを踏まえ、労働政策研究において制度づくりへの関心を表す概念として「構造」概念を整理してきた。

1) 制度の機能（効果）への関心は既存制度の労働現場への影響を問題にする。一方、制度の構造への関心は新しい制度の必要性とそのあり方を労働現場の実態から検討することに向けられる。

2) 仕事と介護の両立支援においては、介護離職の防止を目的とした育児・介護休業法が定める制度の構造（制度的構造）と労働者が仕事と介護の両立を図る行為の構造（関係的構造）の乖離が重要な問題とされてきた。

3) 仕事と介護の両立支援ニーズの検討に当たっては、介護領域の制度的構造である介護保険制度や、介護領域の関係的構造に含まれる介護方

針の多様化の動向も踏まえることが重要である。

　近年、 EBPM として統計的な因果推論にもとづく政策効果の検証への関心が高まっている。社会学では、このような分析を機能分析と呼んできたが、本書のテーマである仕事と介護の両立支援では、効果検証に値する制度がまだない。そのため、既存の制度の効果検証をする必要がないとはいわないが、まだ対応できていない問題に対応する新たな制度の仕組みを検討することの方が先決だという問題意識を「構造」という概念で表現している。

　この構造には、規範として人びとの行為を統制する制度的構造と、人びとの行為の中に見出される関係的構造がある。育児・介護休業法のような法律が定める規則は制度的構造、人びとが実際に仕事と介護の両立を図る行為の中に見出される規則性が関係的構造である。

　その関係的構造においては、介護のために仕事を休む必要が生じた場合に、介護休業ではなく年休を取るというような、両立支援制度に依拠しない行動が広くみられる。のみならず、介護による健康状態悪化のように、育児・介護休業法が前提としている生活時間配分の問題とは別の問題も起きている。そのように関係的構造をとらえる視野を広げていくことで、介護離職者の行動範囲を明らかにし、育児・介護休業法の守備範囲を広げるためのヒントを得たいという問題意識が「構造」という概念に込められている。

　制度的構造においては、労働政策としての育児・介護休業法だけでなく、社会保障政策における高齢者介護政策、具体的には介護保険制度との関係に留意する必要がある。介護の脱家族化（社会化）を目指す介護保険制度は、介護サービスが家族介護の一部を代替することによって介護者の就業を可能にする面がある。介護保険制度の目的は要介護者の支援であり、家族介護者の就業どころか家族の介護を支援するという設計にもなっていない。しかし、実際上、介護サービスの供給制約が両立支援ニーズと結びついている面があり、育児・介護休業法における両立支援制度の設計において、介護保険制度との連携は重要な課題として認識されている。

　また、関係的構造の問題においては、誰が介護を担うのかという介護主体の多様化にともなって、どのように介護をするのかという介護方針の多様化がみられるようになっている。これまでの介護は女性による献身的な介護を

モデルにしてきたが、男性にも介護が広がることにより、要介護者の自立を
重視し、なるべく手を貸さないという方が望ましいという介護方針が目立つ
ようになっている。これも介護者の就業に限定した問題ではないが、介護方
針の違いが、どのような両立支援ニーズと関係し、介護離職のリスクを高め
るのかといった問題にも目を向けることが重要になるといえるだろう。

　以上のように整理してきた介護離職問題の構造を図にすると第 1-5-1 図の
ようになる。図の中心には、仕事領域の制度的構造である「両立支援制度」
と関係的構造である「仕事と介護の両立行為」があり、両者の相互作用に
よって制度の労働現場への浸透と実態にもとづく制度改定が行われる。

　以下は仮説であるが、図の右側に視線を移していくと、介護離職につなが
る仕事と介護の両立困難には育児・介護休業法が想定する生活時間配分の問
題とともに介護者の健康問題がある。また、図の左上に視線を移していく
と、育児・介護休業法が定める両立支援制度は、介護領域の制度的構造であ
る介護保険制度と関連している。

　また、図の左下に示しているように、仕事と介護の両立行為は、要介護者
や他の家族との関係が規定している面がある。献身的介護と自立重視的介護
という介護方針や、家族との介護分担、介護のあり方に関する家族との意見
調整といった問題が、ここに含まれる。

　このような整理にもとづいて、次章以降の分析課題を整理しておこう。

　第 2 章では、まず制度的構造の現状として、育児・介護休業法が定める両
立支援制度の構造を整理する。その制度的構造を踏まえて、関係的構造の分

第 1-5-1 図　介護離職問題の構造図

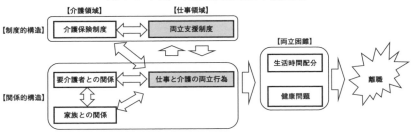

筆者作成

析を第3章以降で行い、制度的構造と関係的構造の接点として、どのような両立支援を労働者は求めているのかを明らかにする。

　第3章では両立支援制度の中でも中心的な位置を占める介護休業のニーズを検討する。特に、介護のために法定休業期間93日（3か月）を超える連続休暇を必要とする理由に着目することで、介護離職の関係的構造について検討すべき課題を明確にする。その結果を踏まえて、現在の育児・介護休業法が想定していない介護離職の関係的構造を第4章から第8章で明らかにし、制度的構造との接点として両立支援ニーズを明らかにする。

　この分析において留意したいのは、介護休業と介護休暇・短時間勤務の間に代替関係を想定できることである。制度改正の方向性として、介護休業の分割回数を増やし、介護休暇の日数を増やすと両者は近づいていく。また、時間単位で取得できる介護休暇は、1日の勤務時間を時間単位で短くするという意味で短時間勤務に近い使い方ができる。そのような制度の代替関係を踏まえた介護離職防止策のあり方を検討することで、多様な両立支援ニーズに対応しうる制度拡充の方向性を考察していきたい。

第2章　介護離職防止のための法政策
——育児・介護休業法の枠組み

第1節　はじめに：育児・介護休業法と介護保険制度

「介護離職ゼロ」を実現するための具体策として、政府は多岐にわたる政策を掲げているが、直接的に介護離職の防止を目的としている法律は、育児・介護休業法だけである。つまり、介護離職を防止する制度的構造の中核に、この法律がある。本章では、この法律がどのような枠組みで設計されているかを確認しておきたい。

育児・介護休業法は1995年に制定されたが、2016年改正の時に大幅な制度の見直しが行われている。これにより、要介護状態の始まりから終わりまでの全介護期間を包摂する両立支援制度の枠組みができあがった。本章では、この2016年改正の枠組みに沿って、育児・介護休業法における仕事と介護の両立支援制度が、どのような考え方で設計されているかを整理する[1]。

ただし、介護離職の防止は、企業の両立支援だけでなく、介護サービスや家族との介護分担といった多方面からの支援によって可能になる。特に、介護領域の制度的構造である介護保険制度は両立支援ニーズを規定する重要な外部要因とみなされている。そこで、介護保険制度との関係にも目を向けて、育児・介護休業法という仕事領域における介護離職防止の制度的構造を理解することにしたい。

関連して、介護と同じく家族のケア責任として先に法制化された育児休業（育休）との共通点と相違点にも留意する必要がある。

介護に先行して両立支援制度の整備が進められてきた育児においては、育児休業単独ではなく、保育サービスとの組み合わせによって出産退職を抑制

1　筆者は、このときの法改正に先立って厚生労働省が開いた「今後の仕事と家庭の両立支援に関する研究会」（2014～2015年度）の参集者の一人であった。なお、育児・介護休業法は2019年にも省令等の改正が行われているが、2016年改正の枠組みは踏襲されている。

する効果が期待できることが明らかになっており（今田・池田 2006）、育児休業と保育サービスはどちらも欠くことのできない車の両輪のような関係とされている（厚生労働省雇用均等・児童家庭局 2008）。介護休業と介護保険サービスについても同じ関係を想定することができるだろう。「介護離職ゼロ」の具体的課題として介護サービスの利用が掲げられているのはその表れである。

　だが、ケアを担う家族の就業との関係において、保育サービスと介護保険サービスには異なる面もある。公的保育サービスは、親の就業状況を考慮して利用の可否や利用時間が決まる。家族が育児をできるときには、公的保育サービスは利用できない。一方、介護保険サービスの利用において、ケアを担う家族の就業状況は考慮されない。そもそも被保険者である要介護者とサービス提供事業者、保険者である基礎自治体の三者で構成される介護保険制度の枠組みに家族介護者は存在しない。つまり、家族介護と介護保険サービスの間に、育児と保育のような代替関係があるとはいえない。では、介護保険サービスとの関係で家族の介護役割とはいかなるものか、この点を考えながら、介護離職防止策としての企業による両立支援と介護保険サービスのあり方を考えることにしたい。

第2節　育児・介護休業法の両立支援制度

1　仕事と介護の両立支援制度の構成

　はじめに、育児・介護休業法が定める仕事と介護の両立支援制度の構成を確認しておこう。育児・介護休業法は、以下のような個別の両立支援制度によって構成されている。

1)　介護休業：
　　労働者の申請にもとづき、対象家族1人につき通算93日を3回まで分割して取得可能。無給だが、雇用保険から従前賃金の67％の介護休業給付が支給される。

2)　介護休暇：
　　労働者の申出にもとづき年5日（対象家族が2人以上の場合は年10

　　日）まで時間単位で取得可能。無給。
3）　介護のための所定労働時間の短縮等の措置（選択的措置義務）：
　　以下の a）から d）のいずれかを介護休業とは別に利用開始から 3 年
　　の期間で 2 回利用可能。
　　a）　所定労働時間の短縮措置（短時間勤務）
　　b）　フレックスタイム制度
　　c）　始業・終業時刻の繰上げ・繰下げ（時差出勤）
　　d）　労働者が利用する介護サービスの費用補助その他これに準ずる
　　　　制度
4）　介護のための所定外労働の免除：
　　介護終了までの期間について労働者が請求できる。
5）　介護のための時間外労働の制限：
　　労働者の申出があった場合、事業主は、1 か月に 24 時間、1 年に 150
　　時間を超える時間外労働をさせてはいけない。
6）　介護のための深夜業の制限：
　　労働者から申出があった場合、事業主は、深夜業（午後 10 時から翌
　　朝 5 時の勤務）をさせてはいけない。

　なお、ここでいう対象家族とは、配偶者、父母、子、配偶者の父母、祖父
母、兄弟姉妹、孫である。1995 年の育児・介護休業法制定当時は、祖父母、
兄弟姉妹、孫は同居かつ扶養している必要があったが、2016 年改正によっ
てその要件が撤廃された。この規定が示すように、育児・介護休業法は高齢
者に対象家族を限定していない。同法において、要介護状態とは「負傷、疾
病又は身体上若しくは精神上の障害により、厚生労働省令で定める期間にわ
たり常時介護を必要とする状態」（育児・介護休業法第 2 条三）をいい、そ
の期間は 2 週間とされている。そのため、同法の対象家族となる要介護者
は、介護保険制度の要介護認定を受けた者に限定されない。
　育児・介護休業法は、このような制度の構成によって、家族が要介護状態
になった直後（以下、介護開始時）から介護終了まで、仕事と介護の両立を
支援し、介護離職を防止することを企図している。では、育児・介護休業法
は、どのような介護の場面でこれらの制度が必要だという想定をしているの

か、具体的にみていくことにしよう。

　時間外労働の制限と深夜業の制限については、過度な長時間労働や深夜業が家庭生活に好ましくない影響を及ぼすことは想像に難くない。押さえておくべきは、介護休業の期間と介護休暇の日数、そして短時間勤務の必要性であろう。一見すると、育児・介護休業法における育児と介護のための両立支援制度は互いによく似た制度の構成になっている。だが、介護休業の期間は育休に比べて短い。また、短時間勤務は育児において義務になっているが、介護においては義務になっていない。

2　介護休業制度の設計

　介護休業は、食事や着替えの介助、外出の付き添いといった日常的な介護に専念することを想定した制度ではなく、家族が要介護状態になった直後の緊急事態に対応し、その後に仕事と介護の両立を図るための態勢づくりのための制度として設計されている[2]。

　1995年の育児・介護休業法制定当時、高齢者が要介護状態になる原因疾患として最も多かったのは脳血管疾患であり、その発症から病状が安定するまでに3か月程度を要することから、介護休業期間は3か月とされた（労働省婦人局編　1994，袖井　1995）。この時期の介護は家族以外の者が代替できないために連続した期間の休暇（つまり休業）が必要であり、この3か月間にその後の介護の態勢をつくり、復職の準備をするという想定であった。

　今日も緊急対応と態勢づくりという趣旨は変わっていないが、実際は、介護保険制度のもとで在宅介護サービスを利用する場合、利用手続きにそれほど長い時間がかからない上に、保育サービスのように介護サービスの利用開始まで何か月も待たされるということもない。その意味で、3か月もの休業の必要性は低下している。

　だが、介護が長期化した場合には、要介護状態の悪化や追加的な傷病の発

2　厚生労働省雇用均等・児童家庭局（2015）等、介護の「態勢」に「体制」という漢字を当てることもあるが、「体制」という漢字は福祉体制（福祉レジーム）という国家の体制という文脈でも使用する。個人の介護態勢（体制）は、そこまで組織化されたものではないため、混乱を避ける目的で個人については「態勢」という漢字を当てている。

生により、介護の態勢を再構築する必要が生じる。要介護状態が重くなり、在宅介護の継続が難しくなって施設介護に移行するというケースは典型的である。追加的な傷病の発生については、たとえば脳梗塞が原因で要介護状態になったが、その後にガンになって入院・手術をするという例や、認知症が原因で要介護状態になったが、転倒して骨折をしたというような例を考えれば分かりやすいだろう。さらに、死去という形で介護の終了が近づいてきた段階では、高度な医療を受けるための入院や終末期介護のための施設入居という形で、介護の態勢を構築し直す必要が生じる可能性がある。

　このように、介護が長期化することで、緊急対応と態勢づくりの必要性が複数回生じるという想定で、2016 年改正の育児・介護休業法から 93 日の介護休業を 3 回に分割して取得できるようになっている。この 2016 年改正の提言をした厚生労働省「今後の仕事と家庭の両立支援に関する研究会」の報告書には、以下のように書かれている。

　　介護休業については、介護開始時には在宅介護を行ったのち、施設介護へ移行する世帯が少なくなく、急性期対応のほか、介護施設間の移動、病院への入退院、在宅介護中の要介護者の状態が大きく変化した場合、末期の看取りなど、現行の育児・介護休業法における要介護状態が継続した場合であっても複数回、介護体制を構築する場合が考えられる。さらには、介護休業の取得希望者のうち、短期間の休業を複数回取得することを希望する労働者の割合が約 9 割と引き続き高いこと、実際に介護休業を分割して取得できた事業所においては、分割できなかった事業所と比較して継続就業率が高いことなどから、育児・介護休業法における要介護状態が継続した場合であっても、介護休業の分割取得を認めることを検討すべきである。(厚生労働省雇用均等・児童家庭局 2015, p.12)

　分割回数を 3 回としたのは、「介護の始期及び介護の終期、またその間の時期にそれぞれ 1 回程度、休業を取得する必要がある」(厚生労働省雇用均等・児童家庭局 2015, p.12) という想定である。

　介護休業の分割取得については、2004 年改正により、対象家族 1 人につ

き3か月1回から、対象家族1人につき通算93日を要介護状態に至るごと
に1回ずつ分割取得できるという制度改正が行われていた。1人の対象家族
について1回の介護休業を取った後、その対象家族が要介護状態から回復
し、介護を必要としない状態になった後に再び要介護状態になった場合には
再度の介護休業が取れるという制度であった。

　例えば、ガンの手術をして予後に介護が必要になった場合を考えてみる。
このときに介護休業を1回取ることができる。その後、要介護状態から回復
し、一度は介護を必要としなくなったが、ガンの再発にともなって再び要介
護状態になった場合に、介護休業の再取得ができるという制度であった。

　しかし、要介護状態から回復しないまま死期を迎える場合には、介護が長
期化しても、介護休業を取得できるのは1回であった。2016年改正は、こ
の分割取得のあり方を見直した改正であった。

　なお、介護休業制度の設計において、当初の想定どおり1回の介護休業に
3か月の期間が必要であると考えるなら、これが3回であるから合計9か
月、つまり93日×3回＝279日の介護休業期間が必要になるはずである。
実際、大企業を中心に、法定を上回る長期の介護休業制度がある企業は少な
くない[3]。しかし、介護休業制度の期間拡大は見送られ、93日を3分割つま
り1回当たり31日の介護休業を取る想定の制度設計になっている。

　　介護休業期間については、①労働者に介護のために連続して休んだ期間
についての調査では2週間以内との回答が75.0％と引き続き短期間の介護
休業に対するニーズが高いこと、②介護休業の最長期間を定めて規定を設
けている事業所のうち、8割弱の事業所において法定通り通算して93日
間と定めていること、③介護については個々の事情がある中で、中小企業
を含むすべての事業主に最低基準として義務を課す育児・介護休業法で対

3　介護休業は1999（平成11）年から企業の義務となっているが、その年に行われた『平成11年
　度女性雇用管理基本調査』（労働省 1999年）によれば介護休業制度の規定がある事業所のうち
　自社で規定する介護休業の期間を「3か月まで」としている事業所は63.7％であり、1年以上は
　25.9％（「1年」が25.1％、「1年を超える期間」が0.8％）であった。しかし、500人以上の大規
　模事業所に限定すると「3か月まで」は26.3％、1年以上が64.9％（「1年」が60.5％、「1年を超
　える期間」が4.4％）あった。

第2-2-1表　介護休業を分割できた場合の継続就業率

介護休業の分割	継続	離転職
休業期間を分割できた	87.7%	12.3%
休業期間を分割できなかった	81.5%	18.5%

（6.2%の上昇）

(参考) 介護休業の延長	継続	離転職
介護休業が3ヶ月超	82.2%	17.8%
介護休業が3ヶ月まで	80.0%	20.0%

（2.2%の上昇）

厚生労働省雇用均等・児童家庭局（2015）参考資料集p.47から引用
資料）労働政策研究・研修機構「仕事と介護の両立に関する調査」（2014年）

応すべき部分には自ずと制限があることなどから、休業期間については分割取得が可能となった場合には、現行のまま通算して93日間とすることが考えられる。（厚生労働省雇用均等・児童家庭局 2015, p.12）

　第2-2-1表は、同研究会の報告書からの引用であるが[4]、介護開始時の勤務先に3か月を超える介護休業制度がある場合、同一勤務先での介護期間中の継続就業率は2.2％ポイントの上昇に留まる。これに対して、介護開始時の勤務先に分割取得できる介護休業制度がある場合の継続就業率は6.2％ポイント上昇する。

　このような調査結果も参照しつつ、長期1回ではなく短期複数回という方針のもとで、今日の介護休業制度は法制化されている。

3　日常的な介護と仕事の両立支援

　介護休業は、1995年の育児・介護休業法制定当時から今日に至るまで、

---

[4]　データは労働政策研究・研修機構が2014年に実施した「仕事と介護の両立に関する調査」であり、調査結果をとりまとめた労働政策研究・研修機構（2015）は第3期中期目標計画期間に実施したプロジェクト研究の成果の1つでもある。なお、同調査は筆者が担当し、厚生労働省の研究会でも筆者が調査結果を報告した。

食事や着替えの介助、外出の付き添いといった日常的な介護を担うことを想定していない。日常的な介護を担う休暇制度としては、2009年改正法において、年5日の介護休暇がつくられている。

　この改正に向けて厚生労働省が開いた研究会の報告書には、次のような記述がある。

　　　介護に関する方針を決定した後の「要介護者を日常的に介護する期間」においても、対象家族の通院の付き添いなど、その都度休暇ニーズが発生する場合が多数存在している。現状では、年次有給休暇、欠勤、遅刻、早退などにより家族の介護に対応している労働者が多いが、…（中略）…家族の介護を行う労働者が、仕事と介護を両立し、働き続けることができるよう、現行の介護休業（「長期の休業」）に加え、一日単位・時間単位などで取得できる「短期の休暇」制度を設けるべきものと考える。

　　　　　　　　　　　　　　（厚生労働省雇用均等・児童家庭局　2008, p.13-14）

　この記述の中には「年次有給休暇」や「欠勤」といった1日単位で仕事を休むケースだけでなく、「遅刻」「早退」という形で出退勤時刻を変更している実態も含まれている。つまり、日常的な介護のために、勤務時間短縮等の選択的措置義務とされている短時間勤務、フレックスタイム、時差出勤といった制度の必要性も示唆されていたといえる[5]。

第3節　日常的な介護と介護保険制度

1　介護休暇と介護保険制度

　1995年制定当時の育児・介護休業法は、長期にわたる介護期間のすべてをカバーするのではなく、一時的な緊急対応に焦点を当てていた。だが、前述したように厚生労働省雇用均等・児童家庭局（2008）において、一時的な緊急対応だけでなく、日常的な介護においても、両立支援が必要という認識

5　当時の勤務時間短縮等の選択的措置義務は介護休業と合わせて93日までとされており、日常的な介護を念頭においた制度ではなかった。

が生まれ、厚生労働省雇用均等・児童家庭局（2015）において介護の開始から終了までを包括的にカバーする両立支援制度の考え方が示された。

　このときに、企業による両立支援制度のあり方を規定する外部要因として考慮されたのが介護保険制度である。前述のように、育児・介護休業法は対象家族を高齢者に限定しておらず、要介護状態を判断する基準も介護保険制度の要介護認定と必ずしも一致しない。しかし、1995 年の同法制定当時から、介護休業制度は高齢者介護を念頭に置いて設計されていた。さらに 2000 年に介護保険制度が始まった後の法改正においては、明示的に介護保険制度を意識した両立支援制度のあり方が検討されている。

　たとえば、介護休暇が必要になる場面として、厚生労働省雇用均等・児童家庭局（2008）が例示していた通院の付き添いに加えて、厚生労働省雇用均等・児童家庭局（2015）は、以下のように、介護保険制度との関係にも言及している。

　　介護休暇の取得単位については、介護保険関係の手続き、ケアマネジャーとの打ち合わせ、通院等について、丸一日休暇をとる必要はない場面も想定されることから、①時間単位や、②半日単位での取得を検討すべきである。（厚生労働省雇用均等・児童家庭局　2015, p.13）

　この研究会報告書は 2016 年改正に向けたものであったが、その後の 2020 年改正による時間単位取得にも言及されている。

　介護保険制度にもとづく介護サービス（介護保険サービス）は、利用を開始してから月 1 回のケアプランにもとづくケアのモニタリング（実施状況確認）等に時間を割く必要が生じる。そのための休暇として年 5 日の介護休暇を 1 日ずつ取ったのでは、年 5 回にしかならない。しかしながら、第 2-3-1 図が示すように、介護保険の一つ一つの手続きに丸一日を費やす必要はなく、どの手続きも長くて 1 時間程度に収まる。前述の通院の付き添い等も、必ずしも丸一日仕事を休む必要はないことから、1 日単位の介護休暇を半日単位さらには時間単位にすることで、年 5 日のまま実質的に取得できる回数を増やしているのである。

第2-3-1図　介護保険を利用する上で家族に求められることがらと所要時間

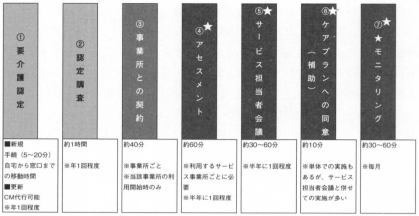

①要介護認定	②認定調査	③事業所との契約	④★アセスメント	⑤★サービス担当者会議	⑥★ケアプランへの同意（補助）	⑦★モニタリング
■新規 手続（5～20分） 自宅から窓口までの移動時間 ■更新 CM代行可能 ※年1回程度	約1時間 ※年1回程度	約40分 ※事業所ごと ※当該事業所の利用開始時のみ	約60分 ※利用するサービス事業所ごとに必要 ※半年に1回程度	約30～60分 ※半年に1回程度	約10分 ※単体での実施もあるが、サービス担当者会議と併せての実施が多い	約30～60分 ※毎月

☆印は基準省令に家族の同席等が規定されている項目

CMとは、ケアマネジャーの略

①②は新規、更新、変更の申請があり、サービス利用にあたっては④～⑦のプロセスが必須である。

④～⑦のプロセスは、①②の実施時、退院退所時、ケアプラン変更時に必須となる。

引用：地域福祉ケアマネジメント推進研究会　H26年度資料集

厚生労働省雇用均等・児童家庭局（2015）参考資料集 p.40 から引用

　なお、報告書には「就業時間中に中抜けを認めている事業所において、継続就業率が高い傾向がみられたこと等を踏まえつつ、柔軟な取得が可能となるよう検討すべきである」（厚生労働省雇用均等・児童家庭局　2015, pp.13-14）との指摘もある。中抜けとは、昼休み前に職場を抜けて午後に戻るといったように、勤務時間の途中で職場を離れて、再び職場に戻る休暇の取り方である。労働政策研究・研修機構（2015）には、この中抜けを可能にすることが介護離職の抑制につながることを示唆する分析結果も示されている。

2　短時間勤務と所定外労働免除

　日常的な介護と仕事の両立を支援する制度として、勤務時間短縮等の選択的措置義務と所定外労働免除も、2016 年改正に当たって、その必要性が検討されている。

　選択的措置義務については、厚生労働省雇用均等・児童家庭局（2015）の以下の記述に表われているように、多様な考え方があり、法改正の方向性を

1 つに集約できる結論が示されているわけではない。

　　選択的措置義務については、切り出した上で、措置の期間について検討すべきとの意見や、当該期間の長さは措置内容に応じて検討すべきとの意見があった。また、切り出した場合の措置内容について、①従来の選択的措置義務の内容を維持したまま、措置義務を課すこと、②選択的措置義務のメニューに、例えば後述する所定外労働の制限を追加するなど変更を加えること、③所定労働時間の短縮措置等について、選択的措置義務から単独の措置義務に変更すること、などが考えられるとの意見があった。

　　この点について、特にフレックスタイム制度、始業・終業時刻の繰上げ・繰下げは、労働時間を原則変更せずに柔軟化するのみであること等を踏まえて検討すべきとの意見もあった。（厚生労働省雇用均等・児童家庭局 2015, pp.14-15）

　育児と同じように介護についても単独で短時間勤務を義務化する選択肢が示されているが、あくまでも選択肢の 1 つという位置づけである。

　研究会では、短時間勤務制度に介護離職を防止する効果があるとはいえない調査結果も示されている。それが第 2-3-1 表であるが、介護開始時の勤務先に短時間勤務制度があった労働者の継続就業率は高くなるどころか低くなっている。表の中段に示しているように、介護のための所定外労働時間の短縮を実質的に行った場合には継続就業率のわずかな上昇が見られるものの、明確な差があるとはいえない。一方、所定外労働免除については、この制度がある場合に継続就業率が 12.8％ポイント高くなるという結果が示されている。

　これらの結果を参照して、所定外労働免除を単独で義務化し、短時間勤務制度は選択的措置義務の 1 つに留めることになった。所定外労働免除は2016 年改正で新設されたが、その必要性について、厚生労働省雇用均等・児童家庭局（2015）には以下のような記述がある。

　　これまでは、介護保険制度におけるデイサービスについて、サービス時

第 2-3-1 表　短時間勤務制度、所定外労働時間の短縮、所定外労働の免除制度の有無別の継続就業率

短時間勤務制度

	継続	離転職
短時間勤務制度あり	78.1%	21.9%
短時間勤務制度なし	87.0%	13.0%

所定労働時間の短縮

	継続	離転職
所定労働時間短縮あり	78.8% ↑ 0.4%	21.2%
所定労働時間短縮なし	78.4%	21.6%

所定外労働の免除制度

	継続	離転職
所定外労働免除制度あり	91.9% ↑ 12.8%	8.1%
所定外労働免除制度なし	79.1%	20.9%

厚生労働省雇用均等・児童家庭局（2015）参考資料集 p.62 から引用
資料）労働政策研究・研修機構「仕事と介護の両立に関する調査」（2014 年）

間が現在と比較して短時間であったところ、近年の介護報酬改定におい
て、仕事と介護の両立の観点から、サービス提供の時間区分を見直すと共
に、延長サービス時間に係る加算の対象範囲を拡大する措置が講じられ
た。このことにより、残業免除をすれば両立が可能となるケースもあるこ
とから、介護についても所定外労働の制限制度を導入すべきではないかと
の意見があった。また、所定労働時間の短縮措置等との関係でも、所定労
働時間の短縮措置等と所定外労働の制限制度が確保されてはじめて早い時
間帯に退社できる環境が整う場合もあるため、重要であるとの指摘もあっ
た。

　さらに、仮に所定外労働の制限制度を事業主に義務づける場合にその期
間については、上限を定めない制度の在り方も検討すべきではないかとの
指摘があった。（厚生労働省雇用均等・児童家庭局 2015, pp.15-16）

　家族介護者の就業時間は、介護保険サービスの利用時間に規定されているという認識が示されている。この発想は、育児と同じであるが、育児の場合は保育時間に合わせて短時間勤務をするだけでなく、延長保育によって保育時間を延ばして就業時間を確保するという選択肢もある。介護においても、2012 年の介護報酬改定によってデイサービスの提供時間を延ばす改正が行われている[6]。そのことを踏まえた現状認識が示されている。

　なお、2016 年改正後になるが、厚生労働省（2018a）は、介護保険サービスとの関係で勤務時間の調整方法を整理している。その中には、通所介護サービスと短時間勤務制度を組み合わせる事例とともに、訪問介護・通所介護とフレックスあるいは小規模多機能型居宅介護とフレックスタイムを組み合わせる事例も紹介されており、短時間勤務だけが必要性の高い制度だとはいえないことを再認識させる内容になっている。

　短時間勤務の例では、要介護 2 で軽度の認知症をもつ親が通所介護サービスを月～金に 1 日 6 時間程度利用するという介護生活が紹介されており、要介護者を一人にする時間をつくらないよう、通所介護サービスの送迎時間に合わせて短時間勤務をしているが、仕事が忙しい時期は通所介護の延長サービスを利用し、残業に対応するという実態が紹介されている（厚生労働省 2018a, p.7）。

　フレックスタイムの例では、12 時出勤・20 時退勤の勤務で、夕食の準備や入浴介助は、訪問介護と通所介護を組み合わせて対応するという解決策を示している。訪問介護は週 5 日（平日 17 時～18 時 30 分）利用し、夕食の準備から食事の介助を依頼し、自宅での入浴介護も週 1 日依頼しているという生活が紹介されている（厚生労働省 2018a, p.8）。

　もう 1 つ、フレックスタイムと小規模多機能型居宅介護の組み合わせ事例もみておこう。出張や残業などが月に数回あり、要介護 4 の親も状態が不安定であるため、状況に応じて介護サービスを柔軟に利用したいという問題に

6　旧所要時間は「3～4 時間未満」「4～6 時間未満」「6～8 時間未満」であったが、新所要時間は「3～5 時間未満」「5～7 時間未満」「7～9 時間未満」となり、旧来の通所サービスに多かった 6 時間程度では報酬が減り、7 時間以上にすると報酬が増えるようにされている。このような改正が家族介護者の仕事を含む介護以外の生活との両立に役立っていることを示唆する調査結果を三菱 UFJ リサーチ＆コンサルティング（2018b）は示している。

対して、小規模多機能型居宅介護を利用する解決案を示している。仕事や要介護者の状況に合わせて、通い、訪問、宿泊のサービスを柔軟に調整しつつ、送迎時間に合わせてフレックスタイム制度を活用するという方法である。宿泊や通いでの利用時間を増やすことで、残業や出張に対応できる。送迎の送り出し・迎え入れはフレックスタイム制度を活用して勤務時間を調整し、通院時には半日単位の介護休暇を活用して付き添いをする（厚生労働省2018a, p.8）。

　これらの事例をみると、サービス内容の面でも介護と育児には違いがあることに気がつく。保育サービスは、介護でいえば通所介護に相当する保育所が大多数を占める。保育施設の開所時間は予め決まっており、その時間に合わせて親が勤務時間を調整する必要が生じる。介護において通所介護サービスの送迎時間に合わせて短時間勤務を行うという実態は、保育所の開所時間に合わせて短時間勤務をするという実態とイメージを重ねやすい。しかし、介護においては訪問介護や小規模多機能型居宅介護等、多様なサービスの選択肢がある。介護保険サービスの種類を第2-3-2表に示すが、在宅介護サービスだけでも多種多様である。また、訪問介護と通所介護を組み合わせる事

第 2-3-2 表　介護保険サービスの種類

分類		サービスの名称
在宅サービス	訪問サービス	訪問介護（ホームヘルプ）、訪問入浴介護、訪問看護、訪問リハビリテーション、夜間対応型訪問介護、定期巡回・随時対応型訪問介護看護
	通所サービス	通所介護（デイサービス）、通所リハビリテーション（デイケア）、地域密着型通所介護、療養通所介護、認知症対応型通所介護
	短期入所サービス	短期入所生活介護（ショートステイ）、短期入所療養介護
地域密着型サービス		小規模多機能型居宅介護、看護小規模多機能型居宅介護（複合型サービス）、認知症対応型共同生活介護（グループホーム）、地域密着型介護老人福祉施設入所者生活介護（地域密着型特別養護老人ホーム）、地域密着型特定施設入居者生活介護
施設サービス		介護老人福祉施設（特別養護老人ホーム）、介護老人保健施設（老健）、介護療養型医療施設、特定施設入居者生活介護（有料老人ホーム、軽費老人ホーム等）、介護医療院
福祉用具の利用		福祉用具貸与、特定福祉用具販売

https://www.kaigokensaku.mhlw.go.jp/publish/ を元に筆者作成

例のように、複数のサービスを組み合わせて利用することもできる。そのことが短時間勤務に頼らずに就業する選択肢を増やしている面がある。

第４節　介護の脱家族化／再家族化と両立支援

1 介護保険制度と家族介護

　高齢者介護においては、介護保険サービスが家族介護を一部代替するという想定で、育児・介護休業法が定める両立支援制度の必要性を考えることが重要になっている。では、介護保険制度の方は、どのようにして介護離職を防止しようとしているだろうか。「介護離職ゼロ」の課題の１つとして「高齢者の利用ニーズに対応した介護サービス基盤の確保」が挙げられている。そこでいう、「高齢者の利用ニーズ」と家族の介護役割はどのような関係にあるだろうか。

　実は、介護保険制度は、その答えを持ち合わせていない。第2-4-1図に示す介護保険制度の仕組みをみよう。

　介護保険の被保険者（制度利用者として受給資格がある者）は、介護をする家族ではなく、介護を受ける高齢者である。40歳になると将来自身が要介護者になるという立場で介護保険に加入する。その保険料を保険者である

第 2-4-1 図　介護保険制度の仕組み

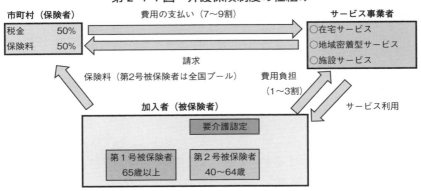

厚生労働省老健局（2018）を元に筆者作成

市区町村が財源として管理し、介護が必要になったらサービス事業者が提供する介護サービスを利用するという仕組みである。この加入者（被保険者）、市区町村（保険者）、サービス事業者という構成の中に家族介護者は存在しない。

　この図をみると、家族は介護をしなくても良いようにも思える。確かに、子どもや配偶者といった家族がいない高齢者であっても介護保険サービスを利用することで、必要な介護を受けることができるという側面はある。家族介護者の就業との関係においても、家族介護を介護保険サービスで十分に代替できるなら、企業による両立支援制度は必要なくなる。介護が必要になった高齢者が自ら介護保険サービスの利用手続きをして必要なサービスを利用しながら、家族の手を一切借りずに生活できるなら、介護休業も介護休暇も勤務時間短縮等の選択的措置義務も所定外労働免除も不要であろう。

　だが、現実の介護保険制度は、そこまで徹底的に家族介護を代替するものにはなっていない。それは、制度の不備によるものというより、制度設計の考え方において、家族介護と社会的サービスを代替的な関係に位置づけていないことによる。旧厚生省の研究会において介護保険制度の設計にかかわった池田省三は[7]、これを補完性の原則（Principle of Subsidiarity）という概念で説明し、第2-4-2図のような自助―互助―共助―公助の関係の中で、家族介護を互助、介護保険制度を共助に位置づける。

　互助は家族や近隣によるインフォーマルな支援であり、共助は自治組織による支援、その上に政府による公助がある。図の下方に示す雇用保険や年金のように保険料の負担を前提に支援を受けることができる仕組みは共助に当たる。介護保険はその1つという整理である。このような整理にもとづいて、家族介護と介護保険の関係について池田省三（2000）は、以下のように述べている。

　　補完性原則に立てば、標準的な介護サービスについては、介護保険という共助の制度が提供するが、本人にも自立への自助努力が求められ、家族

7　筆者の過去の研究成果との混同を避けるため、同姓である池田省三についてはフルネームで表記する。

第 2-4-2 図　補完性の原則―支援の順序

○支援の順序（補完性原理）			
自助	互助	共助	公助

○支援の主体			
本人 勤労所得 資産	家族・近隣の人 インフォーマルな支援	自治組織 教会 地域共同体 職域共同体	行政 国 地方自治体

○介護保険（日本）			
本人 （所得・資産）	家族・近隣 ボランティア	介護保険 （市町村）	社会福祉

○所得保障モデル（日本）			
勤労	家族・血縁	雇用保険 障害・遺族年金 老齢年金	生活保護

池田省三（2000）p.204 からの抜粋

の支援という互助も期待されており、自助、互助が困難なケースのように、なお問題が残る場合は行政の援助が用意される（池田省三　2000, p.207）

　そこには、介護保険制度の前の措置制度に対する次のような問題意識がある。当時は、公助が細々と存在するのみであり、高齢者介護の共助システムはなく、介護サービス市場の未発達により自助も不可能であり、「介護地獄」ともいわれる重い介護負担に苦しむ家族は互助という位置も失っていた（池田省三　2000, pp.201-202）。そのような認識にもとづき、池田省三（2002）では「介護保険により、家族は介護の負担を大幅に緩和され、本来の互助の立場に立ち返ることができる」（池田省三　2002, p.126）とも述べている。つまり、自助―互助―共助―公助の補完性原則が成立することによって、家族介護者の負担は軽減されるが、それでも互助としての家族の介護役割は残るということである。

２　介護の再家族化への対応

　池田省三（2000; 2002）の整理は、制度の趣旨としては家族介護と介護保

険の位置づけを明快に説明している。だが、具体的な介護の場面に即して、介護保険サービスと家族介護の線引きをしているわけではない。

こちら側は互助としての家族の領域で、あちら側は共助としての介護保険サービスの領域というように守備範囲が明確なら、企業の両立支援は、家族介護の守備範囲だけをみていれば良い。しかし、実際は、共助としての介護保険サービスには供給制約がある。そのために、介護保険サービスを利用してもなお残る家族の介護負担に対して、企業は両立支援制度を整備して対応する必要が生じている。そして要介護者の増加にともなって厳しさを増すサービスの供給制約を埋める形で家族の介護負担が増していく可能性を介護保険制度は内包している。第1章でも言及した「介護の再家族化」（藤崎2009）である。

理念としての介護の社会化（脱家族化）とは裏腹に、現実の介護保険サービスの供給は限定的なものに留まっている。それどころか、サービス需要の拡大に供給が追いつかず、脱家族化とは逆向きの再家族化に向かっていく可能性がある。藤崎（2009）の指摘は訪問介護サービスを題材としていたが、施設介護についても、2015年から特別養護老人ホームへの入所に「要介護3以上」の要件が加わる等、再家族化の進行といえる改正は行われている。厚生労働省委託事業である三菱UFJリサーチ＆コンサルティング（2018a）は「介護離職ゼロ」を意識して、介護離職と介護保険サービスの関係を分析しているが、同時に在宅介護期間を延ばして施設介護の開始を遅くする「在宅限界点の向上」も課題にしている。そこでの介護離職防止は、施設介護から在宅介護へという流れを前提にしたものであるといえる。

施設介護の拡大を介護の脱家族化の極北とするなら、施設介護から在宅介護への移行と、藤崎（2009）が問題にした在宅介護サービスの供給制約の高まりは、ともに介護の再家族化の流れに位置づけることができるだろう。

そうした介護保険サービスの供給制約に対応して育児・介護休業法の改正は行われてきた。介護の開始から終了までの全介護期間をカバーし、様々な介護の場面を想定して、介護休業だけでなく、介護休暇や所定外労働の免除、勤務時間短縮等の選択的措置義務といった多種多様な両立支援制度を整備した2016年の育児・介護休業法改正は、介護の再家族化に適応した法改

正であったという見方ができるだろう。

　今後のさらなる要介護者の増加にともなって介護保険サービスの供給制約が増していけば、それだけ企業が対応すべき両立支援制度の課題も増えていく可能性があるといえる。たとえば、2016 年改正では見送られた介護休業期間の拡大や短時間勤務の義務化も、今後必要になってくる可能性は否定できない [8]。

第 5 節　考察：家族の介護役割と介護離職

　育児・介護休業法は、介護離職の防止を目的としている。その意味で、「介護離職ゼロ」という政策目標の中核に位置する法政策である。だが、1995 年に同法が制定された当初の両立支援制度の想定と介護離職防止のための具体的な課題は異なってきている。そうした問題認識の変化に対応して、2016 年改正では大幅な制度の見直しが行われた。その要点は以下のように整理できる。

1)　企業による両立支援が必要な場面として、1995 年の育児・介護休業法制定当初は介護の始期の緊急事態への対応と介護の態勢づくりを想定していたが、実際はその後の日常的な介護の場面でも両立支援は必要である。

2)　当初は長期 1 回を原則とする介護休業が両立支援の柱とされていたが、介護休業の分割取得や半日・時間単位の介護休暇のように、短い期間で柔軟に仕事を休める方が仕事と介護の両立を図りやすい。

3)　日常的な介護と仕事の両立を図るために、所定外労働が免除されつつ、短時間勤務やフレックスタイム、時差出勤といった形で柔軟に勤務時間を調整しながら働ける制度が重要である。

　以上のような育児・介護休業法の枠組みを諸制度の関係図にまとめると第 2-5-1 図のようになる。要介護状態の発生（介護開始）から介護の終了まで

8　第 3 章では 3 か月を超える介護休業制度の必要性を検討し、第 4 章以降では短時間勤務のニーズも検討しているが、そこには現状における多様な両立支援ニーズへの対応だけでなく、今後の介護の再家族化を見据えた検討という意味合いも含まれている。

第 2-5-1 図　育児・介護休業法が定める仕事と介護の両立支援制度の枠組み

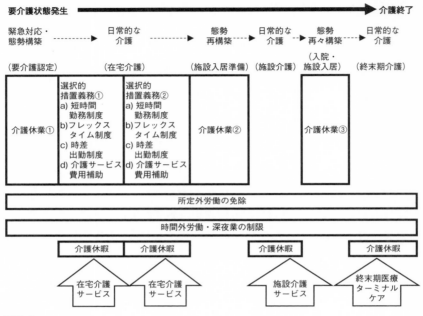

筆者作成

　の間に、態勢構築を始期・中期・終期に計３回行うために介護休業を３分割できる。その間の日常的な介護において、在宅介護の場合は選択的措置義務を２回利用できる。図では２回目の介護休業で施設介護に移行し、３回目の介護休業で終末期介護になることを想定しているが、介護施設や医療機関に入院した後も含めて、介護終了まで所定外労働の免除と時間外労働・深夜業の制限および年間５日の介護休暇で日常的な介護に対応するという制度設計である。

　家族介護を担う労働者が、仕事と介護の両立困難に直面したとき、この想定どおりに両立支援制度を利用して介護離職を回避すれば、介護離職はゼロになるはずである。しかし、想定どおりに制度を利用しない可能性もある。

　例えば、日常的な介護のために介護休業を取るという問題がある。このように法律の想定と当事者の行動に乖離が生じたときに、法律の想定どおりに

制度を利用するよう指導・助言をすれば、適切な制度の利用によって介護離職を回避できるようになるはずである。第１章の「制度的構造」と「関係的構造」の関係に沿っていえば、規範的な制度的構造の統制によって当事者の行為の関係的構造を変えるという話になる。

しかし、当事者の行動に合わせて制度を改正するという選択肢もある。日常的な介護のために介護休業を取ることが、本人の制度理解の問題ではなく、そのようにせざるを得ない社会的な状況によるものであるなら、その状況に合った制度設計にする必要がある。関係的構造に合わせて制度的構造を変える「構造化」である。

第１章でも述べたように、本書の関心は後者にある。振り返ってみると、育児・介護休業法において介護離職につながりうる制度的構造と関係的構造の乖離は、日常的な介護において最も大きかった。

初期の育児・介護休業法は、労働者が家族の介護を日常的に担うことを想定していなかった。介護保険制度は、その想定を強化するように思えた。しかし実際は、働きながら日常的な介護を担う労働者が少なくないという状況が続いたことから、介護休暇や所定外労働免除の新設、そして勤務時間短縮等の選択的措置義務の拡大といった、日常的な介護に対応した両立支援制度の整備が行われてきたという歴史がある。

2016 年改正によって、一通りの両立支援制度が整ったようにみえる。だが、それが十分であるか否かは、介護保険サービスとの関係によって変わりうる。そして、現実的に将来を見据えるなら、介護の再家族化による家族の介護負担の増加の可能性に目を向けておくことは重要だろう。今日の育児・介護休業法は、介護の脱家族化を目指してつくられた介護保険制度との接合を意識して仕事と介護の両立支援制度を設計している。2016 年改正において介護休業期間の拡大や短時間勤務制度の義務化が見送られた背景には、そうした両立支援制度を利用して家族が介護をしなくてもすむだけの介護保険サービスの供給があったという事情もある。「介護離職ゼロ」の課題にある「高齢者の利用ニーズに対応した介護サービス基盤の確保」は、理念としての介護の脱家族化を政府が保持していることを示唆している。だが、介護保険の財政事情を鑑みるなら、介護の再家族化を前提に介護離職の防止に取り

組むことも検討しておく価値があるだろう。

　そして、これまでの育児・介護休業法が対応していない介護離職の実態を明らかにするという問題意識に即していうなら、今後も日常的な介護に対応した両立支援を拡充する必要性を検討することが課題になると予想される。介護保険サービスが代替できない介護の拡大にともなって、介護休業の長期取得や、現在は単独の義務ではない短時間勤務制度の義務化、あるいは介護休暇の日数を増やすといったことが必要になるだろうか。そのような問題意識で、介護の脱家族化を所与としない両立支援のあり方を検討し、介護離職回避の新たなパターンを確立していく必要があるのではないだろうか。

第3章　長期介護休業の必要性
——その理由の多様性に着目して

第1節　はじめに：93日の介護休業期間は短いか

　介護離職を防止する両立支援制度は様々にあるが、介護休業は特別な位置にある。そのことは育児・介護休業法という法律の名称にも表われている。1995年に同法が制定されたときに、まず企業に義務化されたのが介護休業であり、政府が示す「介護離職ゼロ」に向けた課題の中でも「介護に取り組む家族が介護休業・介護休暇を取得しやすい職場環境の整備」という形で介護休業の重要性が明記されている。

　第3-1-1図は、各事業所の就業規則等に介護休業制度の規定がある割合（規定率）の推移を示しているが、1995年の育児・介護休業法制定直後から本書で分析する調査が行われた2019年までの間にその割合は上昇し、5人以上の事業所の約70%、30人以上の事業所では約90%に介護休業制度の規

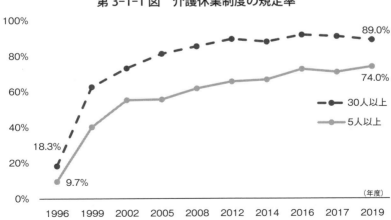

第3-1-1図　介護休業制度の規定率

資料）厚生労働省「雇用均等基本調査（女性雇用管理基本調査）」（事業所調査）

定がある。個々の企業の制度導入という意味では、介護休業制度は順調に普及してきたといえる。

　にもかかわらず、介護休業の取得者は少ない。介護休業制度に介護離職抑制効果があることは認められているものの、介護休業を必要とする労働者が少ないのである（労働政策研究・研修機構 2006b; 池田 2010）。したがって、介護離職防止のために介護休業制度は必要であるといえるが、特別に重視するほどの制度とはいえない。その意味で、介護休業を両立支援の柱として位置づける育児・介護休業法の制度的構造と実際に労働者が仕事と介護の両立を図る行為の関係的構造には乖離がある。

　そうした乖離を埋めるための法改正の結果、今日の育児・介護休業法は、介護休業のほかにも介護休暇や所定外労働免除を企業に義務づけており、様々な両立支援制度の組み合わせで介護離職を防止する仕組みになっている。また、介護休業の期間についても、当初は 3 か月（93 日）を 1 回取得できることとしていたが、2016 年改正では 93 日を 3 回に分割できることにした。93 日を単純に 3 で割れば 1 回の休業は 31 日である。1 回の介護休業は、そのくらいの期間でも足りるという政策的判断である。

　しかしながら、3 か月（93 日）を超えるような長期の介護休業の必要性をまったく否定して良いかというと、そうとも言い切れないだろう。実際に 3 か月を超える期間の介護休業取得者もおり、少数であっても法定を超える長期休業のニーズはある。その意味での制度的構造と関係的構造の乖離は依然としてある。

　介護の実態は多様であるため、両立支援のニーズも多様である。そもそも法定の期間についても、介護休業を必要とする労働者は少ない。仕事と介護の両立支援ニーズは分散するという前提で考えるなら、3 か月を超える介護休業の必要性も、そのニーズがある労働者の人数の多寡ではなく、これが法の目的である介護離職に結びついているかという観点で議論することが重要であろう。そして、長期の介護休業ニーズをめぐる制度的構造と関係的構造の乖離を埋めるために、その両立支援ニーズの背後にある介護の実態に目を向け、どのような介護の場面でそれだけ長期の介護休業が必要とされているのかを問うことが重要である。

　そこで、介護離職防止策として 93 日を超える長期の介護休業を制度化する必要があるとするなら、それはどのような介護の場面を想定してのことになるのかという問いに対する答えを以下で示すことにしたい。

　本書の目的は、育児・介護休業法という制度的構造の守備範囲の外にある介護離職の関係的構造を明らかにし、制度の守備範囲を広げるための課題を示すことにある。その起点として法定の 93 日を超える長期休業の必要性に着目することには必然性がある。前述のように、介護休業制度の想定が家族介護者の実態から乖離しているという問題から、育児・介護休業法における仕事と介護の両立支援制度の改正の歴史は始まっているからである。その意味で、介護休業制度のあり方を問うことは、育児・介護休業法の制度的構造と労働者の関係的構造の乖離や矛盾を明らかにし、今後の両立支援の課題を検討するという本書の問題意識の 1 丁目 1 番地に位置する。

　そのような問題意識にもとづいて長期の介護休業の必要性を再検討し、「介護離職ゼロ」に向けた課題を明らかにすることが本章の目的である。

第 2 節　先行研究：介護休業ニーズの共通性

1　少ない介護休業取得者

　介護休業と介護離職の関係を分析した研究は、あまり多くない。背景には、介護休業の取得者が極めて少なく、統計的に信頼できるサンプルサイズのデータを得ることが困難であるという事情がある。

　たとえば、労働政策研究・研修機構（2006a）は 30〜54 歳の男女 4000 名を対象とした全国調査において介護休業取得実態の把握を試みているが、捕捉できた介護休業取得者はわずかに 6 名であった[1]。調査会社の郵送モニターを使って介護を必要とする同居家族がいる 30〜59 歳の男女 2000 名を対象とした労働政策研究・研修機構（2006b）においても取得者は 9 名に留まって

1　本書は労働政策研究・研修機構の第 4 期中期目標計画期間におけるプロジェクト研究の成果として公表するものであるが、当機構では第 1 期と第 3 期のプロジェクト研究においても仕事と介護の両立支援に関する研究を行い、筆者はその結果を論文等で発表してきた。以下では、こうした筆者自身の研究も過去の研究として扱うことで、本書のねらいをより明確にしたい。

いた。ただし、このデータには介護開始時に雇用者であったサンプルが610名おり、介護休業を取らなかった理由は十分なサンプルサイズで把握できる。その上位を占めているのは「家族の助け・外部サービスを使って、介護に対処できた」（78.0％）、「休日・休暇制度などを活用して、介護に対処できた」（69.2％）、次に「職場に介護休業制度がなかった」（57.5％）であった。特に介護のために連続休暇の必要性を感じている場合は「職場に介護休業制度がなかった」（70.5％）という割合が高くなることも示している。

　育児・介護休業法が定める介護休業は勤務先の就業規則等に制度の規定がなくても、労働者の取得申請を事業主は拒否できない。その意味で、勤務先における制度の有無は取得の可否と無関係のように思われるが、実態として、勤務先の就業規則に従って働くのが通常であることを踏まえるなら、勤務先に「制度がない」という状態で介護休業を取得することは容易ではない。また、実際は就業規則等に介護休業制度の規定があっても、労働者に認知されていなければ、その制度はないに等しい状態にあるといえる。いずれにせよ、介護休業を必要とする労働者にこの制度が届いていないことが、介護休業取得者が少ない原因になっているといえる。

　だが、それ以上に重要なことがこの調査では明らかになっている。それは、雇用されて働く介護者の中に、介護休業が想定する介護のための連続休暇の必要性を感じている者が、多くはいないということである。その結果によれば82.7％は「連続した休みは必要なかった」と回答している（労働政策研究・研修機構 2006b, p.44）。同じ調査報告書で、介護のための連続休暇が必要な場合には介護開始時の勤務先を離職する確率が高まることも明らかになっており、介護休業制度は介護離職防止のために必要がないとはいえない（労働政策研究・研修機構 2006b, p.46）。だが、介護離職防止のために誰もが介護休業を取得できるようにすべしといえるほどの制度といえるかは、再検討する余地があることを示唆する調査結果である。

　では、なぜ介護休業のニーズはそれほど高くないのだろうか。また、介護休業の必要がないという者は介護離職の危機に直面していないのだろうか。そのような問題意識で、このデータをさらに踏み込んで分析した池田（2010）は、1）介護のために連続休暇の必要が生じた労働者は非就業になる確率が高

いことを再確認した上で、2)在宅介護サービスには連続休暇の必要性を低下させる効果があること、3)連続休暇の必要性にかかわらず、要介護者に重度の認知症がある場合や同居家族の介護援助がない場合は非就業になる確率が高いこと、4)主介護者となる可能性が高く仕事の負担も重いと予想される正規雇用の女性は連続休暇の必要性にかかわらず、介護開始時の勤務先を退職して別の勤務先に移る確率が高いことを明らかにしている。

　この分析結果の背景として注目したいのは、2000 年から介護保険制度が始まったことである。これにより、在宅介護サービスの利用は急速に拡大した。一方で、介護保険サービスの利用が増えても、家族の長時間介護はなくなっていないことも明らかになっている（藤崎 2009, 清水谷・野口 2005）。そのような背景により、介護休業の必要性は低下したが、日常的な介護のための両立支援の必要性は依然として高いことを池田（2010）の分析結果は示唆している。さらには、脳血管疾患をモデルにした介護休業制度とは別の支援として、認知症介護に対する社会的支援の重要性も指摘している。介護休業制度の設計当時とは異なる想定で仕事と介護の両立支援を推進していくことの重要性を介護休業取得者の少なさは示唆しているといえる。

2　介護休業期間に関する研究

　介護のために連続した期間の休暇を必要とする介護者は少ないが、仕事を休む介護者自体は少なくない。その場合は主として年次有給休暇（年休）を取っている[2]。介護休業制度を利用しない理由としても、年次有給休暇で足りているというケースが少なからずある（袖井 1995, 労働政策研究・研修機構 2006a; 2006b）。つまり、短期の介護休業と年休の間に代替的関係がある。そのことが介護休業の取得者を少なくしている面がある。

　袖井（1995）は、育児・介護休業法制定前に実施された「介護を行う労働者の措置に関する実態調査」（労働省婦人局 1991 年）から、主介護者になる確率の高い女性では、介護休業を取らない理由が「年休の取得で足りた」に集中していることを指摘する。引用しているデータでは女性の 50％が「年

2　背景に、日本において年休の未消化が常態化しているという事情がある（小倉 2003）。

休の取得で足りた」と回答している。なお、男女合わせた主介護者の回答では 65％が「年休で足りた」としている。

　つまり、どちらかといえば、介護休業制度が想定する長期休業ではなく、短期間の休暇の方がニーズは高い。そのような認識にもとづいて、2009 年改正の育児・介護休業法から年 5 日の介護休暇が新設された（厚生労働省雇用均等・児童家庭局 2008）[3]。西本（2012）は、介護の場面に応じて様々な休暇・休業制度が利用されており、介護休業と介護休暇の規定要因が異なることをデータ分析によって明らかにしている。介護休暇の新設は、そうした多様な休暇・休業ニーズに対応しているといえる。

　さらに 2016 年改正では、介護休業についても、短期取得の方向で法改正が行われ、93 日の範囲内で 3 回の分割取得が可能になった[4]。その判断のもとになった労働政策研究・研修機構（2015）の調査では、現在介護をしている雇用就業者に必要な介護休業の期間を質問しているが、3 か月を超える長期の介護休業よりも短期間（場合によっては数日）の休業を複数回取得できることを支持する割合が相対的に高い。

　この 2016 年改正のときには、筆者自身が労働政策研究・研修機構（2015）の調査を担当し、厚生労働省での研究会で結果を報告し、また同研究会の参集者として改正の方向性を検討する議論にも参加した。介護休業の取得率が低いことを踏まえ、取得者の数という意味で、もっと利用される制度にするという研究会の問題意識に沿って考えるなら、介護休業の期間を延ばすことより短期取得を柔軟に認める方が妥当という判断になった。

　では、介護休業期間を拡大するという選択肢は捨て去ってしまって良いのだろうか。確かに 3 か月を超える介護休業が必要だという介護者は少ない。しかし、多様な介護者の両立支援ニーズに対応し、「介護離職ゼロ」を目指していくなら、少数であっても、長期休業のニーズをもつ労働者がいること

3　介護休暇の取得率も高いとはいえないが、法定の介護休暇は無給であるため有給の年休制度から利用した方が労働者にとって利便性が高い。したがって、介護休暇は単独で取得率を評価するのではなく、年休で介護に対応できないときに介護休暇を取得できることが重要である。
4　その前にも 2004 年改正において「対象家族 1 人につき要介護状態に至るごとに 1 回、通算 93 日まで」という改正が行われていたが、2016 年改正により、1 回の要介護状態においても分割取得が可能になった。

を無視はできないだろう。特にそのニーズが、個々人の選択の問題というより、そのように介護をせざるを得ない社会的な問題であるといえるなら、なおさら社会的な問題として介護休業制度のあり方を考える必要がある。つまり、長期休業を望む介護者がいるのだから、その声に応えなければいけないという単純な理由ではなく、その背景に制度という集団的対応を必要とする集団的な理由があるのなら、少数だからといって無視することはできない。そのような問題意識で、3 か月を超える長期休業を望む背景に、どのような仕事と介護の両立困難があるのか、そのニーズの内実を掘り下げてみよう。

第 3 節　分析課題：介護休業ニーズの多様性

1 事例からみる介護休業ニーズ

　育児・介護休業法の想定とは別に、労働者自身がどのような目的で介護休業をとっているのか、事例調査をもとにその実態を整理してみたい。

　労働政策研究・研修機構では介護休業に関するアンケート調査だけでなく、取得者を対象とした事例調査も行ってきた。事例調査においても介護休業取得者の捕捉は容易ではないが、2005 年から 2018 年にかけて 3 回のヒアリング調査を企画し、当初の育児・介護休業法が想定する 3 か月 1 回の取得者、短期複数回の取得者、3 か月を超える期間の取得者の事例をそれぞれ調査している。その結果を通して、長期の介護休業が必要になる理由を考えてみよう[5]。

　短い取得期間からみていくことにしよう。最初の事例は、労働政策研究・研修機構（2013）およびその事例を分析した池田（2013a）に出てくる YD さん（40 代、男性）である。介護休業を 2 回取得しているが、1 回目は 1 か月、2 回目は 2 週間であった。短期の休業を複数回取得するという、現行の育児・介護休業法が想定する取り方に近い。

　国立大学の大学院を修了後、大手メーカーに入社し、研究開発部門を経て特許・知的財産部門に勤務していた。脳出血の後遺症から要介護状態になっ

5　これらの事例調査はすべて筆者が行ったものであるが、本章においてはデータ分析のために参照する過去の研究という位置づけで扱うことにする。

た実父を同居で介護をしていたが、その父が大腸がんを発病した。手術直後は通常の休暇では対応できないと判断して、1回目の介護休業を1か月取得した。勤務先の人事部からは介護休業は「93日間取れる」といわれたが、実際の取得期間は1か月にした。理由は、父が長い入院生活に適応できるか不安があったため、早めに退院して介護サービスを利用するつもりだったからだという。

2回目の介護休業は、父が介護サービス利用中に交通事故に遭ったため、約2週間取得した。父がデイケアで入浴中に骨折し、そのための通院の送迎をデイケアがしてくれたが、その途中で交通事故に遭った。車椅子のシートベルトの装着が不十分だったようで、父は慢性硬膜下出血になった。ケガは2週間ほどで収まったが、通所リハビリの施設で体力の回復を図ることになった。しかし、しだいに父は食事をできなくなり、介護食のゼリーしか受け付けなくなった。デイケアの職員に任せると「食事を拒否されました」で終わってしまうために、介護休業を取って食事をさせていたという（池田2013a, p.156）。

同じく法定より短い介護休業を取得した事例として、労働政策研究・研修機構（2013）のXAさん（50代、男性）を紹介しよう。父母・妹と同居するXAさんは、父が認知症や前立腺がん、慢性肺気腫、喘息、高血圧など計14の病気を抱え、4か所の医療機関と週2回のデイケアに通っている。

父の介護は当初母がしていたが、母の手助けをしているうちにXAさんが主たる介護者になった。鉄道会社に勤務するXAさんは信号機の管理をする仕事をしていた。勤務先は仕事と介護の両立支援制度が充実しており、1年間の介護休業を取得できるが、XAさんは2か月取得した。この2か月間は、父の介護について母の負担を軽減するため、自分が中心となってできることは何でもし、両親の通院に付き添い、かかりつけ医とも話をするといったように、勤務しながらだとできなかったような部分も含めての介護を行ったという。母も身体が丈夫ではなく、XAさんは母の手術のために1か月の介護休業を取ったこともある。

次に、初期の育児・介護休業法が定めていた3か月1回の介護休業取得者として、労働政策研究・研修機構（2006b）のJさん（30代、女性）の事例

を紹介する。末期がんで余命 3 か月の診断を受けた父の終末期介護（ターミナルケア）のために 3 か月の介護休業を 1 回取得した。

　J さんは大手メーカーに勤務し、営業からマーケティングの部門に異動したばかりのタイミングで父の介護が必要になった。父は東京の病院で治療を受けていたが、月に 10 日入院して退院し、在宅で過ごし、また入院というサイクルを月に 2 回繰り返す生活だった。自身は 2 日に 1 回群馬の実家に帰って介護をする生活をしていたが、両親が住む群馬から東京都内の会社までは片道 3 時間。通勤を負担に感じていたことから介護休業取得を決断した。業績評価が半年単位だったことから、期末の 3 か月に取得をした。

　介護休業中は、通院介助と入院中の洗濯や食事の買い物、父の気分転換のために一緒に外出したり旅行したりし、物理的な介助と精神的なケアの両方を全体的に行っていたという。余命 3 か月という診断であったが、実際の余命は 1 年を超えた。勤務先の介護休業制度は最長 2 年利用できたが、先がわからなかったため、必要があれば再取得するつもりで、延長せずに復職したという。結果的に再取得はしていない。

　続いて、法定の 3 か月を超える長期の介護休業取得事例を 1 つ紹介しよう。労働政策研究・研修機構（2013）の YB さん（50 代、男性）である。保険会社の管理職であったが、認知症の父の介護のため、1 年の介護休業を取得した後にもう 1 年延長した。父とは二人暮らしであったが、転居をともなう転勤のある仕事であるため、転勤したら父は一人になってしまう。そうなる前に、早めに父を施設に入れる必要があるという判断で、休業中に施設を探そうと思ったという。早くから施設への入所を検討していたが、父は通所介護サービスであっても施設で介護を受けることに後ろ向きであり、施設への入所は拒否していたという。介護休業中に、小規模特養施設に入所してもらうことを決め、申し込む準備をしていたというが、結局は入所を見送っている。小規模施設が良いと思ったのは、父は大きな施設が苦手であったからだという。

　これらの事例から、介護休業の取得理由は、育児・介護休業法の想定より多様であり、その多様性ゆえに長期休業のニーズも軽視して良いとはいえない面があることが示唆される。この点を以下の分析で掘り下げてみたい。

　労働政策研究・研修機構の一連の事例研究から、以下のような介護休業の取得理由がありうることが示唆される。

　1つ目は、法が想定するとおりの緊急対応と態勢づくりである。労働政策研究・研修機構（2013）のYDさんが直面した介護サービス利用中の交通事故というのは例外的な事態であるが、こうした問題も含めて緊急対応のための休業取得という趣旨は育児・介護休業法の想定に合っている。YDさんが介護休業を取得した当時は分割取得が法制化されていなかったが、1か月と2週間の介護休業を1回ずつという取り方は2016年改正法の考え方に沿う。

　2つ目は、Jさんの事例にある遠距離介護である。Jさんが介護休業中に行っていた通院の介助や入院中の洗濯や食事の買い物といった介護の内容自体は、長期休業を必要とするものでなくても、遠距離介護の場合は通勤の負担が重くなるために休業の必要性が生じることが示唆される。

　3つ目は、XAさんの事例にあるように、主たる介護者となる家族・親族の手助けである。老親介護において、一方の親が要介護状態になり、もう一方の親が主たる介護者になった場合、もう一方の親も加齢により体力や健康状態に不安を抱えていることがある[6]。

　4つ目として、XAさんの事例でもう1つ注目したいのは、要介護者ではなく介護者自身の健康管理という理由である。XAさんは介護休業だけでなく、短時間勤務や介護休暇など、勤務先の両立支援制度を様々に利用しているが、そこには、介護疲労をため込まないようにするという自身の健康に対する配慮もある。「自分にゆとりや余裕がないと、相手に対して優しく接することはできないと思うから、私もやりたいことはやって、息抜きをして、介護をして、という両方のバランスをとることを心がけている」「仕事を休めるときは休みたいというのは、悔いを残さない介護をしたいという気持ちが強いため」だという（労働政策研究・研修機構 2013, p.83）。

　5つ目は、YBさんの事例にあるように、施設介護への移行準備である。在宅介護から施設介護への移行は、高齢者に大きな生活環境の変化をもたら

6　XAさんは父の介護をする母の手助けをしているうちに自分が主介護者になったと語っていたが、後に母の手術のためにも介護休業を取得している。

す。それだけに拙速な施設選びはできない。YB さんの事例にもあるように、高齢者自身が施設への入居を望まない状況で、家族の都合で入居する状況もある[7]。その場合は、より時間をかけた準備が必要になるだろう。

　また、高齢者の場合、長く住んで老朽化した戸建て住宅から、便利な設備の整ったマンションに転居するということもある。その場合も、転居先の選定を拙速に行うことはできない。やはり時間をかけて介護の態勢をつくるという意味で、長期の介護休業が必要になるのではないだろうか。

　最後にもう 1 つ、6 つ目として、J さんや XA さんの事例にあった、通院の介助や洗濯、食事の買い物といった日常生活全般の介護に専念するという介護休業の取り方にも目を向ける必要がある。育児・介護休業法は、こうした日常的な介護に専念するために介護休業を取得することを想定していない。そのような想定をしたら、介護が終わるまで復職できなくなってしまう可能性があるだろう。自分が介護に専念する期間はなるべく短くし、3 か月（93 日）を超えるような継続的な介護については、介護保険サービス等の社会的支援を活用する、そのような考え方で、介護休業は短期分割取得を原則としている。

　しかし、介護保険サービスの供給制約を背景とする介護の再家族化が進むと、家族の介護負担の増加にともなって介護休業期間の拡大を求める声が高まる可能性はあるだろう。その声に応えることが介護離職防止につながるなら、法律の想定と異なることを理由に無視することはできない。

　このような問題意識で、労働政策研究・研修機構の「家族の介護と就業に関する調査」（2019 年）を分析してみよう。調査の概要は序章に示している。分析対象は、家族が要介護状態になった当時（以下、介護開始時と呼ぶ。）に雇用者（正規従業員、パート・アルバイト、契約社員、派遣社員）であり、調査時点で介護を終了していた者とする[8]。

7　YB さん自身は要介護者である父の施設入居を思いとどまり、在宅介護を継続している。
8　労働政策研究・研修機構（2006b）の調査では、調査時点でまだ介護が終わっていない者を対象としていたが、ここでは介護終了者を対象に、全介護期間を通じて通算でどのくらいの連続休暇が必要であったかを質問した結果を取り上げることにより、介護の始めから終わりまでを視野に入れた今日の育児・介護休業法の枠組みに沿った介護休業の必要性を検討したい。

第4節　分析結果：介護休業期間と介護離職

　はじめに、介護休業制度に離職抑制効果があるといえるかを確認しておこう。第3-4-1図は介護開始時の勤務先の両立支援制度の有無別[9]に介護終了までにその勤務先を辞めた（つまり離職した[10]）割合を示している。

　離職には特定の勤務先をやめて別の勤務先に移る場合と就業自体をやめて

第 3-4-1 図　介護開始時勤務先の両立支援制度の有無別
介護終了までの離職割合（介護終了者）

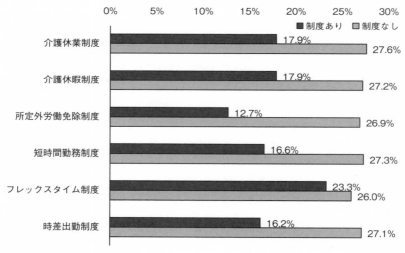

資料）「家族の介護と就業に関する調査」（2019 年）
筆者作成

9　使用する質問は Q31「要介護発生当初、勤務先にはあなたに適用される仕事と介護の両立支援制度はありましたか」。回答の選択肢は「あった」「なかった」「わからない」の3択であるが、「わからない」は本人にとって制度がなかったものとみなして「なし」に含めている。なお、ここでの回答は労働者の認知にもとづくものであるため、実際は勤務先に制度があっても本人が認知していないために「なかった」と回答している可能性もある。

10　使用する質問は Q40「あなたは、要介護発生当初と同じ会社で現在まで仕事を続けていますか」。回答の選択肢「当時の会社はやめた」の回答者のうち、 Q40-1 で把握している離職年月が、 SC7-1 で把握している介護終了年月より前である場合に「離職あり」、離職年月が介護終了後であるか同じ会社で仕事を続けている場合は「離職なし」としている。

無業になる場合の両方が含まれるが、育児・介護休業法が定める両立支援制度は同一事業主との雇用関係の継続を目的としているため、ここでは介護開始時の勤務先をやめた場合を「離職」としている[11]。介護休業以外に介護休暇や所定外労働免除、選択的措置義務である短時間勤務・フレックスタイム・時差出勤の制度の有無別に結果を示している。

　いずれの場合も制度ありは離職割合が低くなっている。特に、介護休業、介護休暇、所定外労働免除、短時間勤務、時差出勤は制度の有無による離職割合の差が顕著である。前章でみた厚生労働省雇用均等・児童家庭局（2015）は短時間勤務制度の有無によって継続就業率に差がないという結果を示していた。そのデータは調査時点で家族介護をしている労働者を対象にしていたが、ここでは介護終了までの離職を扱っているため、介護の後半の離職傾向が反映されている。この点を考慮すると、短時間勤務制度も離職抑制効果が期待できそうだといえる。

　だが、これらの制度の間に代替関係がある場合、他の制度で代替できる制度は、その必要性が低いということになるだろう。そこで、まず、他の両立支援制度との代替関係を考慮してもなお、介護休業制度に離職抑制効果を期待することができるかを確認しておきたい。分析にあたって、1つ留意しておきたいことがある。それは、先行研究でも指摘されていたことだが、家族介護に当たって介護休業を必要とする労働者は多くないということである。

　第 3-4-1 表に、介護休業が想定する介護のための連続休暇をどのくらいの期間必要としているか、介護開始から終了までの通算期間を示している[12]。

　はじめに雇用者計の結果をみると、「必要なし」が 60.5％ と最も高く[13]、次

11　離職理由が介護であるか否かは問わずに、単に離職したか否かの割合を示している。

12　調査票の質問は Q37「全要介護期間を通じて、その方の介護のために、あなたはどのくらい連続して仕事を休む必要がありましたか。要介護発生当初の勤務先での仕事についてお答えください。実際に休んだ日数ではなく、必要だったと思う日数をお答えください。要介護状態が続いている方は要介護発生から現在までについてお答えください」。回答は「通算して 1 週間以内」「通算して 1 週間を超え 2 週間以内」「通算して 2 週間を超え 1 か月以内」「通算して 1 か月を超え 3 か月以内」「通算して 3 か月を超え 6 か月以内」「通算して 6 か月を超え 1 年以内」「通算して 1 年を超え 2 年以内」「通算して 2 年を超える期間」「連続して仕事を休む必要はなかった」。

13　労働政策研究・研修機構（2006b）に比べて「必要なし」の割合は低いが、ここでの結果には別居の介護も含まれている。そのため、後に示すように、遠距離介護等によりまとまった休暇が必要になる可能性が高くなっていると考えられる。また介護終了までの期間を対象にしているため、終末期介護のための連続休暇のニーズも反映されている可能性がある。

	必要 なし	1週間 以内	1週間超 1か月以内	1か月超 3か月以内	3か月超 1年以内	1年超	N
雇用計	60.5%	14.3%	12.1%	5.2%	4.0%	3.8%	1410
介護休業制度あり	46.8%	16.1%	17.9%	7.9%	6.8%	4.6%	280
制度なし	63.9%	13.9%	10.7%	4.5%	3.4%	3.6%	1130

資料）「家族の介護と就業に関する調査」（2019 年）
筆者作成

に高いのが「1 週間以内」の 14.3％である。「1 週間以内」であれば、5 日の
介護休暇と週休 2 日で対応可能と考えるなら、1 週間を超える期間が実質的
な介護休業のニーズになる。つまり、「必要なし」（60.5％）と「1 週間以内」
（14.3％）を合わせた 74.8％は介護休業を必要としていないといえる。

　1 週間を超える期間のうち、「1 週間超 1 か月以内」（12.1％）と「1 か月超
3 か月以内」（5.2％）の合計（17.3％）が、法定の介護休業のニーズである
といえる。この数値から、法定の介護休業ニーズは高いとはいえない。さら
に、3 か月超の連続休暇の必要性をみると「3 か月超 1 年以内」（4.0％）と
「1 年超」（3.8％）を合わせても 7.8％に過ぎない。法定を超える期間の介護
休業のニーズも高いとはいえない。

　介護開始時勤務先の介護休業制度の有無別の結果をみると、介護休業制度
ありでも「必要なし」は 46.8％、「1 週間以内」は 16.1％であり、合計する
と 60％を超える。勤務先に介護休業制度があっても、それを必要としない
介護者が少なくないことがうかがえる。先行研究でも指摘されていたよう
に、総じて介護休業のニーズは低いといえる。

　もちろん、少数であっても介護離職を回避するために、介護休業を必要と
する労働者がいるなら、介護休業制度は必要であるといえる。しかし、同時
に、介護休業制度だけが介護離職を防止するための必殺技ではないことにも
留意する必要がある。

　そこで、第 3-4-1 図に示した両立支援制度と離職の関係について多変量解
析を行い、両立支援制度の相互関係の中での介護休業の位置づけを明確にし
ておきたい。その上で、よりいっそうの介護離職防止に向けて介護休業制度

第 3-4-2 表　介護開始時勤務先離職の有無の規定要因（介護終了者）

被説明変数（あり =1, なし =0）	介護終了までの離職有無					
	推計 1			推計 2		
	係数値	標準誤差	オッズ比	係数値	標準誤差	オッズ比
性別（男性 =1, 女性 =0）	-.589	.176	.555 **	-.609	.178	.544 **
介護開始時本人年齢	.021	.007	1.021 **	.021	.007	1.021 **
最終学歴（BM: 中学・高校卒）						
短大・専門卒	-.256	.172	.774	-.283	.173	.753
大学・大学院卒	-.211	.172	.810	-.222	.173	.801
介護期間	.213	.017	1.238 **	.215	.017	1.239 **
介護開始時の勤務状況						
雇用形態（正規 =1, 非正規 =0）	-.293	.179	.746	-.316	.180	.729
職種（BM: 事務）						
専門・管理	.272	.195	1.312	.259	.196	1.296
販売・サービス	.235	.185	1.265	.232	.186	1.261
現業	-.187	.212	.830	-.191	.214	.826
企業規模 　（100 人以上 =1, 100 人以下 =0）	.084	.141	1.087	.064	.143	1.066
1 日の就業時間（残業含む）	.064	.037	1.066	.066	.037	1.069
介護開始時勤務先の両立支援制度有無						
介護休業制度	-.505	.215	.603 *	-.466	.227	.628 *
所定外労働免除制度	-.660	.324	.517 *	-.523	.362	.593
短時間勤務制度	—			.021	.280	1.021
フレックスタイム制度	—			.387	.252	1.473
時差出勤制度	—			-.682	.283	.506 *
定数	-3.067	.489	.047	-3.036	.491	.048 **
χ 2 乗値	230.781 **			237.539 **		
自由度	13			16		
N	1410			1410		

分析方法：二項ロジスティック回帰分析　有無は「あり」=1，「なし」=0
** p＜.01, * p＜.05
資料）「家族の介護と就業に関する調査」（2019 年）
筆者作成

のあり方を再検討する上での労働者のニーズの分析を行いたい。

　第 3-4-2 表は、介護開始時の勤務先を介護終了までに離職したか否か（離職 = 1、継続就業 = 0）を被説明変数とする二項ロジスティック回帰分析の

結果である[14]。説明変数の係数値がプラスに大きいほど離職する確率は高く、マイナスに大きいほど、その確率は低いといえる。コントロール変数は基本属性である性別（男性＝1、女性＝0）・介護開始時本人年齢（連続変数）[15]・最終学歴（中学・高校卒をベンチマークとするダミー変数）[16] と介護期間（連続変数）[17]、そして介護開始時の就業状況として、雇用形態（正規雇用＝1、非正規雇用[18]＝0）、職種[19]、勤務先の企業規模（100人以上＝1,100人未満＝0）[20]、1日の就業時間（残業を含む。連続変数）を投入する。これら勤務先にかかわる変数はいずれも人材の企業定着にかかわるものであり、仕事と介護の両立支援制度以外の要因による労働者の離職傾向をコントロールしている。

　両立支援制度を説明変数とする推計は、2つ行っている。1つ目（推計1）は、介護休業制度および所定外労働免除制度との関連性を推計している。

　第2章で示したように、育児・介護休業法が定める仕事と介護の両立支援制度は、一時的な緊急対応・態勢構築のための制度と、日常的な介護に対応するための制度に大別できる。介護休業は前者を代表する制度である。

　一方、日常的な介護に対応する制度は介護休暇と所定外労働免除が企業の義務となっている。このうち介護休暇制度の有無は、介護休業制度の有無との相関が高く[21]、同時に説明変数に投入すると強く相殺し合うため、投入し

14　本書と同じデータを用いて Niimi（2021）は介護開始1年後までの両立支援制度の離職抑制効果を検証している。これに対して、本書は介護終了までの離職の有無を問題にしている。

15　調査票 SC2 で把握している回答者（本人）の生年月と SC6 で把握している介護開始年月（家族が要介護状態になった年月）をもとに算出している。

16　「その他」は「中学・高校卒」に含めている。

17　介護開始年月（SC6）と介護終了年月（SC7-1）を調査票で把握しているため、その差を介護期間としている。なお、前田（2000）、山口（2004）、池田（2010）の分析によって、介護期間が長いほど離職率が高いことが明らかになっている。

18　調査票 Q21 の「パート」「契約社員」「派遣社員」を非正規雇用として括っている。

19　調査票 Q20 の「専門・技術職」と「管理職」を括って「専門・管理」、「販売職」と「サービス職」を括って「販売・サービス」、「保安的職業」「農林漁業従事者」「生産工程従事者」「輸送・機械運転従事者」「建設・採掘従事者」「運搬・清掃・包装等従事者」「その他」を括って「現業」としている。

20　企業規模は介護離職と直接関係する要因とはいえないが、中小企業はもともと雇用流動性が高い傾向があるため、これをコントロールする目的で投入する。なお、調査票の「官公庁・公営事業所」は100人以上に含める。

21　介護休業制度「あり」の73.2%が介護休暇制度も「あり」と回答している。

ないことにする[22]。出勤しながら介護に対応する制度という意味で、介護休業と性質が異なる所定外労働免除の変数を投入する[23]。

　結果をみよう。介護休業制度と所定外労働免除制度は、どちらもマイナスの有意な関連性を示しており、これらの制度が勤務先にあると離職確率が低くなることを示している。オッズ比は説明変数と被説明変数の関連性の強さを倍数で表したものであり、介護休業制度の .603 は、この制度が勤務先にある場合は制度がない場合に比べて離職する確率が 0.603 倍になることを示している。所定外労働免除制度のオッズ比は .517 であるため、この制度が勤務先にある場合の離職確率は制度がない場合の 0.517 倍になる。それだけ離職確率が下がることが期待できるといえる[24]。

　しかしながら、推計 2 で、短時間勤務制度、フレックスタイム制度、時差出勤制度の有無（いずれも、あり＝ 1、なし＝ 0）を追加投入すると所定外労働免除制度は有意でなくなる。代わって離職確率を下げる有意な関連性を示しているのは時差出勤制度である。

　時差出勤制度は選択的措置義務の一つであるが、日常的な介護に対応することを想定している。例えばデイサービスの送迎時刻と労働者自身の出退勤時刻を調整するために、短時間勤務やフレックスタイムと代替関係にある制度である。所定外労働免除との関係においては、残業をしないという方法であれ出退勤時刻の変更という方法であれ、必要な時間帯に介護に対応する必要があるという事情は同じだろう。その意味で、2 つの制度の代替関係は理解しやすい。

　一方、介護休業制度はここでもマイナスの有意な関連性を示しており、他の制度との代替関係を考慮してもなお、この制度は離職抑制につながるとい

22　介護休業と介護休暇の代替関係は次章で議論する。

23　ただし、分析する 1410 件のうち所定外労働免除が新設された改正法の施行後に当たる 2017 年以降に介護を開始したのは 118 件に留まる。そのため、ここでは法改正の効果を問題にしているとは必ずしもいえない。

24　ただし、ここで分析している制度の有無は労働者の主観的認知であるため、もともと継続就業の意思がある者が制度の存在を確認し、そうでない者は制度の認知が曖昧であるという可能性もある。しかし、仕事への愛着や休暇の取りやすさ等、企業への定着に関する変数をコントロールしていること、介護開始時の制度の有無とその後の離職という時間的前後関係もコントロールしていることから、今後の厳密な検証により因果関係が明らかになることが期待できる。

える。介護休業制度は一時的な緊急対応・態勢づくり、時差出勤制度は日常的な介護への対応という意味で、想定している介護の場面が異なる。その意味で、それぞれ補完的な関係のもと、介護離職を防ぐことが期待できるといえる。

2 長期休業のニーズと介護離職

では、介護休業制度の効果から、休業期間を3か月（93日）以内とする制度でも介護離職を防ぐ十分な効果があるといえるだろうか。裏返していうなら、3か月を超える期間の介護休業は介護離職を防ぐという意味では冗長であるということになるだろうか。この点を検討してみたい。

第3-4-3表は、介護のために必要な連続休暇の期間を男女と雇用形態別に示している。表側は正規雇用の男女比較と女性の雇用形態間比較をしやすい順序で項目を並べている。

まず男女を比較すると、女性の方が「必要なし」の割合は低い。なお、女性は非正規雇用の割合が高く、正規雇用は男性の割合が高い。この差をコントロールするため、男女別をさらに雇用形態別にした結果も示しているが、男女にかかわらず非正規雇用の方が「必要なし」の割合は高い。非正規雇用

第3-4-3表　男女・雇用形態別　介護のために必要な連続休暇の期間（介護終了者）

	必要なし	1週間以内	1週間超1か月以内	1か月超3か月以内	3か月超1年以内	1年超	N
雇用者計	60.5%	14.3%	12.1%	5.2%	4.0%	3.8%	1410
男性	62.9%	15.2%	12.6%	3.9%	3.6%	1.9%	587
女性	58.8%	13.7%	11.8%	6.1%	4.4%	5.2%	823
正規雇用計	58.5%	14.7%	13.6%	4.9%	4.7%	3.6%	795
男性	59.9%	16.0%	14.1%	4.1%	3.8%	2.1%	469
女性	56.4%	12.9%	12.9%	6.1%	5.8%	5.8%	326
非正規雇用計	63.1%	13.8%	10.2%	5.5%	3.3%	4.1%	615
女性	60.4%	14.3%	11.1%	6.0%	3.4%	4.8%	497
男性	74.6%	11.9%	6.8%	3.4%	2.5%	0.8%	118

資料）「家族の介護と就業に関する調査」（2019年）
筆者作成

の中でもパートタイム労働者はもともと勤務日数が少なかったり勤務時間が短かったりすることから、わざわざ連続休暇を取らなくても介護に対応できるという事情があると推察される。

　いずれにせよ、先行研究の指摘と同様に、介護休業を必要とする介護者は少ないことがここでも確認できる。だが、重要なのは少数であっても、介護休業が介護離職の防止につながることである。この点を次に確認しよう。

　第3-4-2図は、家族が要介護状態になった当時の勤務先を、その家族の介護が終わるまでの間に離職した割合を示している。グラフの左端に「離職率計」として分析対象全体の離職率を示している。雇用者計の離職率計は25.7％である。正規雇用と非正規雇用を比較するとやや非正規雇用の方が高い。また、正規雇用の男女にも差があり、女性の方が高い。

　次に、同じ図で、介護のために必要な連続休暇期間別に離職率を比較してみよう。第3-4-3表で確認したように、1か月を超える期間は該当するサン

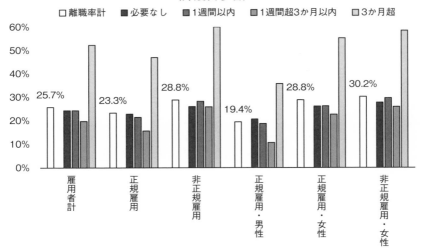

**第3-4-2図　介護のために必要な連続休暇期間別
介護開始時の勤務先を介護終了までに離職した割合
（介護終了者）**

非正規雇用・男性はサンプルが小さいため表から除外している。
資料）「家族の介護と就業に関する調査」（2019年）
筆者作成

プルが小さいため、法定の介護休業期間の範囲内に収まる「1週間超1か月以内」と「1か月超3か月以内」は一括りにし、また3か月を超える期間も法定の介護休業を上回る期間として一括りにする。「1週間以内」は介護休暇で代替可能な面があるため、単独のカテゴリーとしている。

　注目したいのは、「3か月超」の離職率が高いことである。法定の介護休業期間内である3か月以内は「必要なし」と離職率の差がない。

　先行研究は介護休業が想定する連続休暇の必要性がある場合は離職する確率が高いことを示唆していた（労働政策研究・研修機構 2006b, 池田 2010, Ikeda 2017a）。だが、法定期間内であれば、介護休業を取ることで離職を回避することができる。第3-4-2表で勤務先に介護休業制度がある場合は離職確率が下がることもみた[25]。介護のために連続休暇が必要であっても、それが法定介護休業期間内であれば、離職率が上がらないという結果はもっともだといえる。反対に、法定期間を超える連続休暇の必要性を感じている場合に離職率が高くなることも納得できる結果である。

　したがって、「介護離職ゼロ」のための介護休業制度という観点で考えるなら、3か月を超える長期休業のニーズを無視することはできないだろう。そのニーズがある労働者は多いかといえば確かに少ない。多くの労働者が共通して必要とする両立支援制度をつくるという意味では、短い期間の介護休業を分割取得できる方が仕事と介護の両立を図る労働者のニーズに合っている。しかし、介護離職を回避するための切実なニーズという意味では、長期休業のニーズにも目を向ける必要があるといえる。

3　長期の連続休暇が必要な理由

　本書で分析している調査では、介護のために連続休暇が必要であると回答した者に、その理由を質問している。この回答をもとに、3か月を超える介護休業が必要になる理由を次に検討しよう。

　第3-4-3図は、その結果である。介護のために連続休暇が必要な理由は複

25　法定の介護休業は勤務先の就業規則等に制度の規定がなくても取得できるが、実際は勤務先に制度の規定がなければ、取得申請しにくいか、そもそも介護休業という両立支援を知らない可能性がある。

第 3-4-3 図　介護のための連続休暇が必要な理由別
介護のために必要な連続休暇期間
（複数回答、介護終了者）

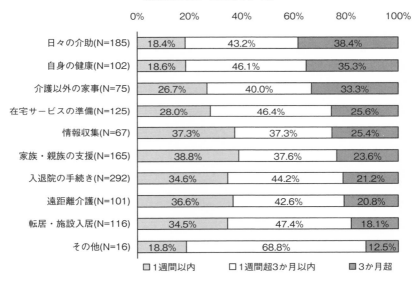

資料）「家族の介護と就業に関する調査」（2019 年）
筆者作成

数回答（マルチアンサー）であるため、個々の理由の該当者を 100%として連続休暇の期間を示している。ここでも連続休暇期間のカテゴリーは「1 週間以内」「1 週間超 3 か月以内」「3 か月超」にしている。

　介護のために必要な連続休暇期間「3 か月超」が最も高いのは「日々の介助」（入浴・食事・外出等、日々の介助に専念するため）であり、次に高いのが「自身の健康」（あなた自身の健康のため）である。「介護以外の家事」（介護以外の家事に専念するため）も高く、ここまでが 30%を超える。中でも「日々の介助」と「自身の健康」は、「1 週間以内」の割合が低く、「3 か月超」の割合が「1 週間以内」より高い。それだけ長期休業のニーズが顕著であるといえる。ただし、これらの理由は、育児・介護休業法の介護休業制度の想定から外れたものであるという点に留意する必要がある。

　育児・介護休業法の想定にある緊急対応と態勢づくりという意味では、

「在宅サービスの準備」（在宅介護サービスの利用準備のため）、「情報収集」（介護に必要な情報収集のため）、「入退院の手続き」（医療機関（病院等）の入退院の準備・手続きのため）がこれに当たるが、いずれも「3か月超」の割合は高いとはいえず、どちらかといえば「1週間以内」の割合の方が高い。法律が想定した場面で介護休業の代わりに年休等を取得する労働者が多いという先行研究の知見と整合的である。

　一方、前出の介護休業取得事例にあった「遠距離介護」（遠距離介護のため）や「転居・施設入居」（要介護者の転居・施設入居のため）の割合は約20％であり、それほど高くない。どちらも「1週間以内」が約35％あり、「3か月超」より「1週間以内」の方が高い割合を示している。

　留意したいのは、第3-4-3図の結果は相互に関連し合っている可能性があることである。介護生活の日常において、入浴・食事・外出等の「日々の介助」や炊事・洗濯といった「介護以外の家事」を、一連のルーティンとして行っている介護者は少なくないだろう。「在宅サービスの準備」と「情報収集」を厳密に切り離すこともできないだろう。介護保険制度の要介護認定の手続きや介護事業所の選定において不足している情報があれば収集するのは当然のことである。これらのことを「遠距離介護」で行う場合は、特に長期の連続休暇が必要ということも想定しうる。そして、介護役割を多く担っている場合には、介護疲労が蓄積して「自身の健康」に不安をもつということが考えられる。要するに、第3-4-3図が示す長期の連続休暇が必要な理由は、いくつかの要因に集約することができるはずである。そのための多変量解析を行ってみよう。

4　長期休業のニーズと離職行動の規定要因

　第3-4-4表の推計1は、介護のために3か月を超える連続休暇の必要性が生じる要因を明らかにする二項ロジスティック回帰分析の結果である。

　被説明変数は介護のために3か月を超える連続休暇の必要性が「あり」の場合に1、「なし」の場合に0としている。説明変数の係数値がプラスであるほど3か月を超える連続休暇の必要性が高く、マイナスであるほど、その必要性は低いといえる。

第 3-4-4 表　介護のための 3 か月超の連続休暇の必要性と離職の規定要因 （介護終了者、介護のための連続休暇の必要あり）

被説明変数（あり＝ 1，なし =0）	推計 1			推計 2		
	介護のための 3 か月超の連続休暇の必要性			介護終了までの離職有無		
	係数値	標準誤差	オッズ比	係数値	標準誤差	オッズ比
性別（男性 =1、女性 =0）	-.758	.305	.469 *	-.389	.285	.678
介護開始時本人年齢	.010	.013	1.010	-.003	.012	.997
最終学歴（BM: 中学・高校卒）						
短大・専門卒	-.548	.328	.578	.139	.290	1.149
大学・大学院卒	-.271	.312	.763	-.082	.287	.921
介護期間	.064	.029	1.066 *	.240	.030	1.271 **
介護開始時の勤務状況						
雇用形態（正規 =1、非正規 =0）	.077	.320	1.080	-.449	.296	.638
職種（BM: 事務）						
専門・管理	.405	.355	1.499	-.130	.326	.878
販売・サービス	.844	.325	2.325 *	-.091	.296	.913
現業	-.400	.435	.670	-.015	.358	.985
企業規模（100 人以上 =1，100 人以下 =0）	.437	.261	1.548	.153	.235	1.165
1 日の就業時間（残業含む）	.066	.065	1.069	-.050	.064	.951
介護のための連続休暇が必要な理由（該当有無）						
日々の介助	1.641	.250	5.160 **	-.228	.262	.796
在宅サービスの準備	.111	.291	1.117	.296	.276	1.344
介護以外の家事	-.006	.344	.994	.399	.338	1.490
自身の健康	.834	.295	2.302 **	-.114	.302	.893
遠距離介護	.306	.321	1.357	.360	.293	1.434
要介護者の転居・施設入居	-.317	.342	.728	-.317	.301	.728
入退院の準備・手続き	.257	.267	1.293	.352	.249	1.422
情報収集	.237	.391	1.268	-.020	.357	.980
家族・親族の支援	.529	.264	1.697 *	-.109	.251	.896
その他	-.482	.883	.618	-.098	.691	.906
介護のための 3 か月超の連続休暇の必要性有無	—			1.390	.285	4.013 **
定数	-4.047	.901	.017 **	-1.655	.785	.191 *
χ 2 乗値	104.148 **			139.24 **		
自由度	21			22		
N	557			557		

分析方法：二項ロジスティック回帰分析　有無は「あり」=1,「なし」=0
** p ＜ .01, * p ＜ .05
資料）労働政策研究・研修機構「家族の介護と就業に関する調査」（2019 年）
筆者作成

説明変数には、介護のための連続休暇が必要な理由を投入し、それぞれに
ついて該当を 1、非該当を 0 とする。このほかにコントロール変数として性
別（男性＝ 1、女性＝ 0）と介護開始時本人年齢、学歴（ベンチマークは中
学・高校卒）、介護期間、そして介護開始時の就業状況として、雇用形態
（正規雇用＝ 1、非正規雇用＝ 0）、職種、企業規模（100 人以上＝ 1, 100 人
未満＝ 0）、1 日の就業時間（残業を含む）を投入する。

　介護役割には男女差があり、女性の方が重い介護責任を負っていることが
多い。また、同じ女性でも娘より母というように年齢と介護責任の重さにも
相関がある（労働政策研究・研修機構　2006b）。一方、仕事の責任は正規雇
用の方が重い。学歴と職種は社会階層上の地位を示し、同じ性別・年齢・雇
用形態でも学歴が違えば労働市場での立場が異なるという想定をしている。
そうした仕事と介護の責任が同じであっても、連続休暇を必要とする理由の
違いが、その期間の長さと関係しているかを推計している。またデータは全
介護期間を通じた通算の連続休暇期間をたずねているため、介護期間が短い
場合には連続休暇の必要性に直面していない可能性が高くなると考えられ
る。そのような趣旨で介護期間が同じだという仮定をおくためにコントロー
ル変数を投入する。

　結果をみよう。はじめにコントロール変数として性別と介護期間が有意な
効果を示していることを確認しておきたい。つまり、介護のために連続休暇
を必要とする理由にかかわらず、3 か月を超える介護休業のニーズは男性よ
り女性の方が高く、介護期間が長い方が高く、事務職に比べて販売・サービ
ス職は高いことを示している。

　その上で、介護のために連続休暇を必要とする理由をみると「日々の介
助」「家族・親族の支援」「自身の健康」がプラスの有意な関連性を示してい
る。つまり、これらの理由で連続休暇が必要だと感じている場合は、その期
間が 3 か月を超える可能性が相対的に高いことを示唆している。オッズ比を
みると「日々の介助」は 5.160 であるから、この理由が該当する場合は、3
か月を超える連続休暇が必要になる確率は約 5.2 倍になるといえる。「自身
の健康」のオッズ比は 2.302 であるから約 2.3 倍、「家族・親族の支援」の
オッズ比は 1.697 であるから約 1.7 倍になるといえる。

　一方、第 3-4-3 図のグラフが示していた「介護以外の家事」「遠距離介護」「在宅サービスの準備」「情報収集」はいずれも有意な関連性を示していない[26]。これらの理由は「日々の介助」「自身の健康」「家族・親族の支援」のいずれかで説明がつくことを多変量解析の結果は示唆している。

　その上で、第 3-4-4 表の右側「推計 2」の結果をみよう。これは、介護開始時の勤務先を介護終了までに離職するか否かの規定要因を示している。

　前述のように、介護休業は、同一勤務先での就業継続（同一就業継続）を支援する制度であるため、ここでも介護開始時の勤務先を退職している場合を「離職あり」として 1 とし、同一就業継続を「離職なし」として 0 にしている。説明変数には、推計 1 に「3 か月を超える連続休暇の必要の有無」を加えている。つまり、推計 1 の被説明変数を推計 2 の説明変数に加える。これにより、推計 1 で有意な関連性を示していた「日々の介助」「家族・親族の支援」「自身の健康」が直接的に介護離職の確率を高めるのか、それとも法定の期間に収まらない介護休業ニーズという要因を媒介して間接的に介護離職の確率を高めるのかを識別できる。もし前者であるなら、介護休業期間が 3 か月に収まる場合でも離職する可能性を否定できない。つまり、介護休業期間を延ばしても、「日々の介助」「自身の健康」「家族・親族の支援」を理由とする離職を防止できない面が残るという解釈になる。反対に、これらの理由が、介護休業期間の長さの問題として説明がつくなら、介護休業期間を延ばすことで離職を防げる可能性があるといえるだろう[27]。

　結果をみよう。コントロール変数は介護期間がプラスの有意な関連性を示しており、介護期間が長いほど離職する確率は高くなるといえる。この結果は池田（2010）と整合的である。ただし、池田（2010）が介護のための連続休暇の有無を問題にしていたのに対し、ここでの分析は、介護のための連続休暇の必要があるという労働者の中の多様性を問題にしている。

　その観点から、「3 か月超の連続休暇の必要性」の結果をみると、プラス

26　表の係数値がプラスかマイナスの値を示している場合でも、これは誤差であり、実際は係数値が 0 である可能性を否定できない場合に「有意でない」という言い方をする。

27　ここでの分析は、介護のための連続休暇の「必要なし」を分析から除外しているため、労働政策研究・研修機構（2006b）や池田（2010）のように、介護休業の必要性の有無が離職と関係しているかという分析とは問題意識が異なる。

の有意な関連性を示している。オッズ比は 4.013 である。つまり、3 か月超の連続休暇のニーズがある場合には、離職確率が約 4 倍になることを、分析結果は示している。一方、介護のための連続休暇が必要な理由と離職の関連性はいずれも有意ではない。つまり、推計 1 で有意な関連性を示していた「日々の介助」「家族・親族の支援」「自身の健康」は、3 か月超の連続休暇の必要を介して間接的に離職確率を高めているといえるが、直接的に離職確率を高めるとまではいえない。つまり、介護休業制度の期間を拡大することで、これらの理由による離職は防止できる可能性があることを分析結果は示唆している。

第 5 節　考察：「介護離職ゼロ」と介護休業

　育児・介護休業法は、一時的な緊急対応と態勢づくりを想定して介護休業制度を設計している。だが、介護休業のニーズに当たる連続休暇を労働者自身が必要とする理由は多様であり、それゆえに必要な連続休暇期間も多様である。その観点から行った本章の分析結果の要点は以下のとおりである。

　1)　家族介護を担う労働者の多くは、介護のための連続休暇を必要としていない。だが、少数ではあるが、法定の介護休業期間に当たる 3 か月を超える連続休暇を必要とする労働者もいる。

　2)　3 か月を超える連続休暇が必要だという労働者は、介護開始時の勤務先を介護終了までに辞めている確率が高い。

　3)　介護のために 3 か月を超える連続休暇が必要になる主な理由は「日々の介助」「家族・親族の支援」「自身の健康」である。

　これらの知見をもとに、介護休業との関係に焦点を当てた介護離職のパターンを整理しておこう。

　第 3-5-1 図は、育児・介護休業法における介護休業制度の想定と本章の分析結果の関係をチャート図にまとめたものである。今日の育児・介護休業法は 3 回までの分割取得を認めているが、その通算期間は 3 か月で足りるという想定をしている。図の中で白いボックスが表している箇所は、こうした法律の想定を表している。

第 3-5-1 図　介護休業の必要性と介護離職の関係図

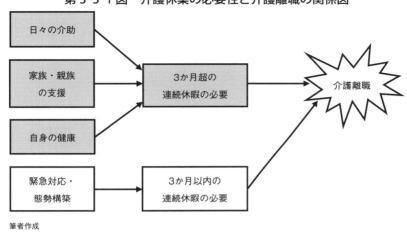

筆者作成

　しかし、「介護離職ゼロ」を目指すなら、こうした想定の外にある介護休業の必要性にも目を向ける必要がある。図のグレーのボックスをみよう。法定の介護休業制度の想定の外部として、本章では、介護のための「3 か月超の連続休暇の必要性」に着目し、その必要がある場合に介護離職の確率は高まることが明らかになった。つまり、法定の介護休業期間を延ばすことは、介護離職防止策として有効である可能性を本章の分析結果は示唆している。そして、そのような長期の介護休業のニーズを高めているのは「日々の介助」「家族・親族の支援」「自身の健康」という、これもまた育児・介護休業法の想定にはない要因であることが明らかとなった。

　もちろん、このことから即座に企業は 3 か月を超える介護休業制度を用意しなければならないと断定するのは早計である。介護休業の趣旨を正確に伝え、誤解を改めるべく、介護セミナー等で介護休業制度の趣旨について事前に情報提供をすることの重要性も先行研究では指摘されている（佐藤・松浦・池田 2017）。しかし同時に、育児・介護休業法が対応していない介護離職のリスク要因が依然としてある可能性も無視できない。その観点から、3 か月を超える介護休業を必要とする背景に目を向けることも重要である。

　そのような問題意識で、日常的な介護を家族が継続的に担いながら働くた

めにどのような両立支援が必要であるか、3か月を超える長期の介護休業制度以外に方法はあるのか、という問題を、次章以降で深く掘り下げて行きたい。家族・親族の支援のための長期休業ニーズもまた、緊急対応よりは日常的な介護の支援である可能性は高いだろう。その意味で、日常的な介護と仕事の両立支援制度のあり方を検討することは重要な課題である。

　また、健康に不安のある介護者にとって仕事を休むか否かは、二次的な問題であろう。健康に不安をかかえたまま仕事を休まず出勤し続けても、その結果として、さらに健康状態が悪化すれば、就業は困難になるだろう。長期の介護休業を取ることで健康状態が回復するなら、その方が介護離職防止のために良いという考え方もありうるだろう。そのような問題意識で、介護者の健康管理の観点から両立支援の課題を明らかにしていきたい。

日常的な介護と介護休業
——介護休暇・短時間勤務との代替関係

第 1 節　はじめに：長期の介護休業ニーズに対応した制度とは

　育児・介護休業法は、その初期において、家族介護の緊急事態に焦点を当て、その対応とその後の仕事と介護の両立に向けた態勢づくりを想定した介護休業を企業に義務づけた（労働省婦人局編 1994）。しかし、日常的に続く介護にも支援が必要であることが明らかになり、介護休暇や所定外労働の免除が新設され、勤務時間短縮等の選択的措置義務の期間が拡大された（厚生労働省雇用均等・児童家庭局 2008; 2015）。

　前章では日常的な介護において、食事や外出、入浴等の日々の介助のために 3 か月を超える連続休暇を必要とする労働者の離職リスクも示唆された。だが、このことから即座に法定介護休業期間を延ばすべきというのは、議論を急ぎすぎである。日常的な介護のために、より長期の介護休業を取りたいという労働者の声は受け止める必要があるものの、現実的な制度設計として、その場合の介護休業期間はどの程度にすべきか、という問いに答えを出すことは容易ではない。だが、介護休業の代わりに介護休暇や短時間勤務といった、元々日常的な介護に対応することを想定した制度で対応できるなら、その方が制度設計しやすいのではないだろうか。

　そこで、介護休暇や短時間勤務とは別に介護休業を日常的な介護に対応する制度として再構築することを検討すべきだろうか、という問いを立てて、日常的な介護を担う労働者の両立支援制度の課題を再検討してみたい。

　結論を先に述べるなら、3 か月を超える長期の連続休暇のニーズに応えて介護休業の通算期間を延ばすのではなく、介護休暇の日数を増やして 1 年単位で短期と長期の休暇・休業を組み合わせることができるようにするという考え方もある。また、3 か月を超える長期の連続休暇のニーズと短時間勤務のニーズの間には相関があり、長期の介護休業の代わりに短時間勤務でも介

護離職を防止できることを分析結果は示唆している。両立支援ニーズと制度の関係を 1 対 1 対応で考えるのではなく、制度同士の代替関係を踏まえて柔軟に制度を組み合わせることが重要であるといえる。

第 2 節　先行研究：日常的な介護への対応方法

1　介護休暇と短時間勤務の必要性

1995 年制定の育児・介護休業法は、家族が要介護状態になった直後（介護の始期）の緊急対応と態勢づくりに焦点を当てて、仕事と介護の両立支援を制度化していた。当時から、勤務時間短縮等の選択的措置義務も法律に含まれていたが、介護休業と合わせて 93 日という規定であり、日常的な介護に対応するものにはなっていなかった。

しかし、事例研究においては、介護の始期の緊急事態ではなく、その後の日常的な介護が長期化することで介護離職の危機に直面しやすくなることが、育児・介護休業法制定前から指摘されていた。たとえば、直井・宮前（1995）は、女性介護者の事例調査から、介護の始期に仕事と両立できてもその後に離職するケースが多いことを指摘し、職場においては仕事を休みにくいことが離職につながっているという。つまり、介護の始期だけでなく、その後の日常的な介護においても仕事を休む必要は生じている。

また、育児・介護休業法施行後の調査になるが、労働政策研究・研修機構（2006b）は、過去 1 年間に主介護者は約 4 日（正規雇用は 4.7 日、非正規雇用は 4.4 日）の年次有給休暇（年休）を介護のために取得していることを明らかにしている。このような実態を踏まえて、2009 年の育児・介護休業法改正において、通院の付き添い等の日常的な介護に対応した新しい制度として介護休暇が法制化された（厚生労働省雇用均等・児童家庭局 2008）。

加えて、労働政策研究・研修機構（2006b）では当時は日常的な介護に対応していなかった勤務時間短縮等の選択的措置義務に相当する勤務時間の調整行動にも焦点を当て、介護を必要とする家族と同居する労働者の 24.5％が 1 日の労働時間の短縮、1 週間の労働日数の短縮、始業・終業時刻の繰上げ・繰下げ、フレックスタイム、勤務先からの介護経費の受給のいずれかを

行っていることを明らかにした[1]。また池田（2010）では、介護のために無業になるのではなく別の勤務先に転職している場合に実労働時間が短くなっていることから、介護のための短時間勤務が同一勤務先での就業継続支援につながりうることも指摘している。介護が長期化するとフルタイムからパートタイムに移行する割合が高くなることは前田（2000）も指摘しており、日常的な介護に対応した両立支援として、短時間勤務の重要性は早い時期から認識されていた。

２　日常的な介護のための介護休業

一方、介護休業を日常的な介護のために取得するという発想は先行研究にもないが、西本（2012）は、介護休業と年休、そして欠勤という３つの「休業形態」がどのような場面で選ばれているかを中立的に検討している。

その結果として、行ったことのある介護内容の項目数が多いほど、欠勤を選ぶ確率が高く、介護休業については「一般病院・老人病院」に要介護者が入っている場合に選択される確率が高いという結果を示している。介護の始期に要介護者が疾患を発症して入院したときに介護休業を取っていると理解するなら、育児・介護休業法の想定どおりであるといえる。

なお、西本（2012）の分析データは2003年の調査であり、「欠勤」のニーズは2009年改正によって新設された介護休暇に吸収されたという位置づけになる[2]。介護内容の項目数は日常的な介護における介護役割を表していると理解するなら、介護休業ではなく欠勤（後の介護休暇）でこれに対応するという行動も、育児・介護休業法の想定どおりであるといえる。

このように、日常的な介護と仕事の両立の仕方に焦点を当てた先行研究

1　海外においても勤務時間短縮等の選択的措置義務に相当する短時間勤務やフレックスタイムのような弾力的勤務（flexible working）の研究は蓄積されている。Stone, Cafferata and Sangl（1987）によれば、介護による労働時間短縮は21.0％であり、無給の休暇取得の18.6％や、介護者全体に占める退職者の割合（8.9％）よりも高い。その後も、Ettner（1996）や Pavalko and Artis（1997）、Pavalko, Henderson and Cott（2008）、Bainbridge and Townsend（2020）など、家族介護と労働時間の関係に着目した研究が蓄積されている。

2　西本自身も、「介護の主担割合が高い労働者にとって、『介護休暇』の新設により介護のための１日単位の休暇が権利として認められたことは高く評価できるといえよう」（西本 2012, p.80）とし、分析データにおける「欠勤」と介護休暇を結びつけて議論している。

は、育児・介護休業法の想定に沿った議論を展開してきた。そして、データ分析においても、育児・介護休業法の想定と整合する結果が示されてきた。

介護休業を日常的な介護のため取るという発想は当事者においてはないわけではないが、その場合、三菱UFJリサーチ＆コンサルティング（2013）の調査結果にあるように、結果として離職する可能性が高くなる。介護休業を介護に専念するための制度であると認識している労働者は制度の趣旨を誤解しているものとみなされて、理解を正すことが介護離職の防止につながると考えられてきた（佐藤・松浦・池田 2017）。

しかしながら、それでもなお、日常的な介護のために両立支援制度の拡充が必要であると労働者がいうなら、その声は無視できないだろう。問題はその声をどのような制度で受け止めることができるかにある。

第3節　分析課題：介護休業と介護休暇・短時間勤務の関係

1　介護休業と介護休暇の間

育児・介護休業法は、介護の開始から終了までの間に3回の介護休業を通算で93日取得できるとしている。だが、介護の開始から終了までの期間（介護期間）は一様ではない。

たとえば、介護期間を3年と仮定すれば、1年に31日を3回取得できることになる。だが、介護期間が半分の1年半であれば単純計算で半年に31日を3回、倍の6年になれば31日を2年に1回ということになる。つまり、全介護期間に占める介護休業期間で考えた場合、93日という介護休業期間の実質的な長さは、要介護状態の推移によって異なる。

前章では、介護期間が長くなるほど、介護のために3か月を超える連続休暇が必要になる確率は高くなるという分析結果も示されていた。だが、では何か月・何年なら足りるのかと問うてみると、その答えも1つではないだろう。たとえば1年という介護休業期間を想定してみても、全介護期間が3年の場合と6年の場合では、その1年の実質的な長さは異なる。

しかも介護はどのように経過し、いつ終わるのか先の見通しが立たない。したがって、介護の終わりまで見据えて事前にどのくらいの介護休業期間が

あれば足りるということを見通すこともできない。

　第 4-3-1 表は、労働政策研究・研修機構（2015）における介護休業の希望最長期間に関する調査結果である。最も割合が高いのは「わからない」である。調査時に介護開始時の勤務先で就業継続していた「継続」に比べて、「転職」や「離職」は、その割合が高い。つまり、通算でどのくらいの介護休業期間にすれば介護離職を防止できるのか、その具体的な長さの見当がつかない。法定の 93 日を超える期間についての回答をみても、離職者の方が法定を超える期間の介護休業に対するニーズが高いという一貫した傾向は確認できない。これでは個別企業の事情を超えた一般的ルールとして、介護離職防止のために介護休業期間を延ばす法制度の改正は困難である。

　そこで、発想を変えて、1 年間に必要な休業期間を考えてみよう。育児・介護休業法では年 5 日の介護休暇を企業に義務づけている。（これは無給であり、雇用保険による所得保障もない。）この介護休暇と介護休業の中間的な形態として、介護のために毎年 1 か月の休暇を認めている企業がある。厚生労働省「今後の仕事と家庭の両立支援に関する研究会」第 7 回（2015 年 3 月 20 日開催）において筆者が報告したイギリスの A 社である[3]。

　同社では、「計画的介護者休暇」として、2 週間を上限に、年休と一緒に

**第 4-3-1 表　介護開始時勤務先の離転職有無別
希望する介護休業期間**

	93 日以内	93 日超 6 か月以内	6 か月超 1 年以内	1 年超 2 年以内	2 年を超える期間	わからない	取りたくない	N
継続	16.7%	7.1%	11.3%	4.4%	8.4%	45.1%	6.9%	406
転職	16.1%	7.6%	4.2%	5.1%	11.0%	50.0%	5.9%	118
離職	1.7%	8.3%	6.7%	3.3%	11.7%	61.7%	6.7%	60
全体	15.1%	7.4%	9.4%	4.5%	9.2%	47.8%	6.7%	584

継続：介護開始時と同じ勤務先で現在就業　　　　　分析対象：2000 年 4 月以降介護開始かつ介護開始時正規雇用
転職：介護開始時と別の勤務先で現在就業
離職：介護開始時の勤務先を辞めて現在非就業

労働政策研究・研修機構（2015）p.29 から引用

3　報告資料と議事録はウェブサイトで公開されている。
　https://www.mhlw.go.jp/stf/shingi/other-kintou_129068.html

取る有給休暇を認めている。年休の付与日数は年25日であるが、そのうちの2週間を計画的介護者休暇と合わせて取るという利用方法である。年休と合わせて介護のために年間1か月の有休を取得できることになる。

このほかに年5日の介護休暇や3か月から2年の期間で取得可能な長期の「キャリアブレイク制度」もある。さらに休業が必要な場合は追加的な休業も取得できる。だが、長期の介護休業を取得する者は少ないという。イギリスでは、短期の介護休暇について合理的な日数という規定で法制化されているが、長期の介護休業を法律で定めることはしていない[4]。これらの休暇・休業制度は企業が独自で設計したものである。

日本でも年5日の介護休暇が法定としてある。また、3か月から2年の期間のキャリアブレイク制度は、日本に置き換えるなら法定を上回る介護休業制度に当たる。この中間に位置する休暇・休業制度として、毎年1か月の休暇を取得できるのが計画的介護休暇制度である。もし日本でも、1年単位で取得可能な長期休業のニーズがあるなら、介護開始から終了の通期で通算の介護休業期間を延ばすのではなく、介護休暇の日数を増やすことで、長期の介護休業ニーズを吸収するという方法がありうるだろう。

2 部分休業としての短時間勤務

もう1つ検討したいのが、介護休業と短時間勤務の代替関係である。つまり介護休業や介護休暇によって仕事を丸一日休む日数を増やすのではなく、短時間勤務による部分的な休業を可能にするという考え方である。

現行の育児・介護休業法は、介護のための短時間勤務をフレックスタイム制や時差出勤と並ぶ選択的措置義務の1つとしている。一方、育児については短時間勤務を単独で義務としている。これを理由に、育児と同じように介護についても短時間勤務を義務化すべきと考えるのは乱暴である。介護は育児と異なるという発想に立つなら、介護者のニーズに沿って短時間勤務の必

4　イギリスの法律は、休暇・休業より弾力的勤務（flexible working arrangement）を広く認めている。労働時間（hours）の変更、労働時間帯（times）の変更、就業場所の変更、その他担当大臣が規則で特定する労働条件の変更の4つであるが、その具体的な制度はフレックスタイム制、パートタイム労働、一時的な労働時間短縮、圧縮労働時間、年間労働時間契約、学期間労働、在宅勤務、ジョブシェア等、多岐にわたる（労働政策研究・研修機構 2017b, pp.67-69）。

要性を検討すべきだろう。

　その観点から、本章では、現行の育児・介護休業法が想定するフレックスタイムや時差出勤との代替関係ではなく、介護休業との代替関係で短時間勤務の必要性を検討したい。というのも、現行の育児・介護休業法でも、介護休暇の時間単位取得が可能になっており、その意味で所定労働時間を 1 日単位で短縮することが認められているからである。同じ発想で介護休業についても、一日のうちに何時間か部分的に仕事を休むことが認められても良いという考え方は理屈の上では成り立つだろう。

　もちろん育児・介護休業法が想定する緊急対応のための介護休業という前提で考えるなら、日常的な介護への対応を想定した介護休暇とは制度の趣旨が異なる。しかし、前章で明らかになった日常的な介護への対応が長期の介護休業ニーズになっているとするなら、介護休業と介護休暇の代替関係とともに、部分休業としての短時間勤務と介護休業・介護休暇の代替関係も検討課題とすることは的外れではないだろう。前章では 3 か月を超える連続休暇のニーズが介護離職のリスクを高めていることが示唆された。だが、このニーズが短時間勤務のニーズに置き換えられるなら、介護休業の期間拡大ではなく短時間勤務制度の義務化という形で日常的な介護に対応可能な両立支援の充実を図り、介護離職を防止するという戦略を取ることができる。

　このような問題意識でデータを分析してみよう。分析する調査データは前章と同じであるが、本章では介護休暇や短時間勤務といった日常的な介護に対応するための両立支援ニーズを取り上げる目的から、調査時に介護を継続していた対象者（以下、介護継続者と呼ぶ。）を分析対象とする[5]。また、育児・介護休業法が定める両立支援制度は、同じ勤務先での就業継続を支援することを目的としていることから、介護開始時の勤務先で仕事を続けている者を分析対象にする[6]。

5　クロスセクションの分析になるため因果関係を明らかにすることはできないが、介護離職のリスクを身近に感じている労働者がどのような両立支援を必要としているかは明らかにすることで、今後の因果関係の解明に向けた有力な仮説を示すことはできる。

6　これにより介護開始から調査時までに離職した者が分析から外れるというサンプルセレクションバイアスが生じる。そのため、介護離職のリスクが高い状況について過小評価してしまうおそれがある。この点については、介護開始から調査時までの介護期間（調査年月と介護か開始年月の差として算出）をコントロールした分析を行いつつ、慎重に結果を読んでいくことにしたい。

第4節　分析結果：長期介護休業を代替する介護離職防止策

1　勤務日の介護時間と両立支援ニーズ

　前章では「日々の介助」（入浴・食事・外出等、日々の介助に専念するため）という調査票上の大雑把なワーディングを通して日常的な介護の必要性から長期休業のニーズが生じていることを垣間見た。

　介護終了者を対象とした回顧式の回答では、それ以上踏み込むことはデータの制約から不可能であるが、介護継続者については現在の生活において仕事がある日と仕事がない日に介護に費やしている時間を知ることができる。このデータをもとに日常的な介護への関与が介護休業のニーズと結びついているかを検討する。なお、生活時間配分として仕事を休んだり、勤務時間を調整したりする必要がある介護時間の長さは仕事がある日の介護であると考えられることから、以下では仕事がある日の介護時間に着目したい。

　分析に先立って、本書で用いるデータの偏りを第4-4-1図で確認しておこう。本書で用いるデータはウェブモニター調査であるが、総務省「平成29年就業構造基本調査」（2017年）の介護者の分布に合わせて割り付け回収を行っている。その意味で、なるべく偏りの少ないデータの回収に努めているが、総務省「平成28年社会生活基本調査」（2016年）と比べると次のような偏りがある。

　第4-4-1図の「JILPT調査（2019）」が本書で用いる「家族の介護と就業に関する調査」のデータ、「社会生活基本調査（2016）」が総務省「平成28年社会生活基本調査」である。どちらも雇用者を対象に仕事がある日の平均介護時間を示しているが、「JILPT調査（2019）」は20代・30代の介護時間が長く、40代・50代・60代の介護時間が短いという偏りがある。

　「社会生活基本調査（2016）」は「介護・看護」に使った時間を15分単位で把握し、これを足し上げて1日の介護時間を算出している。これに対して、「JILPT調査（2019）」は時間単位で大まかな介護時間を質問し、その結果を分単位に換算している。そのため、「JILPT調査（2019）」の方が過大評価や過小評価をした値になりやすい。年代ごとの介護時間の差は、その結果であると考えることができる。

第 4-4-1 図　年齢別　仕事がある日の 1 日の平均介護時間（雇用者計）
　　　　　　—総務省「平成 28 年社会生活基本調査」との比較—

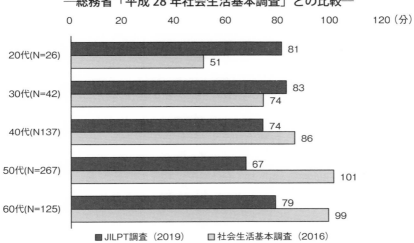

本調査は時間単位で把握した数値を分単位に換算した値。
社会生活基本調査（2016）は「平日（仕事がある日）」の値。「20 代」は「30 歳未満」
資料）労働政策研究・研修機構「家族の介護と就業に関する調査」（2019 年）
　　　総務省「平成 28 年社会生活基本調査」（2016 年）
筆者作成

　しかし、第 4-4-1 表をみると、介護時間の平均値は男性より女性の方が長く、正規雇用より非正規雇用の方が長く、介護期間が長い方が長く、自己認識として介護を「かなりしている」という方が「少しはしている」より長い。介護負担が重いと考えられる方が介護時間は長くなっている。そのことが両立支援ニーズにつながっていると想定するなら、このデータの分析結果は、当事者の実態から大はずれはしていないと考えて良いだろう。

　そのような仮定の下で、両立支援ニーズと介護時間の関係をみてみよう。第 4-4-2 図は両立支援ニーズを表す諸変数と仕事がある日の平均介護時間の関係を表している。介護のために必要な連続休暇期間は、前章でも取り上げた介護休業のニーズを表す変数である。これに加えて、介護休暇のニーズを表す変数として過去 1 年間の介護のための休暇取得日数（休暇制度の種別を

第 4-4-1 表　男女・雇用形態・介護期間・介護に関する自己認識別
仕事がある日の 1 日の介護時間（単位：時間）

	平均値	標準偏差	N
雇用者計	1.21	1.86	597
▼男女別			
男性	1.09	1.63	305
女性	1.35	2.07	292
▼現職雇用形態			
正規雇用	1.15	1.72	369
非正規雇用	1.31	2.07	228
▼介護期間			
1 年以内	1.12	1.93	149
1-3 年以内	1.22	1.91	183
3 年超	1.26	1.79	265
▼自己認識			
かなりしている	2.29	2.51	185
少しはしている	0.73	1.21	412

資料）労働政策研究・研修機構「家族の介護と就業に関する調査」（2019 年）
筆者作成

問わずに仕事を休んだ日数）と[7]、短時間勤務の必要性を取り上げる。

　それぞれ、介護時間の長さを比較してみると、総じて両立支援のニーズが高い場合には 1 日の平均介護時間も長い傾向がみられる。すなわち、介護のために必要な連続休暇の期間が長いほど、過去 1 年間に介護のために仕事を休んだ日数が多いほど、そして短時間勤務が必要である場合に、平均介護時間は長い傾向がある。

　介護休業のニーズを表す連続休暇の期間に着目すると、法定介護休業期間に相当する「1 週間超 3 か月以内」の平均介護時間は 1.5 時間であるのに対し、法定介護休業期間を超える「3 か月超」の連続休暇が必要だという場合

---

[7]　調査票では数値記入で回答を得ているが、ここでは法定介護休暇期間の 5 日以内とその倍の日数に当たる 10 日、そしてそれを超える日数（11 日以上）に階級分けしている。「平成 31 年就労条件総合調査」（2019 年）によれば、 JILPT 調査が行われた 2019 年の年次有給休暇（年休）の取得日数は平均 9.4 日であった。この年休取得日数をすべて介護に充てると平均して 10 日程度休めた可能性が高い。そのような趣旨で、10 日以内と 11 日以上を分ける。

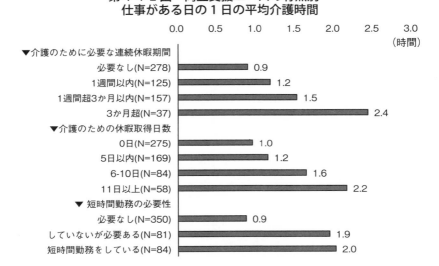

第 4-4-2 図　両立支援ニーズの有無別
仕事がある日の 1 日の平均介護時間

資料）労働政策研究・研修機構「家族の介護と就業に関する調査」（2019 年）
筆者作成

　の平均介護時間は 2.4 時間になる。それだけ日常的な介護に長い時間を費や
していることが、仕事を休む必要性につながっていることがうかがえる。
　なお、生活時間配分の観点から、同じ時間を介護に費やすために必要な両
立支援制度は相互に代替関係にあると仮定してみると、次のようなことが第
4-4-2 図からいえる。
　第 1 に、介護のための連続休暇の「必要なし」と過去 1 年以内の介護のた
めの休暇取得日数が「0 日」と短時間勤務の「必要なし」の平均介護時間は
ともに約 1 時間で近い値を示している。つまり、仕事がある日の介護時間が
1 日平均 1 時間に収まる場合には、介護休業も介護休暇も短時間勤務も必要
ないといえる。なお、図表は割愛するが、介護時間の標準偏差も連続休暇の
「必要なし」の場合は 1.3 時間、過去 1 年間の休暇取得日数「0 日」の場合は
1.5 時間、短時間勤務の「必要なし」の場合も 1.5 時間であり、やはり近い
値になる。
　第 2 に、介護のために必要な連続休暇期間が「1 週間以内」である場合と

過去1年以内の休暇取得日数が5日以内の平均介護時間はどちらも1.2時間（約70分）である。介護時間の標準偏差も連続休暇「1週間以内」は2.1時間に対して休暇日数「5日以内」は1.8時間であり、この点もほとんど差がない。つまり、1週間以内の介護休業は、年5日以内の介護休暇で代替可能であるといえる。

　第3に、介護のために必要な連続休暇期間が「1週間超3か月以内」の場合の介護時間（平均1.5時間、標準偏差2.1時間）は過去1年間の休暇取得日数「6-10日」の介護時間（平均1.6時間、標準偏差2.2時間）とほぼ同じである。つまり、年5日の介護休暇と年次有給休暇（年休）等を合わせて年10日の休暇を介護に充てることができれば、介護休業を取る必要はない。そのように考えれば、介護休業取得者が少ないことも納得できる。

　第4に、介護のために必要な連続休暇期間が「3か月超」の場合は平均介護時間が2.4時間（標準偏差2.6時間）だが、過去1年間の休暇取得日数が「11日以上」の場合も平均介護時間は2.2時間（標準偏差2.7時間）であり、やはり近い値を示している。また、短時間勤務の必要性についても、実際に短時間勤務をしている場合は2.0時間（標準偏差2.2時間）、短時間勤務をしていないが必要あるという場合は1.9時間（標準偏差2.6時間）であり、これも近い値を示している。

　つまり、仕事がある日に1日平均約2時間を介護に費やすような場合には、法定を超える期間の介護休業や現行法では義務化されていない短時間勤務が必要になる。また、年11日以上の介護休暇という観点から、前出のイギリスのA社の事例でみた「計画的介護者休暇」のような休暇制度の必要性も検討課題に挙がってくるといえる。

　ただし、もし介護休業と介護休暇と短時間勤務に代替関係があるのなら、これらすべての制度を拡充するのは冗長である。そこで、これら3つの両立支援ニーズの関係をもう一歩踏み込んで検討してみよう。

2　介護休業と介護休暇のニーズの関係

　はじめに、介護休業と介護休暇の間にある休暇・休業ニーズとして、1年間に取得する長期休業のニーズを取り上げる。

　第 4-4-3 図の下段に、過去 1 年間の介護のための休暇取得日数と介護のために必要な連続休暇期間の関係を示している。その前に、介護のための休暇日数の記述的な傾向を確認しておこう。同じ図の上段に、男女別、現職の雇用形態別、介護期間別の結果を示している。

　男女別では男性より女性の方が「0 日」の割合がやや低く、法定介護休暇日数を超える「6-10 日」と「11 日以上」の割合がやや高い。しかし、目立った差があるとまではいえない。女性の方が介護役割は重いはずだが、女

第 4-4-3 図　男女・雇用形態・介護期間・介護のために必要な連続休暇期間別　過去 1 年間の介護のための休暇取得日数

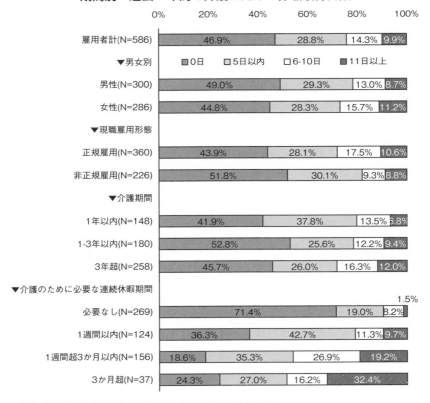

資料）労働政策研究・研修機構「家族の介護と就業に関する調査」（2019 年）
筆者作成

性の割合が高い非正規雇用は「0日」の割合が高い。もともと勤務日数が少ないパートタイム労働者は、勤務日以外の日に介護に対応できるため、それ以上の休暇を取ることはしてない可能性がある。そのために、女性の休暇取得日数も男性との差が小さくなっていると考えることができる。

　介護期間との関係においては、その長さと「0日」「5日以内」「6-10日」の間には明確な関係はみられない。だが、「11日以上」については、介護期間が長いほど、その割合が高くなる傾向がみられる。その意味で、極端に長い日数を休むケースにおいては、介護期間の長さにともなう介護負担が休暇の必要性を高めている可能性がある。

　これらの傾向を踏まえて、介護のために必要な連続休暇期間と過去1年間の介護のための休暇取得日数の関係をみると、連続休暇を必要とする通算期間が長いほど過去1年間の休暇取得日数は「11日以上」の割合が高くなる。それだけまとまった日数の休みが必要であることがうかがえる。

　ただし、時間的前後関係に即して考えるなら、過去1年間に仕事を休んだ日数にもとづいて、必要な連続休暇期間を回答していると考えた方が自然である。その観点から、改めて第4-4-3図をみると、実際に多くの日数を休んだ上で長い連続休暇が必要だという回答は理解しやすい。だが、長い連続休暇が必要だと認識していても過去1年に限定すれば、それほど多くの日数は休んでいない割合も高い。連続休暇「3か月超」の休暇取得日数をみると「0日」が24.3%、「5日以内」が27.0%、「6-10日」が16.2%ある。通算期間としては3か月を超える連続休暇が必要であっても、1年間に限定すれば10日もあれば足りるという労働者が多数であるなら、なおさら介護休暇の日数を増やすことで長期の介護休業ニーズに対応できる可能性は高いといえる。

3　短時間勤務と介護休業ニーズ

　次に、短時間勤務を部分休業として考えた場合に、介護休業と短時間勤務のニーズには代替関係があるのではないかという仮説を検討してみよう。

　第4-4-4図は調査時点で短時間勤務をしている割合と短時間勤務をしてい

ないがその必要性はあるという回答の合計割合である[8]。この合計を短時間勤務の「必要あり」として（　　）内に示している。この合計割合に表われる短時間勤務のニーズを検討しよう。

　雇用者計で「短時間勤務をしている」は 16.3％、「していないが必要ある」は 15.7％であり、短時間勤務の必要ありの合計は 32.0％になる。短時間勤務のニーズは高いとはいえない。ただし、図表は割愛するが、「短時間勤務をしている」者のうち、勤務先の短時間勤務制度を利用しているのは 54.8％に留まる。残りの 45.2％は勤務先の制度を利用しないで勤務時間を短縮している。企業の制度が労働者のニーズに対応できていない面もうかがえる。

　第 4-4-4 図に戻って属性との関係をみると、男女別では女性の方が短時間勤務の「必要あり」の割合はやや高く、雇用形態との関係では正規雇用の方がやや高いが、それほど明らかな差ではない。短時間勤務の必要ありの割合の高さにおいても、女性は 35.5％、正規雇用は 32.9％であり、目立って高いとはいえない。介護期間との関係については、その期間の長さと短時間勤務の必要性の間に関連性はみられない。一般的にいって介護の責任が重い女性や仕事の責任が重い正規雇用の方が短時間勤務の必要性は高く、介護期間が長引くほど介護負担が重くなるため短時間勤務の必要性は高まると予想されるが、そうとはいえないようだ。

　一方、図の下段にある「介護のために必要な連続休暇期間」との関係をみると、連続休暇の期間が長いほど短時間勤務の必要ありの割合は高くなる傾向が顕著である。その割合の高さという意味でも、「1 週間超 3 か月以内」で 43.6％あり、雇用者計より 10 ポイント以上高い。「3 か月超」は、サンプルサイズが小さいものの 60％を超えている。

8　調査票の質問は Q47「現在の勤務先で、その方の介護のために、あなたは所定労働時間を短縮して働いていますか」。回答は「勤務先の短時間勤務制度を利用している」「勤務先の短時間勤務制度は利用しないで短縮している」「所定労働時間の短縮はしていない」「所定労働時間が決まっていない」であり、このうち「勤務先の短時間勤務制度を利用している」と「勤務先の短時間勤務制度は利用しないで短縮している」を一括りにして短時間勤務をしている割合とする。また、「所定労働時間の短縮はしていない」という回答者に Q47-1「その方の介護のためにあなたは所定労働時間を短縮する必要がありますか」と質問をしている。その回答が「ある」「ややある」という場合に（短時間勤務を）「していないが必要ある」とし、「あまりない」「ない」という場合に（短時間勤務の）「必要なし」としている。

第 4-4-4 図　男女・雇用形態・介護期間・介護のための休暇取得日数・介護 のために必要な連続休暇期間別　短時間勤務の必要ありの割合

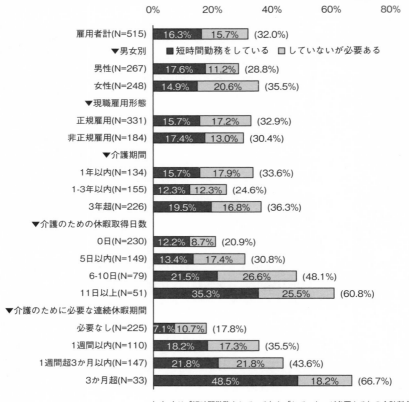

（　）内は「短時間勤務をしている」と「していないが必要ある」の合計割合

資料）労働政策研究・研修機構「家族の介護と就業に関する調査」（2019 年）
筆者作成

　「介護のための休暇取得日数」との関係をみても、休暇取得日数が多いほど短時間勤務を必要とする割合は高いという関係がみられる。その割合の高さの面でも「6-10 日」は短時間勤務の必要ありが 48.1％、「11 日以上」が 60.8％あり、雇用者計より明らかに高い。

　このように、介護休業が想定する連続休暇と、介護休暇が想定する 1 年間に休暇を取得した日数、そして短時間勤務の必要性の間には関連性がある。

そこで、介護離職防止策としてこれらの両立支援ニーズが代替関係にあるのか補完関係にあるのかを明らかにするため、以下で分析を深めていきたい。

4　介護離職防止における介護休業と短時間勤務の代替可能性

1995 年制定当時の育児・介護休業法は、勤務時間短縮等の選択的措置義務を 3 か月の介護休業の代わりに利用できる制度として位置づけていた。

そこには勤務時間短縮等の選択的措置義務が、介護休業の代わりになるという想定があった。介護離職防止という問題を解決するために、どちらかの制度があれば良いという場合、これらの制度は代替関係にあるという。選択的措置義務になっている短時間勤務制度、フレックスタイム制度、時差出勤制度も、いずれか 1 つがあれば良いという意味で代替関係にある。

だが、2016 年改正によって勤務時間短縮等の選択的措置義務は介護休業とは別に 3 年という期間になった。これは緊急対応と態勢づくりに対応した介護休業とは別に日常的な介護に対応するために勤務時間短縮等の選択的措置義務が必要だという想定である。このような場合に補完的であるという。両者はそれぞれ異なる問題に対応しているため、いずれの制度も必要であり、両方そろうことで介護離職を防止できるという考え方である。

以下では、日常的な介護に対応して離職を防止するための両立支援制度として、3 か月を超える介護休業と年 5 日を超える介護休暇、そして短時間勤務の代替・補完関係を検討していきたい。

はじめに家族の介護を担う労働者が介護離職の危機感を（以下、主観的介護離職リスクと呼ぶ）をもっているかを第 4-4-5 図に示す[9]。第 3 章では介護終了者を対象に、介護開始から介護終了までの間の離職の有無を分析したが、本章では介護継続者を対象にしているため、この主観的介護離職リスクの変数を用いることで介護離職と両立支援の関係を明らかにしたい。

9　調査票の質問は Q52「今後も介護をしながら現在の勤務先で働き続けられると思いますか」であり、「続けられない」という回答は、単なる離職ではなく介護離職への危機感を表しているといえる。だが、その危機は主観的な認識である。そこで、この変数を「主観的介護離職リスク」と呼ぶことにする。なお、「リスク」概念は社会学の学術用語の 1 つであるが、本書ではこの概念に踏み込むことはせず、離職という好ましくない事態が生じる可能性を指して「離職リスク」という言葉を用いている。

第 4-4-5 図　男女・雇用形態・介護期間・両立支援ニーズの有無別主観的介護離職リスク

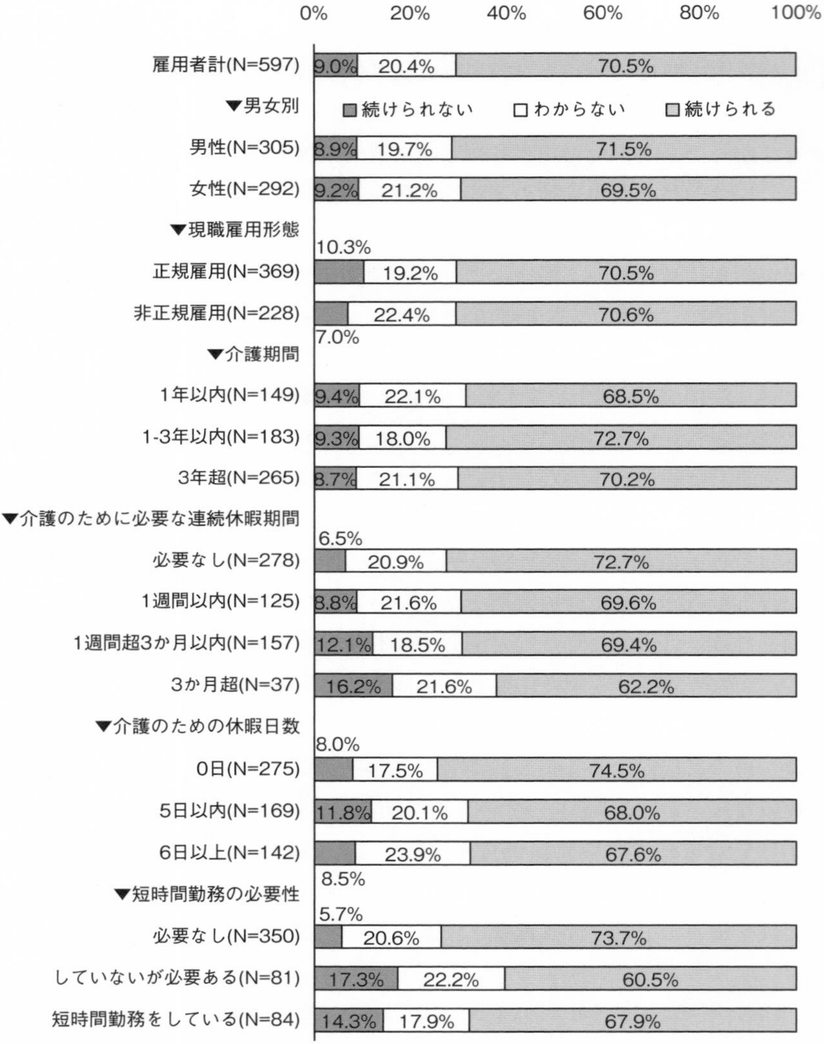

	続けられない	わからない	続けられる
雇用者計(N=597)	9.0%	20.4%	70.5%
▼男女別			
男性(N=305)	8.9%	19.7%	71.5%
女性(N=292)	9.2%	21.2%	69.5%
▼現職雇用形態			
正規雇用(N=369)	10.3%	19.2%	70.5%
非正規雇用(N=228)	7.0%	22.4%	70.6%
▼介護期間			
1年以内(N=149)	9.4%	22.1%	68.5%
1-3年以内(N=183)	9.3%	18.0%	72.7%
3年超(N=265)	8.7%	21.1%	70.2%
▼介護のために必要な連続休暇期間			
必要なし(N=278)	6.5%	20.9%	72.7%
1週間以内(N=125)	8.8%	21.6%	69.6%
1週間超3か月以内(N=157)	12.1%	18.5%	69.4%
3か月超(N=37)	16.2%	21.6%	62.2%
▼介護のための休暇日数			
0日(N=275)	8.0%	17.5%	74.5%
5日以内(N=169)	11.8%	20.1%	68.0%
6日以上(N=142)	8.5%	23.9%	67.6%
▼短時間勤務の必要性			
必要なし(N=350)	5.7%	20.6%	73.7%
していないが必要ある(N=81)	17.3%	22.2%	60.5%
短時間勤務をしている(N=84)	14.3%	17.9%	67.9%

資料）労働政策研究・研修機構「家族の介護と就業に関する調査」（2019 年）
筆者作成

　はじめに雇用者計の結果をみると、「続けられない」と思う割合は 9.0％、反対に「続けられる」と思う割合は 70.5％であり、「続けられない」という主観的離職リスクは低い。また「わからない」が 20.4％あり、この回答も就業継続の見通しが明確でないという意味では、離職リスクがありそうであるといえる。だが、第 4-4-5 図で「わからない」の傾向をみると、性別や雇用形態、介護期間、両立支援ニーズによる差がほとんどない。つまり、離職リスクに対して楽観的でも悲観的でもない中立的な回答者であるといえる。その意味では、「続けられない」と明確にいう人びとがどのような両立支援ニーズをもっているかが、実質的な離職防止策を考える上で重要であろう。

　その観点から、まず性別・雇用形態・介護期間と「続けられない」の関係をみると、いずれも明らかな差はみられない[10]。両立支援ニーズとの関係をみると、介護のために必要な連続休暇期間が長いほど「続けられない」という割合は高い。一方、介護のための休暇取得日数と「続けられない」の関連性はみられない。短時間勤務については「必要なし」に比べて、「短時間勤務をしている」と「していないが必要ある」において「続けられない」の割合が高くなっている。ただし、「短時間勤務をしている」場合は「続けられる」も「していないが必要ある」に比べて高く、短時間勤務が離職防止につながる期待をもてる結果も示されている。

　その一方で「続けられない」という離職リスクの割合も高いのは、そのように思うから短時間勤務をしているという逆の因果関係も想定できる結果である。そこで、因果関係は問わず短時間勤務の必要性は主観的離職リスクと関連性があるという点にのみ着目して、以下では、「短時間勤務をしている」と「していないが必要ある」を「短時間勤務の必要あり」として区別しないことにする。また、短時間勤務の必要性がある者が実際に短時間勤務をするか否かは本人の選択の問題ではなく、勤務先の状況にも左右される。その意味でも、ニーズを検討する上では、「短時間勤務をしている」と「していな

10　一般的にいって、女性や非正規雇用、介護期間が長い者は離職する可能性が高いと予想されるが、そのような結果になっていないのは、介護開始から調査時点までの離職者がサンプルから除外されているからである。この点を考慮して介護期間をコントロールした多変量解析を行うが、すでに介護期間が長い労働者はサンプルの欠落が大きく、まだ介護期間が短い労働者の今後の離職リスクを検討する意味合いが強いデータであることに留意したい。

いが必要ある」の間に区別を設ける必要はないと考えられる。

　以上の結果を踏まえて、主観的介護離職リスクを被説明変数とする多変量解析によって、介護休業が想定する連続休暇の必要性と短時間勤務の必要性の代替・補完関係の識別を試みたい。分析方法は二項ロジスティック回帰分析、被説明変数は第4-4-5図の主観的介護離職リスクとし、「続けられない」を1、「続けられる」と「わからない」を0とする[11]。

　説明変数は次の2つのモデルとする。はじめに介護のために必要な連続休暇の期間を説明変数とする推計を行う（推計1）。結果を先に述べれば、3か月を超える連続休暇の必要性は離職リスクを高めることを、ここでも確認できる。その上で、推計1の説明変数に短時間勤務の必要性を追加した推計を行う（推計2）。これにより、3か月を超える連続休暇の必要性が有意でなくなれば、短時間勤務と長期の介護休業のニーズは代替関係にあり、介護休業の期間拡大の代わりに短時間勤務を認めることでも離職を防げる可能性があるといえる。一方、短時間勤務の必要性を投入しても、3か月を超える連続休暇の必要性が有意である場合は、長期の介護休業と短時間勤務は介護離職の防止において補完的な関係にあり、それぞれ異なる介護の事情に対応する制度として整備する必要があるといえる。

　そのような問題意識で、第4-4-2表をみてみよう。説明変数にはコントロール変数として、性別（男性=1、女性=0）、調査時の本人年齢（連続変数）、最終学歴（中学・高校卒をベンチマークとするダミー変数）、介護期間（連続変数）、現職雇用形態（正規雇用=1、非正規雇用=0）、現職種[12]、1日の就業時間（連続変数）、仕事がある日の介護時間（連続変数）を投入する。また仕事への愛着は離職防止につながる基礎的な変数であるため、現在

11　「わからない」は、継続就業の確信がないという意味で、「続けられる」に比べて離職リスクがあるという解釈も可能である。だが、第4-4-5図において「続けられない」と「わからない」の割合の増減は連動しておらず、「わからない」を「続けられない」に準ずる中程度の離職リスクとみなすには無理がある。そのため「続けられない」とは言い切れないという意味で、離職リスクがあるとはいえないと判断し、「続けられない」とともに「0」の値を当てる。その結果、推計方法は、二項ロジスティック回帰分析を採用した。

12　調査票SC9の「専門・技術職」と「管理職」を括って「専門・管理」、「販売職」と「サービス職」を括って「販売・サービス」、「保安的職業」「農林漁業従事者」「生産工程従事者」「輸送・機械運転従事者」「建設・採掘従事者」「運搬・清掃・包装等従事者」「その他」を括って「現業」としている。

第 4-4-2 表　主観的介護離職リスクの規定要因
―介護休業ニーズと短時間勤務ニーズの関係―

被説明変数	主観的介護離職リスク （続けられない =1，続けられる・わからない =0）					
	推計 1			推計 2		
	係数値	標準誤差	オッズ比	係数値	標準誤差	オッズ比
性別（男性 =1，女性 =0）	-.526	.354	.591	-.333	.382	.717
本人年齢	-.009	.016	.991	-.008	.017	.992
最終学歴（BM: 中学・高校卒）						
短大・専門卒	.667	.455	1.948	.739	.482	2.095
大学・大学院卒	1.032	.424	2.806 *	.787	.466	2.196
介護期間	.032	.042	1.033	.026	.045	1.026
現職雇用形態 （正規雇用 =1，非正規雇用 =0）	-.123	.373	.884	-.032	.412	.969
現職種（BM: 事務）						
専門・管理	-.391	.413	.676	-.371	.445	.690
販売・サービス	-.863	.459	.422	-.701	.494	.496
現業	-.278	.412	.757	-.251	.444	.778
1 日の就業時間（残業含む）	.143	.061	1.154 *	.094	.072	1.098
仕事がある日の介護時間	.046	.079	1.047	-.027	.089	.973
現在の仕事が好き	-.407	.167	.666 *	-.385	.183	.681 *
希望どおりに休暇を取れる （該当有無）	-.999	.319	.368 **	-.628	.352	.534
介護のために必要な連続休暇期間 （BM: 必要なし）						
1 週間以内	.630	.429	1.877	.433	.465	1.542
1 週間超 3 か月以内	.934	.377	2.544 *	.598	.415	1.819
3 か月超	1.115	.545	3.051 *	.690	.616	1.995
短時間勤務の必要性有無	—			.882	.354	2.416 *
定数	-1.960	1.202	.141	-2.109	1.376	.121
χ 2 乗値	39.259		**	30.167		*
自由度	16			17		
N	597			515		

分析方法：二項ロジスティック回帰分析
有無はいずれも「あり」=1,「なし」=0
** p ＜ .01, * p ＜ .05
筆者作成

の仕事が好きである度合いの変数を投入する[13]。加えて、連続休暇のニーズがある場合、仕事を休める職場であるか否かは、両立支援の実効性にかかわるため、希望どおりに休暇を取れる職場であるか否かの変数を投入する。

　推計1からみると、介護のための連続休暇の「必要なし」に比べて「1週間超3か月以内」と「3か月超」の場合に主観的介護離職リスクは高まるといえる。しかしながら、希望どおりに休暇を取ることができる場合は離職リスクが低下することも分析結果は示しており、必要な連続休暇を希望どおりに取得できれば離職を防止できるといえる。その意味で、この結果が示す連続休暇のニーズに応えることは重要であるといえる。

　このほか学歴、1日の就業時間、現在の仕事が好きである度合いが有意な関連性を示しており、中学・高校卒に比べて大学・大学院卒は離職リスクが高く、1日の就業時間が長いほど離職リスクは高いが、現在の仕事が好きである度合いが高いほど離職リスクは低下することを推計1は示唆している。

　しかしながら、短時間勤務の必要性を説明変数に追加した推計2では、学歴や1日の就業時間と主観的介護離職リスクとの関連性は有意でなくなっている。希望通りに休暇を取ることができるか否かも有意ではなくなっている。代わって、短時間勤務が必要である場合には主観的介護離職リスクが高いことを示唆している。1日の就業時間の長さが短時間勤務のニーズに結びついていることは容易に想像がつく。加えて、高学歴層の仕事の責任の重さも短時間勤務のニーズにつながっているといえる。

　それより重要なのは、介護のために必要な連続休暇期間が推計2では有意でなくなっていることである。つまり、介護休業のニーズは短時間勤務のニーズと代替関係にあるといえる。加えて、希望どおりに休暇を取ることができることも有意ではなくなっている。この意味でも休暇と短時間勤務は代替関係にあるといえる。仕事を休む代わりに勤務時間を短くすることで介護離職を防止できる可能性があることを分析結果は示唆している[14]。

13　Q51の「7. 現在の仕事が好きである」の回答選択肢「あてはまる」を4点、「ややあてはまる」を3点、「あまりあてはまらない」を2点、「あてはまらない」を1点としている。

14　図表は割愛するが、希望どおりに休暇を取れる場合、短時間勤務の必要なしは69.7％であり、取れない場合の62.9％に比べてやや高い。

第 5 節　考察：制度の代替関係を踏まえた両立支援

　日常的な介護に対応するための長期の介護休業ニーズにどのような制度で対応できるか、介護休業と介護休暇、短時間勤務の代替関係に着目して検討した。分析結果の要点は以下のとおりである。

1)　仕事がある日の介護時間の長さと両立支援ニーズとの関係において、介護休業・介護休暇・短時間勤務は相互に関連性がある。

2)　3 か月を超える長期の介護休業ニーズには、介護休暇の日数を 11 日以上に増やすことでも対応可能。

3)　主観的介護離職リスクに対応した両立支援ニーズにおいては、介護休業と短時間勤務の間に代替関係がある。

　介護休業期間が 3 か月で足りない場合、どのくらいであれば十分だろうか。この問いに答えることは容易ではない。介護期間が数か月という人もいれば 10 年を超える人もいる。その多様性を踏まえて誰にとっても十分な介護休業期間を一律に設定することは不可能である。

　しかし、1 年間にどのくらいの休暇・休業が介護のために必要かという問いに置き換えてみると、部分的であれ、答えがみえてくる。現在の育児・介護休業法では年 5 日の介護休暇より長い休暇が必要になった場合は 93 日の介護休業を分割取得することになる。反対に、年 5 日の介護休暇の日数を増やせば、93 日の介護休業を取り崩す必要はなくなり、実質的に介護休業を取得できる日数を増やすことができる。これにより 93 日を超える介護休業ニーズに応えることができる面がある。

　それでもなお残る長期休業のニーズは、短時間勤務によって代替できることも分析結果は示唆している。現状の短時間勤務制度は、選択的措置義務としてフレックスタイムや時差出勤と代替的な関係にある。その観点から短時間勤務制度を単独で義務化する必要性は低いというのが 2016 年改正時の政策判断であった。だが、別の観点から、3 か月を超える長期介護休業の代わりに利用できる制度としてとらえなおすなら、当時とは違った評価になる可能性がある。

　以上の知見を介護離職の構造という本書の問題意識に沿って関係図に整理

第 4-5-1 図　介護離職防止のための長期介護休業・介護休暇・短時間勤務の相関図

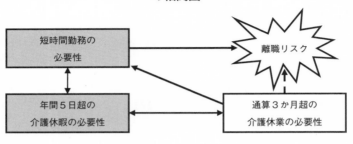

筆者作成

したのが、第 4-5-1 図である。白いボックスが前章の分析結果であるが、3か月を超える介護休業のニーズは介護離職のリスクを高める。しかし、介護休業と短時間勤務のニーズには代替関係があり、介護休業期間の拡大の代わりに短時間勤務制度の導入によって介護離職を防止できる可能性がある。その意味で、「通算 3 か月超の介護休業の必要性」から「離職リスク」への矢印は点線にしている。さらに、3 か月を超える介護休業ニーズは年 5 日の介護休暇の日数を 11 日以上に増やすことでも代替可能である。なお、時間単位で取得できる今日の介護休暇は、1 日単位で所定労働時間を短縮できる制度でもある。したがって、その日数を増やすことで、短時間勤務のニーズに応えることもできる。

　このように介護離職のリスクを高める休暇・休業ニーズは多様であるため、A（本章では介護休業）という制度を拡充して欲しいというニーズに A'という制度改正（介護休業の期間拡大）で対応しようとするのではなく、B（介護休暇や短時間勤務）という制度によって A という制度拡充のニーズに答えるという方法もありうる。その意味で、「介護離職ゼロ」を実現するためには、既存の制度を闇雲に拡大するのではなく柔軟な発想で制度をつくることが重要であるといえる。

介護者の健康と両立支援ニーズ
——生活時間配分と健康問題の接点

第1節　はじめに：育児・介護休業法の想定にない問題

　育児・介護休業法は、仕事と介護の生活時間配分に焦点を当て、勤務時間中の介護に対応するために介護休業や介護休暇といった制度を設けている。しかしながら、仕事と介護の両立には、育児・介護休業法の想定とは異なる次元の問題もある。介護疲労の蓄積や介護が原因の傷病といった健康問題は、その典型である（労働政策研究・研修機構 2015; 2017a, 池田 2013a; 2014a; 2021a）。本章ではこの健康問題に焦点を当てて介護離職を防止する両立支援制度の課題を明らかにしたい。

　介護者の健康問題は、古くて新しいテーマである。就業の有無を問わない介護者の疲労やストレスは古くから指摘されてきた。その原因として、深夜介護による睡眠不足や付きっ切りの負担という問題もたびたび指摘されてきた（春日 2001, 加藤 2007）。報道においては、肉体的・精神的に追い詰められた介護者による要介護者の虐待、殺人、自殺といった痛ましい事件もたびたび伝えられている。

　しかし、企業や職場にとってより重要なのは、そこまで追い詰められた状態で仕事だけはきちんとできているはずはないということである。

　池田（2014a）は、介護のために年次有給休暇（年休）を取るという行動の背後に、介護のための健康状態悪化の問題があることを指摘する。加えて第3章では、介護者自身の健康を理由に法定介護休業期間の3か月を超える連続休暇のニーズが生じていることも明らかになった。傷病休暇を取って仕事を休むことをアブセンティーズム（absenteeism）というが、介護が原因のアブセンティーズムもあることを示唆する分析結果である。反対に、仕事を休まず出勤はしているが、健康状態悪化により仕事の能率が低下することをプレゼンティーズム（presenteeism）というが、介護の疲労やストレスが

原因のプレゼンティーズムがあることも明らかになっている（労働政策研究・研修機構 2015, Ikeda 2016, 林 2021）[1]。さらに、介護が原因の健康状態悪化によって離職する確率が高まることもデータ分析の結果から指摘されている（池田 2016, Ikeda 2017b, 林 2021）。

　本章で検討したいのは、このような健康問題が原因で生じる離職を防ぐ両立支援制度のあり方である。傷病については、その原因が介護か否かを問わず、傷病休暇を取るという選択肢がある。だが、それは育児・介護休業法の枠の外側に問題解決を求めることになる。傷病休暇は法定休暇ではなく、法律の範囲では年休や欠勤という対応になる。介護にともなう休暇取得の不利益取り扱い等を適切に回避するためには、育児・介護休業法の範囲内で対応できることが望ましいだろう。

　また、深夜介護による睡眠不足が仕事の能率低下を招く可能性を示唆するデータもある（池田 2013a; 2014a; 労働政策研究・研修機構 2015）。そのような勤務時間外の介護負担に対して、育児・介護休業法の枠組みで対応することはできるだろうか。介護サービスにおいては、ショートステイ等を利用して介護者が心身を休めるレスパイトケアが一つの解決策だろう。だが、介護保険は要介護者の支援を目的とする制度であり、家族介護者の要望に従ってサービスを利用できるとは限らない。そのような制度の性質の違いを踏まえて、働く介護者の離職防止を目的とした育児・介護休業法の枠組みで介護者の健康問題に対応可能な両立支援のあり方を検討してみたい。

　これまでの研究は、生活時間配分と健康管理を相互に独立した別々の問題としてとらえてきたが、休暇・休業や勤務時間短縮等によって仕事の負荷を減らすことが、家族の介護をしながら働く労働者の健康状態の維持・回復につながるところがあるだろうか。そのような問題意識で、生活時間配分の観点から設計されている育児・介護休業法と働く介護者の健康問題との関係を検討したい。

1　従業員の健康状態悪化にともなう経営コストはアブセンティーズムよりプレゼンティーズムの方が高いことから、この概念は注目を集めつつある（東京大学政策ビジョン研究センター健康経営研究ユニット 2016）

第 2 節　先行研究：健康問題としての両立問題

1　勤務時間外の介護による両立困難

　介護者の健康に悪影響を及ぼすほど家族の介護負担が重いことは早くから知られており、事例調査では特に深夜介護による疲労の蓄積が就業を困難にすることも報告されていた（直井・宮前 1995）。

　近年において特に注目されているのは、認知症による昼夜逆転である[2]。家族介護を担う労働者が仕事の疲れを癒やすべき深夜や早朝に要介護者が活動しているため、睡眠不足のまま翌日も出勤する生活を強いられる。そのことが仕事に好ましくない影響を及ぼすことが明らかになっている。

　労働政策研究・研修機構（2006b）のヒアリング調査における I さん（女性）は、若年性認知症になった夫が早朝に外出するのを防ぐため、家族（子ども 2 人）と交代して玄関で寝ているという。家族はみんな睡眠不足である。ホームヘルパーを週 3 日利用し、週に 2 日は妹か母に介護を頼んでいるが、在宅介護はきついという。

　この研究では介護疲労のつらさを認識することに留まっていたが、池田（2013a）は労働政策研究・研修機構（2013）のヒアリング調査における YA さん（男性）を取り上げ、深夜介護による睡眠不足が仕事中の居眠りという形で仕事に影響することを指摘する。

　　YA さんは認知症の母を介護していたが、夜中の 2 時や 3 時まで寝ない状態になり、ベッドに入るようにいっても聞かなかった時期があった。そうした状態で朝は起きて出勤する生活が続いたことから慢性的な寝不足状態になっていた。その結果、仕事中に居眠りをしたりボーッとしたりしてしまうことがあったという。YA さんの職務は経理であり、居眠りが事故につながることはない。だが、睡眠不足から仕事の能率が落ちていることは YA さん自身も自覚していた。（池田 2013a, p.10）

---

[2]　佐伯・大坪（2008）も認知症の症状の重さが介護者の健康状態に影響することを明らかにしている。労働政策研究・研修機構（2006b; 2013; 2020a）の事例調査は、そのような認知症と介護者の健康状態悪化の関係を当事者の生活実態に即して具体的に描き出している。

このような事例調査をもとに池田（2013a; 2014a）は、介護による体調悪化が仕事に及ぼす悪影響に着目し、介護のために年休を取るという行為の原因として要介護者への対応だけでなく、介護者自身の健康問題があることをデータ分析によって指摘している。健康問題を理由とする休暇はアブセンティーズムの問題に属する。また、睡眠不足による居眠りのような仕事の能率低下はプレゼンティーズムの一種であるといえる。

　両立支援制度との関係で留意したいのは、勤務時間外の介護負担が仕事に影響する可能性があることである。その典型的な原因疾患が、認知症である。脳血管疾患をモデルに日中の介護への対応から休暇の必要が生じるという育児・介護休業法の想定とは異なり、勤務時間外の介護負担が体調悪化という形で休暇の必要性を高めるという、新しい問題が起きている。池田（2013a; 2014a）は、介護による体調悪化が離職経験や勤務時間短縮のニーズと関係していないという結果も示しており、その意味でも健康問題に起因する仕事の能率低下は離職防止を目的とした育児・介護休業法とは別次元の問題に位置づけられている。

　ただし、池田（2013a; 2014a）の分析したデータは体調悪化や仕事の能率低下の具体的内容が曖昧であった。そこで、労働政策研究・研修機構（2015; 2016）は、体調悪化について傷病と肉体的疲労、精神的ストレスを分け、仕事の能率低下についても、仕事中の居眠りや重大な過失や事故を起こしそうになるヒヤリハット経験、ノルマや目標の未達成という労務管理の具体的場面を想定した設問により、実態の詳細な把握を試みている。その結果を分析したIkeda（2016）は介護疲労が仕事中の居眠りや、重大な過失や事故を起こしそうになるヒヤリハット経験の原因になりうることを示している。一方で、池田（2016）やIkeda（2017b）は介護が原因の傷病が離職の原因になりうることを示し、疲労と傷病では両立困難の帰結が異なることを明らかにした。

　このような介護者の健康問題が、育児・介護休業法における仕事と介護の両立支援制度の想定とは異質であるのは、勤務時間外の介護負担が仕事に影響して、思うように働けなくなるという両立困難を招くところにある。そのことが端的に表われているのが、労働者の多くは勤務時間に当たらない早朝

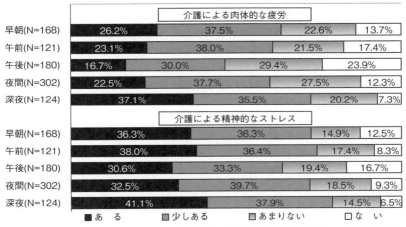

第 5-2-1 図　介護をしている時間帯別
介護による肉体的疲労・精神的ストレスの有無割合

分析対象：2000年4月以降介護開始かつ現職正規雇用

早朝：5〜9 時、午前：9〜12 時、午後：12〜17 時、夜間：17〜22 時、深夜：22〜翌 5 時
労働政策研究・研修機構（2015）p.81 から引用

や深夜の介護が、介護による肉体的疲労や精神的ストレスにつながるとい
う、第 5-2-1 図の結果である。前述の事例調査における深夜介護の問題を
データでも示すことで、両立支援の新たな問題を提起した。

2　仕事と介護の両立困難の男女差

　介護者の健康問題と仕事の関係について、先行研究が明らかにしたもう 1
つの重要なポイントに男女の傾向の違いがある。介護離職は当初、結婚や出
産・育児と同じく、女性の家族的責任にともなう離職という文脈で問題にさ
れた（袖井 1995）。だが、仕事と介護の両立困難に直面したときに男性が取
る対応は女性と異なる可能性がある。そのような問題意識の中から浮かび上
がってきたのが継続就業している介護者の健康という問題である。
　労働政策研究・研修機構（2017a）の分析結果によれば、男性は女性に比
べて離職する割合が低く、介護による健康状態悪化が離職につながる傾向も

男性より女性の方が顕著である（労働政策研究・研修機構　2017a, p.204）。だが、そのことは女性より男性の方が仕事と介護を両立できているということを必ずしも意味しない。男性は女性に比べて介護による健康状態悪化がヒヤリハット経験につながりやすいことも分析結果から明らかになっている（労働政策研究・研修機構　2017a, pp.212-215）。

　そのような男女差が生じる背景として、男女の職域分離が依然として残る職場では、男性の方が仕事の責任や負担が重く、また事故と隣り合わせの危険業務についている割合も男性の方が高いという仮説を労働政策研究・研修機構（2017a）は示している。だが、もう１つの理由として考えられるのは、男性は仕事という性別役割のもと、「男性の方が正常に業務を遂行できるような健康状態でなくても頑張って仕事を続ける可能性が高い」（労働政策研究・研修機構　2017a, p.213）ことである。その意味で、離職していないから問題がないとはいえない複雑さと多様さが仕事と介護の両立という問題にあるといえる。

　もちろん男性にも介護による傷病で離職する傾向はみられるし、女性にも介護による肉体的疲労がヒヤリハット経験につながることも同じ分析結果から読み取ることができる。その意味では男女の仕事と介護の両立困難には共通性がある。しかし、離職という、女性を起点にした問題だけにとらわれていたら見逃してしまう問題が男性の介護にはあること、そして、男性を起点に問題を見直すことで女性においても新しい問題がみえてくることを、介護者の健康問題は示唆している。

　その意味で、男性介護者への着眼は、女性の家族的責任にともなう離職防止という育児・介護休業法の当初の想定とは異質な仕事と介護の両立困難を発見することにつながっている。

第3節　分析課題：育児・介護休業法による対応の可能性

1　育児・介護休業法の枠外の問題？

　男性を入り口とした介護者の健康問題による仕事と介護の両立困難という問題は、男女というジェンダーの問題だけでなく、ケアの負担における育児

と介護の性質の違いにも目を向けることにつながる。

　育児休業法を改正して制定された育児・介護休業法は、介護問題を考える際に、先行して両立支援制度の整備が進んでいる育児の発想を引きずっているところがある。ケア責任にともなう仕事と家庭の両立問題を生活時間配分の問題としてとらえ、その両立困難が離職という結果をもたらすという問題の立て方は育児が元祖である。そして、労働日や勤務時間中のケアに対応するための時間調整の手段として、休暇・休業や勤務時間短縮等の両立支援制度を整備することも育児が先行して行ってきた。

　しかし、育児において問題にされていなかった両立困難が介護にはあることを健康問題は提起している。休日や勤務時間外の介護負担が仕事に悪影響を及ぼすという意味で、仕事とケアの時間調整が必要ない場面でも仕事と介護の両立困難は起きうる。そして、その帰結は離職に限らない。健康問題による仕事の能率低下（つまりアブセンティーズムやプレゼンティーズム）という形でも、介護は仕事に好ましくない影響を及ぼす。

　そのことを端的に表しているのが、第5-3-1図である。これは池田（2013a; 2014a）の知見をもとに育児・介護休業法の想定と介護者の健康問題に起因する両立困難の関係を労働政策研究・研修機構（2015）において整理したものである。介護離職の構造という本書の問題意識にも沿う内容の図であるため、引用して、本章の検討課題を明確にしておきたい。

　図の白いボックスで示している箇所が育児・介護休業法の想定である。第2章で解説したが、原因疾患は脳血管疾患が想定されており、これにともなう身体介助を典型的な介護としている。その要介護状態の発生時には、発症にともなう緊急対応と態勢づくりのために連続休暇が必要となるという想定で介護休業制度はつくられている。また、通院介助や介護サービスが対応していない部分の介護といった、日常的な介護に対応するために勤務時間の調整が必要であるという事実認識のもと、介護休暇や勤務時間短縮等の選択的措置義務が制度化されている。そこには、これらの両立支援制度がなければ離職してしまうという問題意識がある。

　一方、介護者の健康問題による両立困難はグレーの箱で示している。原因疾患の典型は認知症であり、これにともなう疲労やストレスの蓄積は勤務時

第 5-3-1 図　仕事と介護の両立相関図

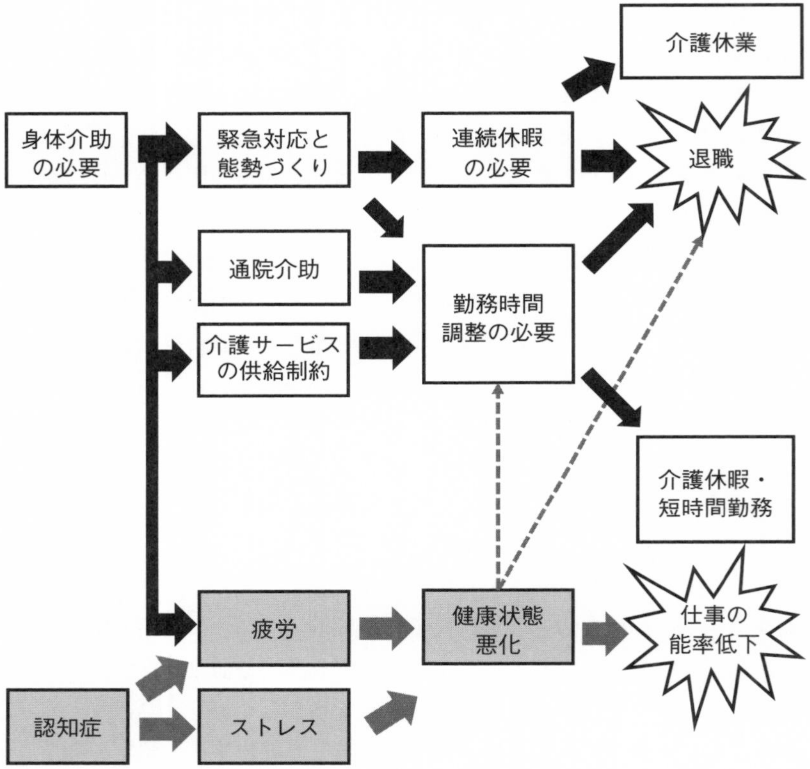

労働政策研究・研修機構（2015）p.70 から引用

間の内外を問わない。休日や勤務時間外にも介護負担が蓄積していくことで、疲労やストレスが深刻になっていく。そうして健康状態が悪化する。だが、即座には離職しない。好ましくない健康状態で継続就業することで、仕事の能率が低下するという問題が発生する。そのような図式である。

　このような問題提起は、仕事と介護の両立という問題をとらえる視野を広げ、隠れた問題を発見することにつながる。実際、介護離職者は今までいないという企業でも、最近元気がないという従業員に事情を聞いてみたら介護疲労を抱えていたことが判明したというエピソードはいくつもある。そし

て、当然のことながら、管理職や人事担当者の立場では、そのような問題を放置しておいて良いということはない。その意味で、介護は育児と違うという発想をもって、育児・介護休業法の枠にとらわれない両立困難を把握することは重要である。

しかしながら、このように育児・介護休業法の想定との異質性を強調し、その想定と異なる次元の問題として介護者の健康問題を位置づけてしまうことにはデメリットもある。問題提起をしたところまでは良いが、その後、健康問題に対応した両立支援は、どのような制度が引き受けるのかという問題が残るからである。

労働者の健康管理の問題は安全衛生法で管理しており、たとえば介護による健康状態の悪化も、その一部は同法が定める安全配慮義務で対応できる可能性がある。しかし、安全衛生法は業務が健康に及ぼす悪影響の防止を目的としているため、長時間労働でもなく（むしろ短時間労働で）危険業務にも従事していない労働者の健康状態が家族介護のために悪化することまで事業主の責任で対応すべきと考えるのは行き過ぎであろう。

あるいは、健康経営の文脈には業務に関連しない健康問題も含まれるため、その一環として介護による健康問題にも対応するという考え方もあるだろう。しかし、健康経営は法律で定める政策ではなく、規制の強さという意味で安全衛生法や育児・介護休業法と同列に扱うのは無理がある。

現状において働く介護者を直接の対象としてその両立支援制度のあり方を定めている法律は育児・介護休業法だけである。したがって、介護による健康状態の悪化という問題が従来の育児・介護休業法の枠外にあるのなら、その枠を広げられないかという問題意識で、両立支援制度のあり方を検討した方が問題解決につながりやすいのではないだろうか。

本書は、育児・介護休業法が定める仕事と介護の両立支援制度の守備範囲から外れたところにある介護離職のパターンを明らかにし、その守備範囲を広げる糸口を示すという目的を持っている。そうであるなら、育児・介護休業法の守備範囲をどのように広げれば良いかと考えることが重要であろう。

　これまでの研究では、介護者の健康問題は、仕事と介護の生活時間配分に焦点を当てた育児・介護休業法とは異質な問題として理解されてきた。そのような議論をリードしてきたのは筆者自身である。だが、第3章でみた自身の健康を理由とする長期連続休暇のニーズは、育児・介護休業法の枠組みで健康問題に対応できる可能性を示唆している。この問題を正面から受け止め、生活時間配分の観点から設計された育児・介護休業法と介護者の健康問題の接点を探ってみたい。

　池田（2013a; 2014a）は、介護のための年休取得行動の分析から、介護によるアブセンティーズムを示唆する分析結果を示していた。法定の年休は1年間に最大20日、前年の繰り越し分を含めても40日が最大である。3か月を超える連続休暇ということになると年休では足りない。この時に介護休業の期間拡大が現実的な選択肢になるのかを以下では考えてみたい。

　なお、一般的な傷病休暇で考える場合、3か月を超えるような長期休業が必要になるケースは、入院治療や長期のリハビリが必要である等、かなり重い症状であることが予想される。だが、介護においては、それほど重い傷病でなくても、日々の介護負担と自身の健康状態のバランスを考えて仕事の負荷を減らす方法として介護休業を取るという休み方もありうる。また、ずっと仕事を休んで治療や静養に専念する必要がなければ、断続的に休んだり、部分的に休んだりする方法もありうる。つまり、第4章と同じく、介護休業と介護休暇、短時間勤務の代替関係を考えることができる。

　実際の介護の具体的イメージをつかむために、1つ事例を紹介したい。第3章でも紹介した労働政策研究・研修機構（2013）のXAさん（50代・男性）である。XAさんは介護休業以外にも勤務先の様々な制度を利用して仕事と介護の両立を図っている。

　最初に利用したのは、短時間勤務制度の一種として休日を月4日増やす短日数勤務である。この「月4日の休みは、父を病院に連れて行ったり、という介護を中心としつつ、自分の生活時間全体にゆとりをもたせるために柔軟に使っていた」（労働政策研究・研修機構 2013, p.87）。この短時間勤務制度を上限まで1年間に利用した後、年休と介護休暇（無給）で介護に対応する

フルタイム勤務を 4 か月し、その後、2 か月の介護休業を取り、復職後にもう一度介護休業を取っている。このように両立支援制度を利用することで生活のゆとりを大切にしているのは、自身の健康状態に気をつけているからでもある。

　　夜勤明けにそのまま介護のために起き続けていると、夜 7 時、8 時ぐらいに眠くてしかたがないときがある。そういうときはもう寝てしまう。そうしないと自分の身体がまいってしまって、介護ができなくなる。仕事を休めるときは休みたいというのは、悔いを残さない介護をしたいという気持ちが強いため。(労働政策研究・研修機構 2013, p.83)

　なお、XA さんは年齢とともに自身の体力が低下していることを自覚しているが、「運動しなくてはと思い、勤務がある日は朝早く家を出て公園を 1 時間ぐらい歩くとか、スポーツクラブの会員になっているので、時間が空けば 2 時間ぐらい簡単なトレーニングをしたり、マシンで歩いている」という（労働政策研究・研修機構 2013, p.84）。つまり、安静にしている必要があるような健康状態ではなく、一般的な傷病休暇にはなじまないといえる。
　XA さんの両立支援制度の利用目的は、育児・介護休業法の想定から外れている面もあるが、介護疲労をため込まないために同法が規定する仕事と介護の両立支援制度が役立つことを示唆している。なお、XA さんは調査時点で仕事を続けており、このような仕事と介護の両立支援制度の利用方法が介護離職を回避することにつながっている可能性も示唆される。
　このような両立支援制度の使い方を、制度の趣旨に沿わない逸脱とみなすか、そのような制度の使い方もあると考えて制度のあり方を見直す契機とするかは判断の分かれるところである。本書は、後者に関心をもっていることから、以下では、介護者の健康問題がどのような仕事と介護の両立支援制度のニーズと結びついているかを検討することにしたい。
　その検討課題は以下のように要約できる。
　1 つ目は、第 3 章で介護のための連続休暇の理由として取り上げた「自身の健康のため」の内実を掘り下げ、どの程度の健康状態の悪化が介護休業等

の両立支援のニーズと結びついているかを明らかにすることである。第3章の分析では、XAさんのように介護疲労に気をつけるレベルの健康問題と、実際に療養が必要な傷病を患っているレベルの健康問題を区別できていなかった。

傷病にかかった場合に一定期間の休暇・休業が必要になることは、介護に限らず容易に想像がつく。つまり、アブセンティーズムの問題については、利用する制度が介護休業であるか介護休暇であるか、年休であるか傷病休暇であるかを問わず、仕事を休む必要があるという点で労働者のニーズと制度による対応の関係は一貫している。要介護者の通院の付き添いではなく、介護者の通院のために休暇や短時間勤務が必要になるということも同じように理解できる。

しかし、XAさんのように安静にしている必要があるわけではないが、介護疲労をため込まないように仕事の負荷を減らすという目的で仕事を休むこともある。その場合に、XAさんのように両立支援制度を利用するという発想は斬新であり、まだそれほど一般的ではないと予想される。反対に、健康に不安があっても仕事を休まない場合にはプレゼンティーズムの問題が懸念される。だが、出勤できる健康状態で介護休業を取って長期間仕事を休み続けることは現実的でないだろう。

要するに、介護が原因の傷病による休暇・休業というアブセンティーズムに類する問題は介護休業になじむが、介護疲労の起因するプレゼンティーズムの問題は、介護休業とは別の両立支援制度が必要になるのではないか、という仮説を立てることができる。これが1つ目の検討課題である。

2つ目は、両立支援制度の代替的な関係であり、ここでも3か月を超える連続休暇のニーズに対して介護休業制度ではなく短時間勤務制度で代替できるかという問いを立てることができる。実際、XAさんは生活時間全体のゆとりという1つの目的のために、様々な両立支援制度を利用している。当事者の意識としては、苦肉の策という面もあったと思われるが、XAさんの制度利用の仕方から、短時間勤務（XAさんの場合は短日数勤務）と年休、介護休暇そして介護休業を代替的に利用できることも示唆される。

前章においては日常的な介護への対応のために、介護休業期間の拡大だけ

でなく、介護休暇の日数を増やすことや短時間勤務といった様々な制度の選択肢があること、しかしながら介護休業や介護休暇のニーズは短時間勤務のニーズに集約できることが明らかになった。同じように、介護者の健康問題についても、短時間勤務のような 1 つの制度に集約できるなら、両立支援制度の効率的な設計という意味で望ましいといえるだろう。

　以上のような検討課題の整理にもとづいて、前章までと同じ調査のデータを分析し、介護者の健康問題に対応した両立支援制度のあり方を検討したい。分析対象は前章と同じ、介護継続者であり、かつ介護開始時の勤務先で調査時点も就業している雇用者とする。果たして、育児・介護休業法の枠組みで介護者の健康問題による介護離職を防止することはできるのだろうか。

第 4 節　分析結果：介護による疲労・傷病と離職リスク

1　働く介護者の健康状態

　労働政策研究・研修機構では、介護の肉体的疲労や精神的ストレス、介護が原因の傷病といった側面に着目して、これまでも介護者の健康状態が仕事に及ぼす影響を検討してきた（労働政策研究・研修機構 2015, 池田 2016, Ikeda 2016, 池田 2021a）。そして、介護による肉体的疲労、精神的ストレス、そして傷病がそれぞれどのような悪影響を仕事に及ぼしうるのかを明らかにしてきた。

　だが、介護者の実態を考えれば、まず重要なことは肉体的疲労、精神的ストレス、そして傷病のいずれもないことであろう。その対極にあって、最も就業困難の度合いが高いのは傷病がある状態だろう。そして、その中間に傷病はないが介護による心身の疲労がある状態という想定をすることができる[3]。このように「（介護による健康状態悪化）なし」＜「介護疲労あり[4]」＜「介護による傷病あり」という段階を設けて、その割合を示したのが第

3　池田（2016）や Ikeda（2016）は、介護による傷病を離職と結びつけ、介護疲労をプレゼンティーズムと結びつけて論じているが、これは介護による疲労より傷病の方が就業困難の度合いが高いとみているからである。
4　介護による肉体的疲労と精神的ストレスのいずれかがある場合に「介護疲労あり」としている。

5-4-1 図である。

　健康状態が重い「介護による傷病あり」は雇用者計で 17.1％、「介護疲労あり」は 46.7％、「なし」は 36.2％である。介護による健康問題がなく就業している介護者はどちらかといえば少数であり、3 人に 2 人は何らかの健康問題を抱えながら仕事をしていることがうかがえる。男女別では「介護による傷病あり」の男女差はないが[5]、「介護疲労あり」は女性の方が高い。年齢との関係では、高齢者ほど「介護による傷病あり」の割合は低く、「介護疲労あり」の割合は高い。現職の雇用形態との関係では、非正規雇用の方が「介護による傷病あり」の割合は低く、「介護疲労あり」の割合は高い。

　介護期間との関係では「介護による傷病あり」と「介護疲労あり」の割合の差はみられない。一般的に考えて介護期間が長くなれば要介護状態が重くなり、その結果として介護負担が重くなるはずである。だが、要介護認定における要介護度別の結果をみると、要介護度の重さと「介護による傷病あり」「介護疲労あり」の間には一貫した関係を見いだせない。

　一方、池田（2013a; 2014a）と同様に、認知症による昼夜逆転は健康状態に影響している可能性があることを、ここでも確認することができる。「認知症なし」と「昼夜逆転なし」（認知症はあるが昼夜逆転の症状はない）の差はほとんどないが、「昼夜逆転あり」は「傷病あり」も「介護疲労あり」も相対的に割合が高くなっている。介護による健康状態悪化「なし」は16.7％に留まっており、健康状態への悪影響を改めて確認することができる。

　このように、介護による傷病と疲労は一貫している面もあるが、介護による傷病は主に若年層で目立つのに対し、介護疲労は主に中高年層で目立つというように一貫していない面もある。傷病と疲労は問題の性質が重なる面と異なる面をもっているといえる。そのため、両立支援ニーズとの関係も異なる可能性がある。

　第 5-4-2 図をみよう。介護休業のニーズを表す連続休暇を必要とする期

5　ただし、池田（2016）や労働政策研究・研修機構（2017a）が指摘しているように、傷病がある場合はすでに離職しているために分析対象に含まれていない可能性がある。図表は割愛するが、就業していない者も含むすべての介護者を対象にしたサンプルでは、男性の「傷病あり」は16.3％に対して女性の「傷病あり」は22.2％である。だが、年齢との関係および介護期間との関係は非就業者を含めても同じ傾向である。

第 5-4-1 図　男女・年齢・雇用形態・介護期間別 介護による健康状態悪化割合

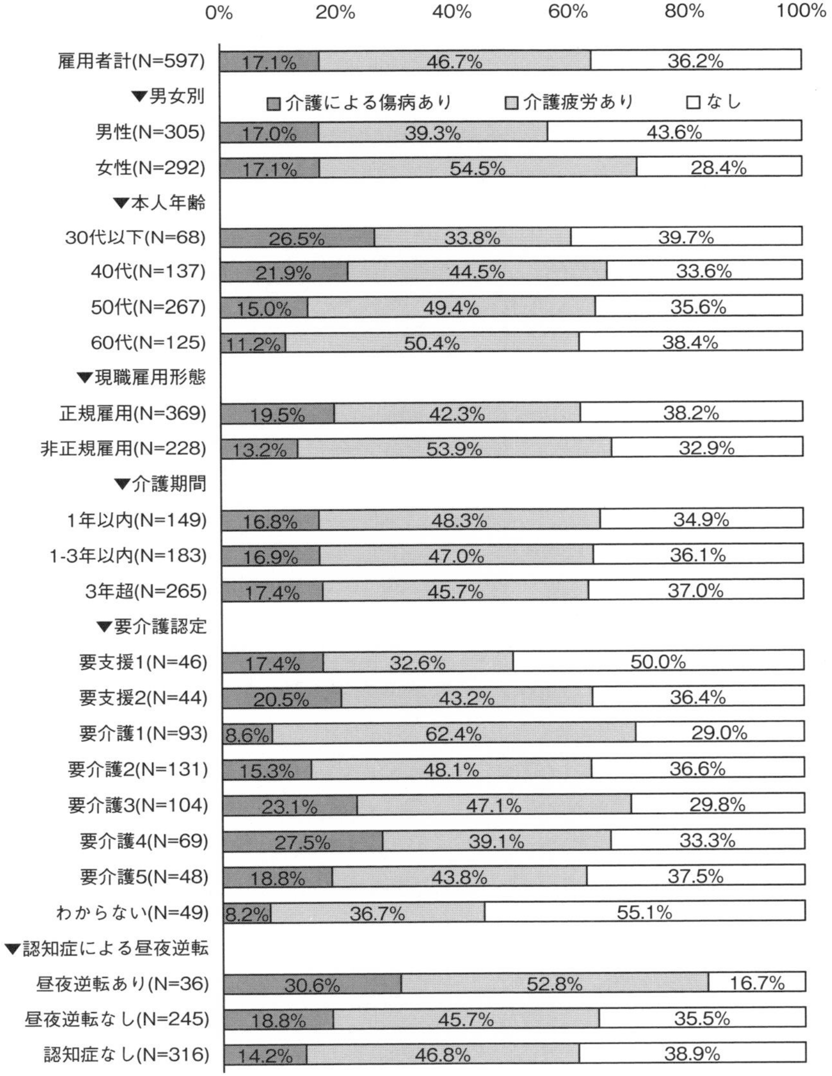

凡例：■介護による傷病あり　□介護疲労あり　□なし

	0%	20%	40%	60%	80%	100%

区分	介護による傷病あり	介護疲労あり	なし
雇用者計(N=597)	17.1%	46.7%	36.2%
▼男女別			
男性(N=305)	17.0%	39.3%	43.6%
女性(N=292)	17.1%	54.5%	28.4%
▼本人年齢			
30代以下(N=68)	26.5%	33.8%	39.7%
40代(N=137)	21.9%	44.5%	33.6%
50代(N=267)	15.0%	49.4%	35.6%
60代(N=125)	11.2%	50.4%	38.4%
▼現職雇用形態			
正規雇用(N=369)	19.5%	42.3%	38.2%
非正規雇用(N=228)	13.2%	53.9%	32.9%
▼介護期間			
1年以内(N=149)	16.8%	48.3%	34.9%
1-3年以内(N=183)	16.9%	47.0%	36.1%
3年超(N=265)	17.4%	45.7%	37.0%
▼要介護認定			
要支援1(N=46)	17.4%	32.6%	50.0%
要支援2(N=44)	20.5%	43.2%	36.4%
要介護1(N=93)	8.6%	62.4%	29.0%
要介護2(N=131)	15.3%	48.1%	36.6%
要介護3(N=104)	23.1%	47.1%	29.8%
要介護4(N=69)	27.5%	39.1%	33.3%
要介護5(N=48)	18.8%	43.8%	37.5%
わからない(N=49)	8.2%	36.7%	55.1%
▼認知症による昼夜逆転			
昼夜逆転あり(N=36)	30.6%	52.8%	16.7%
昼夜逆転なし(N=245)	18.8%	45.7%	35.5%
認知症なし(N=316)	14.2%	46.8%	38.9%

資料）労働政策研究・研修機構「家族の介護と就業に関する調査」（2019 年）
筆者作成

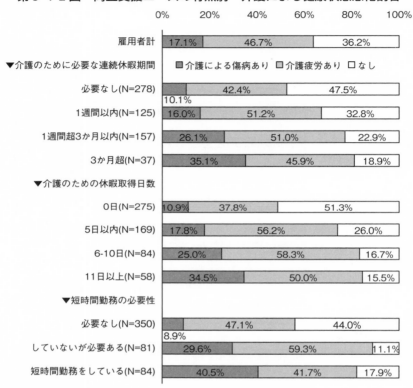

第5-4-2図　両立支援ニーズの有無別　介護による健康状態悪化割合

凡例: ■介護による傷病あり　▨介護疲労あり　□なし

	介護による傷病あり	介護疲労あり	なし
雇用者計	17.1%	46.7%	36.2%
▼介護のために必要な連続休暇期間			
必要なし(N=278)	10.1%	42.4%	47.5%
1週間以内(N=125)	16.0%	51.2%	32.8%
1週間超3か月以内(N=157)	26.1%	51.0%	22.9%
3か月超(N=37)	35.1%	45.9%	18.9%
▼介護のための休暇取得日数			
0日(N=275)	10.9%	37.8%	51.3%
5日以内(N=169)	17.8%	56.2%	26.0%
6-10日(N=84)	25.0%	58.3%	16.7%
11日以上(N=58)	34.5%	50.0%	15.5%
▼短時間勤務の必要性			
必要なし(N=350)	8.9%	47.1%	44.0%
していないが必要ある(N=81)	29.6%	59.3%	11.1%
短時間勤務をしている(N=84)	40.5%	41.7%	17.9%

資料）労働政策研究・研修機構「家族の介護と就業に関する調査」（2019 年）
筆者作成

間、介護休暇のニーズを表す過去１年間の休暇取得日数、そして短時間勤務
の必要性の有無別に介護による健康状態の悪化割合を示している。

　介護のために必要な連続休暇期間との関係からみると、「必要なし」に比
べて連続休暇の期間が長いほど「介護による傷病あり」の割合は高くなる。
だが、「介護疲労あり」の割合は介護のために必要な連続休暇期間の長さと
関連性がみられない。介護のための休暇取得日数も同様の傾向であり、日数
が多いほど「傷病あり」の割合は高いが、「疲労あり」の割合は高くなると
はいえない。短時間勤務の必要性も、「傷病あり」は「必要なし」が最も低

く、「していないが必要ある」「短時間勤務をしている」の順に高くなる傾向
がみられる。傷病のために通常勤務が難しくなっている様子がうかがえる。
だが、「疲労あり」については、短時間勤務の「必要なし」に比べて必要あ
り（していないが必要あり・短時間勤務をしている）の方が高いという関連
性はみられない。

　要するに、介護休業、介護休暇、短時間勤務は、介護疲労ではなく介護に
よる傷病に対応しうる両立支援制度であるといえそうである。第 3 章でみた
「自身の健康」を理由とする 3 か月超の連続休暇の必要性も、その「健康」
が意味するところは傷病であると理解することができる。

2　健康問題による仕事の能率低下と両立支援のニーズ

　介護による健康状態の悪化は、即座に離職という形の就業困難を招くので
はなく、その前に仕事の能率低下を招くことが明らかになっている。

　第 5-4-3 図でも、健康状態の悪化が、アブセンティーズム（心身の体調不
良により出勤できないこと）や、出勤していても仕事中に重大な過失や事故
を起こしそうになるヒヤリハット経験、ノルマ等の目標を達成できないとい
う広義のプレゼンティーズムに相当する仕事への悪影響があることを確認で
きる[6]。「ヒヤリハット経験」や「目標（ノルマ等）未達成」は介護疲労との
関係でこれまで問題にしてきた（労働政策研究・研修機構 2015, Ikeda
2016）。だが、介護による傷病がある場合も出勤していること、そのために
「ヒヤリハット経験」のような問題が起きていることが、この図からうかが
える。また、傷病がある状態で働き続けることは、一見すると勤勉で好まし
いことのように思われるかもしれないが、結果としてノルマ等の目標を達成
できないことは、やはり好ましいとはいえないだろう。

　「介護疲労あり」と「介護による傷病あり」と比べても、「ヒヤリハット経

6　プレゼンティーズムは、これを測る尺度が開発されており、林（2021）は WFun 方式と
　QQmethod 方式を用いて介護によるプレゼンティーズムの発生確率を推計している。一方、労
　働政策研究・研修機構（2015; 2017a）や本書においては労災のリスクや目標未達成という労務
　管理上の現実的な問題に引きつけてプレゼンティーズムを論じている。健康状態の悪化による仕
　事のパフォーマンス低下という意味でのプレゼンティーズムへの問題関心は林（2021）と共通し
　ているが、林（2021）が健康問題一般を射程としているのに対し、本書は、企業にとって最も看
　過できない事故や成果の問題との関係でプレゼンティーズムを論じている。

第 5-4-3 図　介護による健康状態悪化の有無と仕事の能率低下の有無別　主観的介護離職リスク

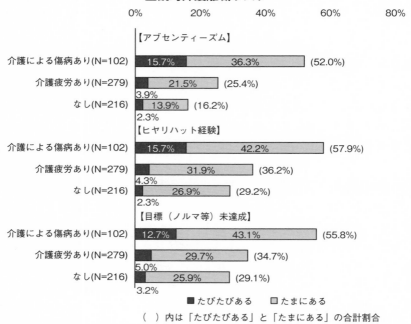

資料）労働政策研究・研修機構「家族の介護と就業に関する調査」（2019 年）
筆者作成

験」と「目標（ノルマ等）未達成」がある割合は「介護による傷病あり」の場合に明らかに高くなる。それだけ仕事への影響が大きいといえる。一方、介護疲労においては、「なし」に比べて、アブセンティーズム（心身の体調不良により出勤できないこと）の割合が上昇することも重要である。アブセンティーズムというと傷病にともなう病気休暇をイメージしやすいが、疲労が蓄積して出勤できなくなっているケースも少なくないことがうかがえる。

そして、第 5-4-4 図にあるように、介護による健康状態悪化は、現在の仕事を「続けられない」という主観的介護離職リスクの割合を高める傾向にある。特に介護による傷病と離職リスクの関係は顕著であり、池田（2016; 2017）と整合的な結果をここでも確認することができる。だが、そのような健康状態悪化が仕事に及ぼす影響として表われる「アブセンティーズム」

第 5-4-4 図　介護による健康状態悪化の有無と仕事の能率低下の有無別主観的介護離職リスク

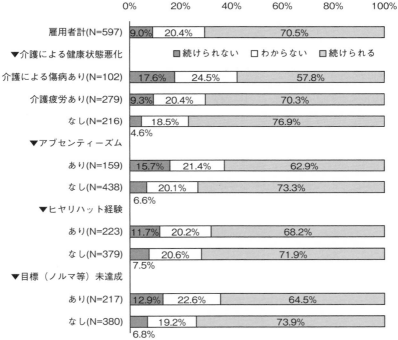

資料）労働政策研究・研修機構「家族の介護と就業に関する調査」（2019 年）
筆者作成

「ヒヤリハット経験」「目標（ノルマ等）未達成」については、その有無による主観的介護離職リスクの差はそれほど顕著であるといえない。

　「アブセンティーズム」「ヒヤリハット経験」「目標（ノルマ等）未達成」は職場に迷惑をかけるという意識につながり、仕事の責任を果たせないという理由での離職につながることも予想できる。だが、ここでの結果は、そのようにはなっていない。しかし、そのように離職リスクと直接結びついてはいなくても、介護を理由に思い通りに働けないという事情から、仕事の負荷を減らす目的で介護休業が必要とされることもあるだろう。

　そのような観点から、第 5-4-5 図で介護による健康状態悪化とアブセン

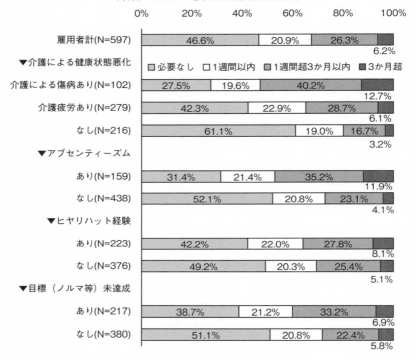

第 5-4-5 図　介護による健康状態悪化の有無と仕事の能率低下の有無別
介護のために必要な連続休暇期間

凡例：□ 必要なし　□ 1週間以内　■ 1週間超3か月以内　■ 3か月超

	必要なし	1週間以内	1週間超3か月以内	3か月超
雇用者計(N=597)	46.6%	20.9%	26.3%	6.2%
▼介護による健康状態悪化				
介護による傷病あり(N=102)	27.5%	19.6%	40.2%	12.7%
介護疲労あり(N=279)	42.3%	22.9%	28.7%	6.1%
なし(N=216)	61.1%	19.0%	16.7%	3.2%
▼アブセンティーズム				
あり(N=159)	31.4%	21.4%	35.2%	11.9%
なし(N=438)	52.1%	20.8%	23.1%	4.1%
▼ヒヤリハット経験				
あり(N=223)	42.2%	22.0%	27.8%	8.1%
なし(N=376)	49.2%	20.3%	25.4%	5.1%
▼目標（ノルマ等）未達成				
あり(N=217)	38.7%	21.2%	33.2%	6.9%
なし(N=380)	51.1%	20.8%	22.4%	5.8%

資料）労働政策研究・研修機構「家族の介護と就業に関する調査」（2019 年）
筆者作成

ティーズム・プレゼンティーズム（ヒヤリハット経験と目標（ノルマ等）未
達成）の有無別に必要な連続休暇の期間をみよう。

　介護者自身の健康状態との関係をみると「なし→介護疲労あり→介護によ
る傷病あり」というように健康状態が悪くなるほど連続休暇の「必要なし」
の割合は低下し、「1 週間超 3 か月以内」と「3 か月超」の割合が上昇する。
第 3 章では介護終了者を対象に「自身の健康のため」に「3 か月超」の連続
休暇の必要性が高くなるという分析結果をみたが、その結果と整合してい
る。前章までの分析と同様に連続休暇の必要性があっても 1 週間以内であれ
ば年休や介護休暇でも対応可能であると考えるなら、「1 週間超 3 か月以内」

は法定介護休業期間の実質的なニーズを表し、「3 か月超」は法定を超える介護休業期間の必要性を示しているといえる。

　心身の体調不良のために出勤できないという問題については、池田（2013a; 2014a）が年休取得行動との関係を分析していた。だが、年休で対応可能な範囲であれば、仕事を休むことはあっても、まとまった期間の介護休業が必要とまではいえないだろう。

　そこで、アブセンティーズム「あり」の場合に着目すると、連続休暇の「必要なし」（31.4％）と「1 週間以内」（21.4％）の合計割合は 50％を超えており、介護休業ではなく年休や介護休暇で対応可能なアブセンティーズムも少なくないことがうかがえる。だが、残りの 50％弱については介護休業の必要性を示唆する結果も示されている。そして、アブセンティーズム「あり」の方が「3 か月超」の連続休暇が必要だという割合も相対的に高い。第 3 章の分析結果と整合的である。

　一方、広義のプレゼンティーズムを表す「ヒヤリハット経験」と「目標（ノルマ等）未達成」については、「目標（ノルマ等）未達成」において「1 週間超 3 か月以内」の割合が高くなっているが、「3 か月超」の差はほとんどない。「ヒヤリハット経験」においては「1 週間超 3 か月以内」「3 か月超」ともほとんど差がない。介護休業のニーズは仕事を休みたいという方向に関心が向くのに対して、プレゼンティーズムは出勤しようとする方向に関心が向いている。そのように理解するなら、関連性がみられないことも納得できるだろう。

　しかしながら、短時間勤務は、出勤して仕事の責任を果たしつつも仕事の負荷を減らせるという意味でプレゼンティーズムとも親和的である可能性がある。その意味で、介護休業より短時間勤務の方が守備範囲は広いのではないだろうか。そのような問題意識で第 5-4-6 図をみよう。

　この図は、介護者自身の健康状態と「アブセンティーズム」「ヒヤリハット経験」「目標（ノルマ等）未達成」の有無別に短時間勤務の必要性の割合を示している。第 4 章と同じく、実際に短時間勤務をしているか、短時間勤務をしていないが必要だと感じている場合に「必要あり」としている。（　）内の数値は「短時間勤務をしている」「していないが必要ある」の合計であ

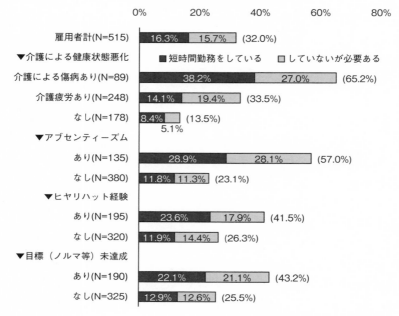

第 5-4-6 図　介護による健康状態悪化の有無と仕事の能率低下の有無別
短時間勤務の必要ありの割合

雇用者計(N=515)	16.3% 15.7% (32.0%)
▼介護による健康状態悪化	■ 短時間勤務をしている　□ していないが必要ある
介護による傷病あり(N=89)	38.2% 27.0% (65.2%)
介護疲労あり(N=248)	14.1% 19.4% (33.5%)
なし(N=178)	8.4% 5.1% (13.5%)
▼アブセンティーズム	
あり(N=135)	28.9% 28.1% (57.0%)
なし(N=380)	11.8% 11.3% (23.1%)
▼ヒヤリハット経験	
あり(N=195)	23.6% 17.9% (41.5%)
なし(N=320)	11.9% 14.4% (26.3%)
▼目標（ノルマ等）未達成	
あり(N=190)	22.1% 21.1% (43.2%)
なし(N=325)	12.9% 12.6% (25.5%)

（　）内は「している」「していないが必要ある」の合計割合

資料）労働政策研究・研修機構「家族の介護と就業に関する調査」（2019 年）
筆者作成

るが、これが短時間勤務の「必要あり」の割合である。

　介護による健康状態悪化の有無別の結果をみると「なし→介護疲労あり→介護による傷病あり」の順で健康状態が悪化するほど、「短時間勤務をしている」と「していないが必要ある」の割合はともに上昇し、（　）内に示す「必要あり」の合計割合は「介護による傷病あり」で65％を超える。雇用者計の短時間勤務の必要あり（32.0％）の約２倍の割合である。それだけ介護による健康状態悪化と短時間勤務のニーズは関連性があるといえる。

　アブセンティーズムについても「あり」の方が「短時間勤務をしている」と「していないが必要ある」の割合はともに高い。ここでのアブセンティーズムは、「心身の体調不良によって出勤できない」という文言で表している

が、これが短時間勤務の必要性と結びつくということは、必ずしも丸一日出勤できないということではなく、部分休業という形で休むことも選択肢としてありうることを示唆している。また、出勤していても仕事の能率は低下しているという意味で広義のプレゼンティーズムを示す「ヒヤリハット経験」や「目標（ノルマ等）未達成」との関係においても、これらが「あり」の場合には短時間勤務を必要とする割合が高くなっている。

　ここまでの結果から、第 3 章でみた介護者の健康を理由とする連続休暇のニーズを本章でも確認することができた。だが、それ以上に短時間勤務のニーズが、介護による健康状態悪化にかかわる様々な問題に対応しうることもうかがえる。前章の分析結果と同じく、ここでも介護休業と短時間勤務のニーズに代替関係があるといえるのなら、介護者の健康問題を理由とする離職防止においても、93 日を超える介護休業制度の代わりに短時間勤務制度を導入することが有効であるかもしれない。つまり、介護離職の関係的構造と育児・介護休業法という制度的構造をつなぐ接点として、ここでも短時間勤務のニーズが鍵になっている可能性がある。

　そこで、本章を総括する多変量解析として、介護による健康状態悪化が離職リスクを高めるといえるのか、そして、その健康問題に起因する介護離職リスクは介護休業や短時間勤務といった両立支援のニーズと関連しているといえるかを分析しよう。第 5-4-1 表に結果を示す。

　ここでも 2 つの推計をしている。1 つ目は、介護離職の関係的構造（つまり労働者の実態）に焦点を当て、介護による健康状態悪化が主観的介護離職リスクを高めるかを推計する。説明変数は、これまでと同じく、介護による健康状態悪化「なし」「介護疲労あり」「介護による傷病あり」の 3 カテゴリの変数とし、「なし」をベンチマークにする。すでに先行研究でも介護による傷病が離職確率を高めることは明らかになっている（池田　2016; 2017）。加えて介護疲労が離職リスクを高めるかを推計することで、介護による健康状態悪化の影響を幅広くとらえた推計を行う。

　その上で、こうした健康問題に育児・介護休業法の枠組みで対応できるか、つまり関係的構造と制度的構造の間に接点があるといえるかを明らかにするため、「介護のために必要な連続休暇期間」と「短時間勤務の必要性」

第 5-4-1 表　主観的介護離職リスクの規定要因
―介護による健康状態悪化と両立支援ニーズの関係―

被説明変数	主観的介護離職リスク (続けられない =1，続けられる・わからない =0)					
	推計 1			推計 2		
	係数値	標準誤差	オッズ比	係数値	標準誤差	オッズ比
性別別（男性 =1，女性 =0）	-.393	.355	.675	-.326	.394	.722
本人年齢	-.002	.017	.998	.001	.019	1.001
介護期間	.034	.042	1.035	.027	.046	1.027
最終学歴（BM: 中学・高校卒）						
短大・専門卒	.459	.460	1.583	.666	.506	1.946
大学・大学院卒	.847	.430	2.334 *	.754	.487	2.125
現職雇用形態 （正規雇用 =1，非正規雇用 =0）	-.017	.377	.983	-.023	.434	.977
現職種（BM: 事務）						
専門・管理	-.251	.424	.778	-.243	.469	.785
販売・サービス	-.757	.470	.469	-.554	.517	.574
現業	-.273	.419	.761	-.194	.464	.824
現在の仕事が好き	-.301	.167	.740	-.325	.188	.722
希望どおりに休暇を取れる（該当有無）	-.877	.322	.416 **	-.714	.363	.490 *
1 日の就業時間（残業含む）	.129	.063	1.137 *	.093	.075	1.098
仕事がある日の介護時間	.005	.089	1.005	-.062	.095	.940
要介護認定（BM: 自立・要支援）						
要介護 1・2	-.506	.488	.603	-.422	.559	.656
要介護 3・4・5	-.160	.461	.852	.079	.530	1.082
未認定・不明	.732	.558	2.080	1.255	.616	3.507 *
認知症による昼夜逆転（BM: 認知症なし）						
昼夜逆転あり	-1.472	1.096	.229	-1.606	1.116	.201
昼夜逆転なし	.076	.320	1.078	-.157	.359	.854
介護による健康状態悪化（BM: なし）						
介護疲労あり	.860	.403	2.364 *	.517	.440	1.677
介護による傷病あり	1.470	.469	4.348 **	.809	.534	2.245
介護のために必要な連続休暇期間 （BM: 必要なし）						
1 週間以内		—		.513	.488	1.671
1 週間超 3 か月以内		—		.750	.444	2.117
3 か月超		—		.769	.649	2.157
短時間勤務の必要性有無		—		.808	.367	2.244 *
定数	-2.641	1.315	.071 *	-3.100	1.516	.045 *
χ 2 乗値	48.099 **			43.228 **		
自由度	20			24		
N	597			515		

分析方法：二項ロジスティック回帰分析
有無はいずれも「あり」= 1，「なし」= 0
** p<.01 　* <.05
資料）労働政策研究・研修機構「家族の介護と就業に関する調査」（2019 年）
筆者作成

の変数を追加投入した推計を「推計 2」として行う。

　なお、介護疲労や介護による傷病の問題は、要介護状態によって説明できるところもある。要介護状態が重くなれば、それだけ肉体的にも精神的にも負担は重くなると予想される。その観点から、要介護認定における要介護度と、認知症による昼夜逆転の有無をコントロール変数に投入する。加えて、前章と同じコントロール変数（性別・年齢・学歴・介護期間・現職雇用形態、現職種、1 日の就業時間、仕事がある日の介護時間、現在の仕事が好きである度合いと希望どおり休暇を取得できるか否か）を投入する。

　推計 1 の結果からみる。はじめにコントロール変数との関連性を確認しておく。前章の推計と同じく、学歴における「大学・大学院卒」の主観的介護離職リスクが高く、また 1 日の就業時間が長いほど離職リスクは高いが、希望どおり休暇を取得できる場合は離職リスクが低くなる。その上で健康状態との関連性をみると、介護による健康状態悪化「なし」に比べて「介護疲労あり」と「介護による傷病あり」がある場合には、離職リスクが高くなることを示している。介護による傷病だけでなく、介護疲労もまた離職リスクにつながるという結果は、健康問題が幅広く介護離職につながりうることを示唆している。介護疲労の問題は、プレゼンティーズムという離職の前段階の問題として提起されたが、改めて介護離職との関係でも問題にすべきであるといえよう。

　その上で、推計 2 において、「介護のために必要な連続休暇期間」と「短時間勤務の必要性」を投入した結果をみると、短時間勤務の必要性の有無が、ここでも有意な関連性を示している。一方、介護による健康状態悪化の変数は有意ではなくなっている。つまり、介護による健康状態悪化による主観的介護離職リスクは、短時間勤務のニーズに集約できる問題として受け止めることができるといえる。

　はじめに述べたように、介護による健康状態悪化は、生活時間配分に焦点を当てた育児・介護休業法とは異なる次元の問題として提起された。しかし、健康に配慮して仕事の負荷を減らすという観点で短時間勤務をとらえるなら、生活時間配分とは別の問題にも育児・介護休業法で対応できるといえそうである。

第5節　考察：短時間勤務による健康問題への対応

　介護者の健康問題による離職は、育児・介護休業法が想定する生活時間配分の問題とは性質の異なる問題として提起されたが、育児・介護休業法の枠組みで対応可能な問題もあることが本章の分析によって明らかになった。

1) 　介護による傷病がある場合だけでなく、介護疲労がある場合も主観的介護離職リスクは高くなる。

2) 　介護による健康状態悪化がある場合は、介護休業や介護休暇、短時間勤務のニーズが高くなる。

3) 　介護者の健康状態悪化にともなう主観的介護離職リスクとの関係でも、介護休業と短時間勤務のニーズは代替関係がある。

　以上のような結果にもとづいて、本章で明らかになった介護離職の構造に関わる諸問題の相関図を第5-5-1図に示す。グレーのボックスが本章で焦点を当てた介護者の健康問題にかかわる要因である。

　介護者の健康問題は3か月を超える連続休暇に対するニーズを高め、介護離職につながりうることが第2章の分析結果から示唆された。だが、ここで

第5-5-1図　介護者の健康問題に対応した両立支援の課題に関する相関図

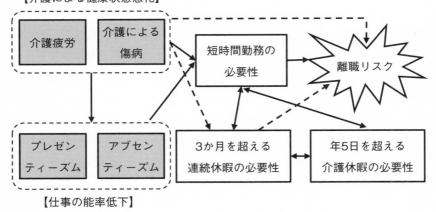

筆者作成

152

も3か月を超える連続休暇の必要性と短時間勤務とのニーズの代替関係があることが本章で明らかになった。つまり、部分休業としての短時間勤務という考え方がここでもあてはまる。その意味で、「介護による健康状態悪化」から「3か月を超える連続休暇の必要性」を経て「離職リスク」に向かう矢印は点線にしている。直接の関連性としては、「介護による健康状態悪化」→「短時間勤務の必要性」→「離職リスク」というつながりになる。

　留意したいのは、介護による傷病だけでなく介護疲労にも短時間勤務は対応できる可能性があるということである。傷病にともなう休暇や休業については、介護に限らず、傷病休暇を取るという方法もある。だが、疲労を理由に傷病休暇という形で仕事を休むのは、よほどの体調不良を感じる場合に限られるだろう。そのような状況で、労働政策研究・研修機構（2013）のXAさんの事例のように、自身の体力と相談しながら働く方法として短時間勤務は介護離職の予防策として有効であるといえる。

　関連して指摘したいのは、生活時間配分を想定した育児・介護休業法の両立支援制度で健康問題に対応できる面があるということである。つまり、介護による健康状態悪化に関連した介護離職の関係的構造は、育児・介護休業法という制度的構造と接点がある。その接点が短時間勤務のニーズであるという位置づけになる。そのため、第5-5-1図においても「介護による健康状態悪化」から「離職リスク」への矢印は実線ではなく点線にしている。この観点から両立支援制度をとらえ直すことにより、育児・介護休業法の守備範囲は、生活時間配分だけでなく、健康問題にも広がりうることを本章の分析結果は示唆している。

　これまでも介護による健康状態悪化が仕事に好ましくない影響を及ぼすことは明らかになっていた。しかし、この問題に対して、どのような制度による両立支援が可能であるかは明らかになっていなかった。介護による健康問題は生活時間配分の問題に対応した育児・介護休業法の枠組みの外にある問題として提起されたからである。仕事に及ぼす影響も、離職という形ではなく、継続就業しながら思うようには働けず、仕事の能率が低下するという、育児・介護休業法の想定とは別の次元の問題に焦点を当ててきた（池田2013a, 労働政策研究・研修機構 2015, Ikeda 2016）。

本章でも、介護疲労や介護による傷病は、アブセンティーズムやプレゼンティーズムの一例であるヒヤリハット経験やノルマ等の目標未達成という形で、仕事の能率低下を招くことが再確認された。そうした健康問題に直面したときに、生活時間配分ではなく、仕事の負荷を減らす方法として休暇・休業・短時間勤務といった方法は有効である可能性を本章の分析結果は示唆している。介護によるアブセンティーズムの問題が、介護休暇のニーズと結びつくことは、これまでの研究でも明らかになっていた（池田 2013a; 2014a）。これを起点に考えるなら、傷病の症状が深刻な場合は介護休暇より長い介護休業という形でまとまった期間の静養が必要になると考えられる。反対に、丸一日仕事を休む必要がない場合は短時間勤務という形で出勤しながら仕事の負荷を減らすという方法が適しているだろう。

　このように介護者の健康管理を目的とした介護休業・介護休暇・短時間勤務制度の利用方法は、現在の育児・介護休業法の想定に沿ったものではない。したがって、法の趣旨に沿う適切な利用方法を労働者に周知するという社会統制の課題として本章の分析結果を読むこともできるだろう。しかし、その場合は健康問題に対応した両立支援制度のあり方を改めて構想する必要が生じる。

　それよりも、すでにある両立支援制度を介護者の健康管理のために利用できるよう見直す方が効率的に制度を整備できるのではないだろうか。このような発想で育児・介護休業法の守備範囲を広げることができること、これにより介護離職をゼロに近づけることができる可能性を本章の分析結果は示唆している。

介護サービスの供給制約と介護離職
——介護の再家族化と両立支援ニーズ

第 1 節　はじめに：介護領域の制度的構造と企業の両立支援

　育児・介護休業法は介護離職の防止を目的とした仕事と介護の両立支援制度を定めているが、当事者である労働者が介護離職の危機に直面している問題は制度の想定より多様である。その多様性をとらえる視野を、本章では「仕事領域」から「介護領域」に広げ、「介護領域」の制度的構造の中心にある介護保険制度と「仕事領域」の制度的構造である育児・介護休業法の関係を取り上げる。

　第 1 章で述べたように、高齢者介護については脱家族化と再家族化という福祉体制の動向に留意して、今後の仕事と介護の両立支援の課題を検討することが重要である。第 2 章では育児・介護休業法とともに介護保険制度の概略を示したが、今日の育児・介護休業法は、介護保険制度を踏まえて仕事と介護の両立支援制度を設計しており、サービスの供給制約が両立支援ニーズに関係するようになっている。たとえば、介護休業や介護休暇は、介護保険制度が定めるサービスの利用手続きに要する時間との関係を考慮して制度を設計している面がある[1]。また、日常的な介護においては、介護保険制度による介護の脱家族化の度合いが家族の介護負担を規定している面がある。

　介護負担が重くなったときに施設介護を利用できれば、企業の両立支援制度を利用する必要性は低下する。反対に、施設介護を利用できずに在宅介護を続けるなら、それだけ重い介護負担に対応した両立支援制度を企業が整備する必要が生じる。在宅介護の場合も家族の介護負担を十分に軽減できる

---

[1]　2016 年改正育児・介護休業法から介護休業は 93 日を 3 回に分割して取得できるようになった。単純計算で 1 回当たり 31 日である。これは介護保険制度のもとでサービスを利用開始するまでに 1 か月程度という制度的背景を踏まえている。また、介護休暇の時間単位取得もケアマネジャーとの面談を想定した場合は時間単位が望ましいという判断にもとづいている（厚生労働省雇用均等・児童家庭局 2015, 池田 2021a）

サービスが提供されるか、反対にサービスの不足を家族が補うかで、企業の両立支援制度の必要性は変わる。

　介護保険制度による介護の脱家族化は家族介護を社会的サービスが完全に代替することを目指していたわけではなく、反対に、再家族化といっても社会的サービスをなしにして家族に介護を戻そうということではない。しかし、脱家族化によって日常的な介護にサービスで十分に対応できれば、勤務時間短縮等の選択的措置義務として規定されている短時間勤務やフレックスタイム、時差出勤によって勤務時間を調整して介護に当たる必要性は低下するだろう。実際は、そこまでの脱家族化は実現していないことから、2016年改正法において勤務時間短縮等の選択的措置義務の期間を3年に拡大した。

　さらに、今後の少子高齢化によって介護サービスの供給制約が強くなれば、介護の再家族化が進む可能性は否定できない。そのときには日常的な介護を家族が今にも増して担うという前提で両立支援制度の拡充を検討する必要があるだろうか。そのような問題意識で、以下では介護サービスの供給制約が介護離職のリスクを高める可能性を検討したい。

第2節　先行研究：介護保険サービスと両立支援ニーズ

　育児・介護休業法が定める両立支援制度の必要性は介護保険サービスに左右される。このことは、介護休業の取得者がなぜ少ないのかという問いと関係している。

　第3章でも取り上げたが、池田（2010）は、労働政策研究・研修機構（2006b）のデータ分析の結果から、在宅介護サービスの利用によって介護休業制度が想定する連続休暇の必要性は低下することを明らかにし、介護保険制度による在宅介護サービスの利用拡大が介護休業のニーズを低下させた可能性を指摘している。

　この結果は、育児における保育サービスと両立支援制度の関係を考えれば、自明のことのようにも思える。育児においては、保育サービスの供給不足が女性の育児休業期間を延ばす要因になっており、子どもが法定の育児休

業期間を終える1歳に達した時点で保育所を利用できない等の事情が有る場合には、1歳6か月まで育児休業を延長することができ、さらに保育所を利用できない等の事情がある場合には2歳に達するまで育児休業期間を再延長することができる。これとは反対のことが介護においては起きており、介護保険制度によって当初の育児・介護休業法が想定した3か月もの介護休業を取る必要がなくなっているという論理である。

　しかしながら、日常的な介護においては、育児と同じ論理にはならない面がある。育児においては認可保育所の利用に当たり、保護者である親の就業状況をあらかじめ申告し、その就業時間に合わせて保育サービスを利用することになっている。保育所の開所時間の範囲内で、出勤時刻が早い保護者は早い時間に子どもを保育所に連れて行き、退勤時刻が遅い保護者は遅い時間に子どもを迎えに行くということができる。反対に、出勤時刻が遅く、退勤時刻が早い場合は、遅く連れて行き、早く迎えに行く。そのようにして、保護者の就業時間と保育時間の調整を行うことが制度化されている。

　一方、介護保険制度では、要介護者が自身の利用するサービスを決定できるため、サービスの利用に当たって家族介護者の就業状況を考慮する制度的な必要性はない。別居での介護の場合、介護を担う家族が知らないうちに、要介護者がケアマネジャーと相談してケアプランを決めていたということもある。そのため、家族介護者の就業実態に合わないケアプランが組まれてしまい、家族介護者の仕事と介護の両立に支障が生じるという問題が起きることもある。第3章で、介護保険サービスを利用しても、日常的な介護における家族の負担は依然として重いことを指摘する先行研究を紹介したが、そこには、このような制度的な事情も関係しているといえる。

　このような介護保険サービスと家族介護者の就業のミスマッチを回避するために、佐藤博樹（2015）は、ケアマネジャーがケアプランを策定する際に家族の就業実態を把握することの重要性を説いている。その実態を調査した松浦・武石・朝井（2015）は、家族介護者が正社員として働いている場合には、その就労実態の把握が不十分であることを指摘している。そして、介護者の就労実態を丁寧に把握しているケアマネジャーの特徴として家族介護者の「仕事と介護の両立についての研修受講等の経験を持っていること」や

「より良いケアプラン作成のための幅広い情報収集やネットワーク形成に積極的に取り組んでいること」を指摘している（松浦・武石・朝井 2015, p.66）。介護保険制度においても、介護離職防止の観点から厚生労働省（2018b）のような家族介護者支援のマニュアルをつくっており、佐藤博樹（2015）等の問題提起に答える動きも実際にみられる。

しかしながら、池田（2021b）は、介護サービスと家族介護者の働き方の間に、このような調整で対応しきれないギャップが広がる可能性があるという問題を提起する。それが介護の再家族化であり、絶対的な介護保険サービスの供給不足が家族の介護負担を高め、短時間勤務のニーズを高めることにつながる可能性を検討している。だが、その分析結果によれば、介護サービスの利用時間が自身の生活に合わないというミスマッチを家族介護者が感じている場合でも、短時間勤務のニーズはそれほど高くない。つまり、家族介護者の就業時間と介護サービスの利用時間の関係は、育児における保護者の就業時間と保育サービスの利用時間ほど直接的ではない[2]。

第3節　分析課題：「施設から在宅へ」の影響

1 施設介護と在宅介護

介護保険サービスによる介護の脱家族化は、利用するサービスによって家族の介護負担が異なる。藤崎（2009）は訪問介護サービスを題材に介護の再家族化という問題を提起しているが、在宅介護サービスよりも施設介護の方が家族介護に依存する度合いは低く、脱家族化の度合いが高いといえる。

しかし、政府は、施設介護の拡大にあまり前向きではない姿勢を示してきた。厚生労働省老健局（2003）は今後の高齢者介護のあり方として、「可能な限り在宅で暮らすことを目指す」ことを明記し、次のように記している[3]。

確かに、施設には、昼夜を通して常に職員が施設内にいて、転べばすぐ

2　その理由として、池田（2021b）は介護方針の多様化に着目しているが、この点は次章の検討課題としたい。

3　https://www.mhlw.go.jp/topics/kaigo/kentou/15kourei/3.html#3-2-1。

に起こしてくれるし、トイレの介助もすぐに対応してくれる。「365 日・24 時間の安心感」を手に入れることができるという長所がある。この「安心」はとても重要であり、現状の在宅ケアではなかなか実現できない施設の持つ大きな機能である。

　しかし、自分の住み慣れた土地を離れて入所するケースが多いため、その人が長年にわたって育んできた人間関係などが断たれ、高齢者にとって最も大切な生活の継続性が絶たれてしまう場合が多い。

（厚生労働省労健局　2003）

　そして、在宅で「365 日・24 時間安心」の体制をつくるための新たな仕組みとして「小規模・多機能サービス拠点」の整備を提言している。

　この報告書をとりまとめた高齢者研究会（厚生労働省）は「厚生労働省老健局長の私的研究会」という位置づけであるが、その後、2006 年から小規模多機能型居宅介護は始まっている。実際に 2015 年が到来した年の介護保険法改正では、特別養護老人ホームの入居要件が原則要介護 3 以上に引き上げられた。施設介護の拡大に積極的でないという点で、その後の高齢者介護政策は、この報告書が示す方向性と一致している。

　厚生労働省老健局（2003）がいうとおり、「365 日・24 時間安心」の介護支援体制を在宅で実現できれば、施設に入ることができなくても介護の脱家族化は進んでいるといえる。しかしながら、介護の脱家族化が限定的であることから、家族が日常的に介護に対応するため、企業が両立支援制度の拡充を迫られている面もある。2016 年の育児・介護休業法改正における、勤務時間短縮等の選択的措置義務の期間拡大や所定外労働免除の新設は、日常的な介護に対応した両立支援制度の拡充の典型例である。

　その一方で、在宅介護であるから介護が脱家族化していないとみなすのは短絡的であるといえる政策展開もある。2015 年に「安心につながる社会保障」として「介護離職ゼロ」が掲げられたが、これに対応して介護保険制度においては第 7 期介護保険事業計画の策定に当たって基礎自治体が行う「在宅介護実態調査」に介護離職防止の観点が盛り込まれた。この「在宅介護実態調査」の活用方法を検討するため、厚生労働省老健局の委託事業として行

われた同調査の研究会では、介護離職の防止とともに在宅介護の継続期間を延ばす「在宅限界点の向上」も介護保険サービスの課題として検討されている（三菱 UFJ リサーチ＆コンサルティング　2018a）。その報告書では、在宅介護を担う家族が離職を回避できる介護保険サービスのあり方を検討しており、在宅であっても離職を回避しうる程度の介護の脱家族化は可能であることを示唆している。

　そこで、まずは施設介護に比べて在宅介護の方が介護離職のリスクが高いといえるかを再検討する必要がある。その場合、同じ在宅介護でも同居の場合と別居の場合では家族の負担が異なる可能性がある。藤崎（2009）が介護の再家族化として問題にした訪問介護の生活援助は同居家族がいる場合の家事援助のサービスが制限されるというものであった。同じ在宅介護でも別居の場合と同居の場合では介護の脱家族化の度合いは異なることになる。

　したがって、家族への介護依存度ということでいえば、同居介護が最も負担が大きく、介護離職のリスクも高いという仮説が成り立つだろう。その次に別居の在宅介護の離職リスクが高く、施設介護が最も離職リスクが低いという順序になるのではないだろうか。

2　介護者にとっての介護保険サービス

　ただし、介護保険制度は介護者の支援を目的とした制度ではないということにも留意する必要がある。そのため、介護者の生活に介護保険サービスの利用時間が合わないということが制度の仕組みの問題として発生しやすい。

　たとえば、通所介護を利用する時間帯が介護者の勤務時間と合わないということはよくあることである。その時間帯の空白を埋め合わせるために訪問系の介護サービスを利用することが有効であることを、第 6-3-1 図に示す三菱 UFJ リサーチ＆コンサルティング（2018a）の調査結果は示唆している。また仕事を続けていける見込みがある場合は、続けていくのが難しいと考えている場合に比べて、訪問系サービスの利用回数が多いという実態も明らかになっている（三菱 UFJ リサーチ＆コンサルティング　2018a p.63）。

　また、三菱 UFJ リサーチ＆コンサルティング（2018b）は、デイサービスを利用することで、72.3％の家族介護者が介護と介護以外の仕事や家庭生活

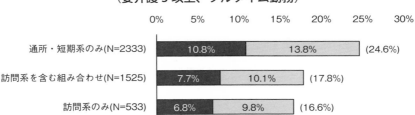

第 6-3-1 図　在宅介護利用類型別　就業継続見込み
（要介護 3 以上、フルタイム勤務）

三菱 UFJ リサーチ＆コンサルティング（2018a）p.62 を元に筆者作成

を「両立しやすくなった」と回答しているが、延長利用をする場合にはその割合が 90.0％になるという調査結果を示している。デイサービスの提供時間を延ばす方向で行われた 2012 年の介護報酬改定によって、家族は仕事と介護の両立を図りやすくなっている可能性を示唆する結果である。

　したがって、在宅介護サービスによって介護離職を回避するためには、相応のサービスの供給量が必要になる。今後の要介護者の増加にともなう介護需要の拡大に見合うサービス供給量の確保が困難になれば、介護者の就業時間と介護保険サービスの利用時間のギャップを埋めることは難しくなるだろう。それだけ離職のリスクは高くなるに違いない。

　これを回避するために、短時間勤務やフレックスタイム等によって出退勤時刻を調整することは選択肢の 1 つである。だが、単に生活時間配分の問題だけでなく、健康管理の面からも介護保険サービスを利用することが、心身の疲労回復につながる側面もあるだろう。前章の分析結果では、短時間勤務が介護者の健康状態悪化にともなう離職の防止にも対応しうることを示唆していた。介護保険サービスの供給制約は、生活時間配分だけでなく、健康管理の面でも短時間勤務の必要性を高めるに違いない。

第4節　分析結果：介護サービスと介護離職

1　在宅／施設介護と仕事の両立

　本章でも分析対象は調査時点の介護継続者であり且つ介護開始時の勤務先で就業継続している雇用者とする。在宅介護か施設介護かで介護離職リスクは異なるのかという問題から検討しよう。

　はじめに、仕事と介護の両立において、仕事の責任を果たすために施設介護を選択するという考え方は、調査対象の労働者においても一般的であることを確認しておきたい。

　第6-4-1表の左側は、仕事と介護の望ましいバランスに関する選好として、仕事より介護を重視するか（介護重視）、介護より仕事を重視するか（仕事重視）、どちらも同等に重視するか（中立）のそれぞれについて、在宅介護と施設介護のどちらを望むかの割合を示している。仕事重視であるほど施設志向の割合が高く、介護重視であるほど在宅志向の割合が高い。

　また表の右側は実際に要介護者が施設に入所しているか、在宅の場合は調査対象者と同居しているか別居しているかの割合を示しているが、やはり仕事重視の場合は「施設」の割合が高い。反対に介護重視の場合は在宅の中でも「同居」の割合が高くなっている。だが、施設志向と実際の施設入居の割合を比較すると仕事重視は「施設志向」が約60％に対して実際の施設入所割合は約30％であり、約半分に留まる。それだけ施設介護を希望しながら、実際は在宅介護をしている労働者が多いことがうかがえる。

第6-4-1表　仕事と介護の選好別在宅／施設介護に関する選好と現状

	在宅／施設介護選好		要介護者との同別居			N
	施設志向	在宅志向	施設	別居（在宅）	同居	
介護重視	27.6%	72.4%	9.5%	21.9%	68.6%	105
中立	37.2%	62.8%	15.3%	36.2%	48.5%	196
仕事重視	64.2%	35.8%	28.0%	35.5%	36.5%	296
計	48.9%	51.1%	20.6%	33.3%	46.1%	597

資料）労働政策研究・研修機構「家族の介護と就業に関する調査」(2019 年)
筆者作成

　しかしながら、介護離職に対する危機意識が施設介護志向につながっているとはいえない。第6-4-1図をみよう。この図は在宅介護者を要介護者と同居しているか別居しているかで分けて、それぞれ介護をしながら現在の仕事を続けられないと思う場合に施設介護志向が高まるかを示している。結果は一目瞭然であり、仕事を続けられないと思う場合の施設介護志向が高いとはいえない。介護離職を回避する方法として在宅介護から施設介護に移行するという考え方をしているわけではないことがうかがえる。

　したがって、第6-4-1表でみた仕事重視／介護重視は離職して介護に専念するか否かというよりは、仕事を続けていく中で、より仕事に軸足を置くか介護に軸足を置くかという次元の話であると理解した方が良いだろう[4]。

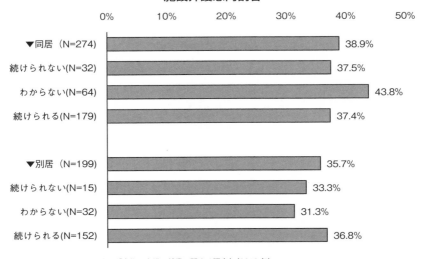

**第 6-4-1 図　在宅介護者の主観的介護離職リスクの有無別
施設介護志向割合**

資料）労働政策研究・研修機構「家族の介護と就業に関する調査」（2019 年）
筆者作成

4　図表は割愛するが、「仕事重視」の場合は「収入を増やしたい」という割合が 77.4%、「仕事の専門性を高めたい」という割合が 51.0% であるのに対し、「介護重視」の場合、「収入を増やしたい」は 63.8%、「仕事の専門性を高めたい」38.1% に留まる。（いずれも「あてはまる」と「ややあてはまる」の合計割合）。収入や専門性を重視する意識が介護より仕事を重視する意識につながっている可能性があるといえる。

また、第6-4-2図からは、在宅介護であるか施設介護であるかは介護離職のリスクとあまり関係がないこともうかがえる。要介護者と同居をしている場合は主観的介護離職リスク（続けられないと思う割合）がやや高いという傾向もみられるが、別居の場合は在宅介護と施設介護の差はほとんどない。

　その理由として、施設介護という選択肢が、介護離職を回避するためという介護者の都合で自由に選べるものではないという制度的な背景に留意する必要がある。たとえば、仕事中心的な意識の強い男性や仕事の責任が重い正規雇用は、在宅介護より施設介護を選ぶ傾向が強いかというと、そのような傾向はみられない。第6-4-3図をみよう。この図は、どのような場合に施設に入所しているのか、その基本的な状況を示している。男女別や現職の雇用形態別、要介護者との続柄、要介護認定における要介護度、介護期間別に、施設に入所しているか、在宅で別居しているか、同居しているかの割合を示している。

　図の1番左が「施設」であり、雇用者計で約20％、「別居（在宅）」（在宅だが調査対象者とは別居）が約30％、「同居」が約50％である。

　男女別では、男性の方がやや「同居」の割合が高く、女性の方が「別居（在宅）」の割合がやや高いという男女差がみられるものの、「施設」の男女差はみられない。以下、施設か在宅かの視点を優先して、「施設」の割合の高さに着目すると、現職雇用形態別の結果は「施設」の差が小さいものの、どちらかといえば非正規雇用の方が高い。正規雇用の介護者が仕事の責任を

第6-4-2図　要介護者との同別居別　主観的介護離職リスク

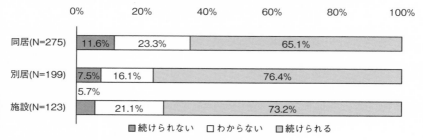

資料）労働政策研究・研修機構「家族の介護と就業に関する調査」（2019年）
筆者作成

第 6-4-3 図　男女・雇用形態・要介護者・要介護認定・介護期間別 要介護者との同別居割合

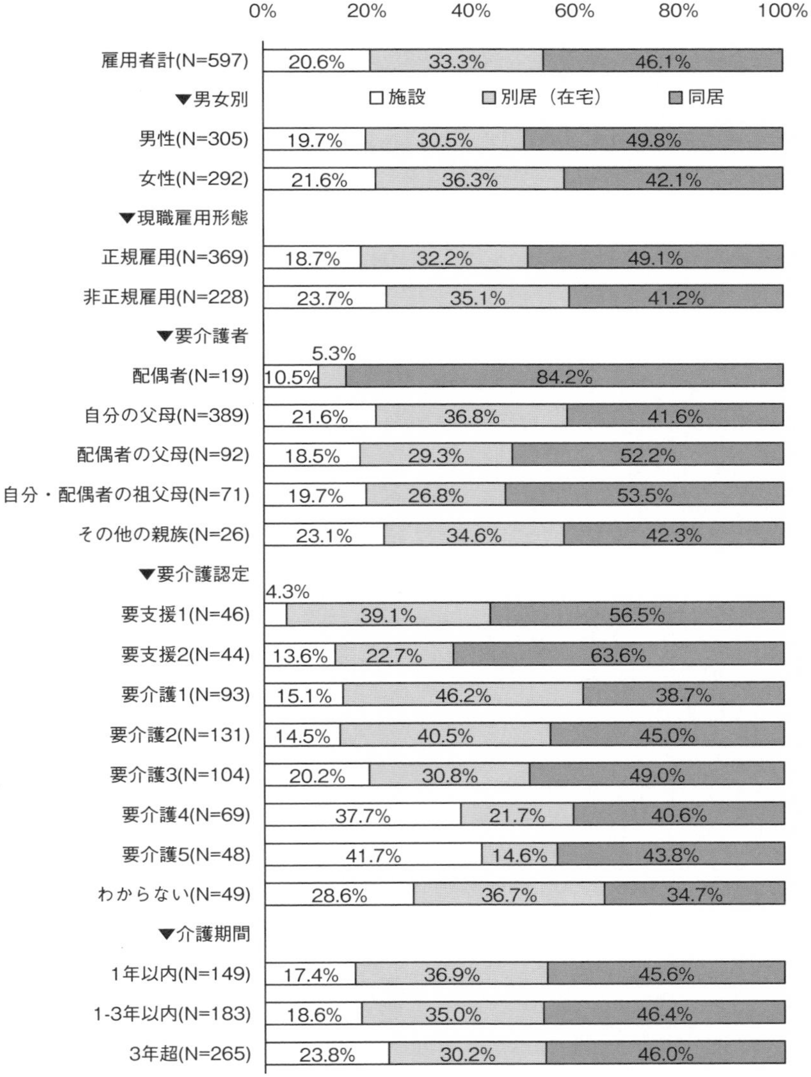

凡例：□施設　□別居（在宅）　■同居

区分	施設	別居（在宅）	同居
雇用者計(N=597)	20.6%	33.3%	46.1%
▼男女別			
男性(N=305)	19.7%	30.5%	49.8%
女性(N=292)	21.6%	36.3%	42.1%
▼現職雇用形態			
正規雇用(N=369)	18.7%	32.2%	49.1%
非正規雇用(N=228)	23.7%	35.1%	41.2%
▼要介護者			
配偶者(N=19)	10.5%	5.3%	84.2%
自分の父母(N=389)	21.6%	36.8%	41.6%
配偶者の父母(N=92)	18.5%	29.3%	52.2%
自分・配偶者の祖父母(N=71)	19.7%	26.8%	53.5%
その他の親族(N=26)	23.1%	34.6%	42.3%
▼要介護認定			
要支援1(N=46)	4.3%	39.1%	56.5%
要支援2(N=44)	13.6%	22.7%	63.6%
要介護1(N=93)	15.1%	46.2%	38.7%
要介護2(N=131)	14.5%	40.5%	45.0%
要介護3(N=104)	20.2%	30.8%	49.0%
要介護4(N=69)	37.7%	21.7%	40.6%
要介護5(N=48)	41.7%	14.6%	43.8%
わからない(N=49)	28.6%	36.7%	34.7%
▼介護期間			
1年以内(N=149)	17.4%	36.9%	45.6%
1-3年以内(N=183)	18.6%	35.0%	46.4%
3年超(N=265)	23.8%	30.2%	46.0%

資料）労働政策研究・研修機構「家族の介護と就業に関する調査」（2019 年）
筆者作成

果たすために施設介護を選択する傾向が強いとはいえない。要介護者との続柄別では「配偶者」の場合に「施設」が低く、「同居」が顕著に高いが、他の続柄は顕著な差がない。

　施設介護の傾向が最も顕著なのは要介護度別であり、要介護2以下に比べて要介護3以上は「施設」の割合が高く、特に「要介護4」「要介護5」において「施設」割合が顕著に高い。特別養護老人ホームの入居要件が要介護3以上であることや、同じく特別養護老人ホームにおいて要介護4・5の認定を受けている入所者が新規入所者の70％以上であることが日常生活継続支援加算の要件になっていることと整合的である。また介護期間との関係において「3年超」の「施設」割合が高くなっていることも、要介護状態の悪化による部分があると考えることができるだろう。

　なお、施設介護には、特別養護老人ホームのほかにも老人保健施設（老健）や有料老人ホームなど様々な種類があり、要介護度が低い段階から入所できるものもある。だが、有料老人ホームは高額であり、老健は機能の回復を目的としている等、利用に当たって何らかの条件があるという意味では、特別養護老人ホームと同じである。介護者が介護離職の危機に直面しても、自分の都合で選択できるほど、施設介護は自由に使える仕組みではない。

　それでもなお、企業としては、施設介護の利用制約が、家族の介護負担を重くし、企業の両立支援の負担を高めているのではないかという問題意識を持つのではないか。そこで、第6-4-1表でみた施設介護を希望する割合が、両立支援ニーズとどのように関係しているかをみてみよう。

　たとえば、仕事を多く休んでいる場合に、施設介護の希望割合が高いのであれば、それは、仕事を休む代わりに施設介護を利用したいということだと推察できる。したがって、施設介護の利用制約を所与とするなら、介護休業や介護休暇の期間拡大を検討する必要が生じるだろう。反対に、仕事をあまり休まない場合に施設介護の希望割合が高い場合は、もともと休むつもりがないと考えるなら、介護休業や介護休暇のニーズとしては現状のままで足りるといえそうである。代わりに在宅介護サービスの拡充を図るといった企業の両立支援以外の面でのサポートが必要になると考えられる。特に、第6-4-1表でみたように、もともと介護より仕事を重視する姿勢が明確な労働

者は、施設介護が無理だから自分が仕事を休んで介護をするという発想には
ならないのではないだろうか。

　以上のような問題意識で、第 5 章までに取り上げてきた介護のために必要
な連続休暇期間、介護のための休暇取得日数（過去 1 年間に介護のために仕
事を休んだ日数）、短時間勤務の必要性の有無別に、施設介護の希望割合を
みてみよう。第 6-4-4 図に結果を示す。

　介護のために必要な連続休暇期間からみると、「必要なし」の施設介護希
望割合がやや高い。「1 週間以内」から「3 か月超」の差はなく、「必要なし」
と「1 週間以内」の差も小さい。つまり、介護休業の必要性と施設介護の希
望の間に関連性があるとはいえない。

　介護のための休暇取得日数との関係では、「0 日」と法定の介護休暇期間
に当たる「5 日以内」の施設介護希望割合が 6 日以上（6-10 日・11 日以上）

第 6-4-4 図　両立支援ニーズの有無別　施設介護の希望割合

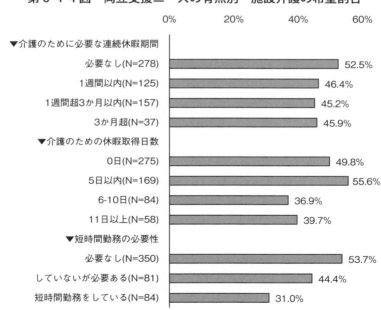

資料）労働政策研究・研修機構「家族の介護と就業に関する調査」（2019 年）
筆者作成

に比べて高い。つまり、なるべく仕事を休まないという姿勢が、施設介護の希望を引き上げている可能性がある。反対に、介護のために年6日以上仕事を休んでいる場合は施設介護の希望は低く、在宅介護の希望が高い。すなわち、仕事を休めるなら在宅介護、仕事を休めないなら施設介護という意味で、施設介護と企業の両立支援の間にトレードオフの関係がみられる。

これを労働者の選好の問題として考えるなら、在宅で仕事と介護の両立を図りたいという労働者には、年5日の介護休暇では足りない可能性がある。反対に、職場の休みやすさの問題として、年5日以内で収めようと思ったら、施設介護に頼らざるを得ないという労働者の心性も想像がつく。

短時間勤務との関係についても、同じことがいえる。短時間勤務の「必要なし」に比べて「短時間勤務をしている」の施設介護希望割合は明らかに低い。また、「していないが必要ある」の施設介護希望割合も「必要なし」に比べて低い。短時間勤務の必要はないが施設介護を希望するという姿勢は、短時間勤務ではない通常勤務を前提に、なおいっそう仕事を優先するために施設介護を希望していると理解できる。

育児・介護休業法は、勤務時間短縮等の選択的措置義務の中に介護サービス費用の補助を含めており、短時間勤務の代わりに介護サービスの費用補助を受けて施設介護を利用するという方法もある。しかしながら、施設介護においては、そのような介護サービスと短時間勤務の代替関係はみられない。介護休業と介護休暇についても、施設介護と両立支援の代替関係はみられない。仕事と介護の両立にとって施設介護は必要かといえば、それはその通りだが、その場合の両立は、仕事を続けることを前提に、よりいっそう、仕事の責任を果たし、仕事で活躍することである。その意味で介護離職防止と施設介護か在宅介護かという問題は次元が異なる。

２ 介護サービスの利便性と介護離職リスク

施設介護か在宅介護かは介護離職リスクとあまり関係がないという前出の結果は、当事者の素朴な実感に反する面があるだろう。

施設介護に比べて在宅介護では、サービスによって家族介護を代替できる範囲が限られている。だが、三菱UFJリサーチ＆コンサルティング（2018a）

にもあったように、在宅介護であっても十分な介護サービスを調達できれ
ば、介護離職のリスクを軽減することはできる。つまり、介護離職防止にお
いて問題とすべきは、施設介護か在宅介護かという制度の外形ではなく、働
く介護者にとってのサービスの実質的な利便性ということになる。

　その観点から、第 6-4-5 図に介護サービスの利用時間が介護者（調査回答
者）の生活に合っていないという時間的ミスマッチの有無別に、主観的介護
離職リスクの割合を示している。

　介護サービスに対して家族介護者が不満を持つ内容は様々であり、要介護
者への接し方や食事の内容等、サービスの内容に対する不満が家族の介護負
担を高めている面もある。しかし、育児・介護休業法が定める両立支援制度
は生活時間配分に焦点を当てていることから、介護サービスの利便性につい

**第 6-4-5 図　介護サービスの時間的ミスマッチの有無別
主観的介護離職リスク**

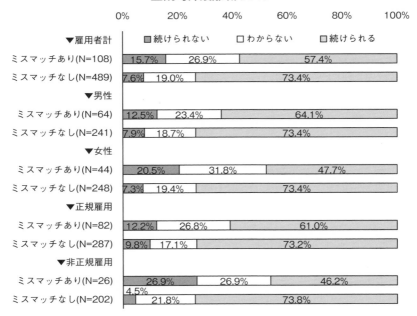

資料）労働政策研究・研修機構「家族の介護と就業に関する調査」（2019 年）
筆者作成

ても利用時間に焦点を当てる。なお、ここでいう「介護サービス」の範囲は
介護保険に限定していないが、時間的ミスマッチは介護保険制度にもとづく
サービスの供給制約によるところが大きいため、「ミスマッチあり」の大多
数は介護保険サービスの時間的利便性に対する評価であると理解することが
できる。

　雇用者全体の結果に加えて、男女別、現職の雇用形態別に結果を示してい
るが、いずれにおいても、「ミスマッチあり」つまり介護サービスの利用時
間が自身の生活に合っていないと感じている場合は仕事を「続けられない」
という割合が高い。特に、男性や正規雇用に比べて、女性や非正規雇用の方
がミスマッチの有無によって「続けられない」という割合の差は大きい。

　このような介護サービスの利用時間と介護者の生活のミスマッチは、在宅
介護の中でも同居の場合に問題になりやすい。第6-4-6図に結果を示す。

　前の図と同じく雇用者計に加えて、男女別と雇用形態別の結果を示してい
るが、いずれの場合も、同居＞別居（在宅）＞施設の順に時間的ミスマッチ
のある割合は高くなっている。在宅介護は施設介護に比べて、介護サービス
の時間的ミスマッチが起こりやすい。その意味で、施設介護の利用制約は間
接的に介護離職のリスクを高めているといえそうである。

　なお、男性と女性を比較すると「同居」と「別居」は男性の方が「ミス
マッチあり」の割合が高い。また正規雇用と非正規雇用を比較しても正規雇
用の方が「ミスマッチあり」の割合は高い。こうした男性や正規雇用の結果
について、ステレオタイプな解釈をすれば、仕事の責任が重い方がミスマッ
チを感じやすいといえるだろう。ここで問題になっている時間的ミスマッチ
は就業時間に限定しておらず、介護者の生活全般を視野に入れたものになっ
ているが、仕事との関係でもミスマッチが生じているといえる。

　しかしながら、男性や正規雇用はミスマッチを感じていても仕事を続けら
れないという主観的介護離職リスクは低い。前出の施設介護にもあてはまる
が、介護サービスについては、仕事への志向性がサービスの不足感を生む一
方、仕事への志向性ゆえに離職という選択肢もあまり現実的でないという傾
向がみられる。介護サービスを十分に利用できたらもっと仕事ができるはず
だが、介護サービスを利用できなくても離職するわけではない、ということ

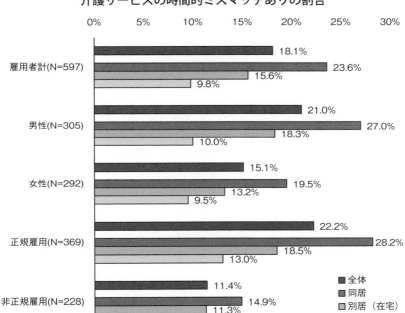

第 6-4-6 図　要介護者との同別居別
介護サービスの時間的ミスマッチありの割合

資料）労働政策研究・研修機構「家族の介護と就業に関する調査」（2019 年）
筆者作成

であるなら、介護サービスの供給制約と介護離職は関係がないという結論に
なるだろう。

　果たしてそのようにいって良いのか、もう少し検討してみよう。第 6-4-2
表は介護サービスの時間的ミスマッチの有無別に、仕事がある日の介護時間
と介護による健康状態悪化の割合を示している。

　結果は「ミスマッチあり」の方が平均介護時間は長く、介護による傷病あ
りの割合も高い。反対に、「ミスマッチなし」の方が介護による健康状態悪
化「なし」の割合が高くなっている。介護サービスの供給不足によって、そ
れだけ家族の介護負担が増すことを示唆する結果といえる。だが、介護疲労
と介護サービスの時間的ミスマッチとの間には明確な関連性がみられない。

第 6-4-2 表　介護サービスの時間的ミスマッチの有無別 仕事がある日の介護時間と介護による健康状態悪化割合

	仕事がある日の介護時間		介護による健康状態悪化			
	平均値（時間）	標準偏差（時間）	なし	介護疲労あり	介護による傷病あり	N
▼雇用者計						
ミスマッチあり	1.8	2.3	15.7%	47.2%	37.0%	108
ミスマッチなし	1.1	1.7	40.7%	46.6%	12.7%	489
▼男性						
ミスマッチあり	1.8	2.3	17.2%	43.8%	39.1%	64
ミスマッチなし	0.9	1.4	50.6%	38.2%	11.2%	241
▼女性						
ミスマッチあり	1.8	2.4	13.6%	52.3%	34.1%	44
ミスマッチなし	1.3	2.0	31.0%	54.8%	14.1%	248

資料）労働政策研究・研修機構「家族の介護と就業に関する調査」（2019 年）
筆者作成

　介護疲労については、生活時間配分の問題ではなく家族の要介護状態と向き合う生活が続くこと自体が疲労をもたらす面がある。そのために、介護サービスの時間的ミスマッチによる差はないのかもしれない。

　なお、このクロス表からは、介護サービスとのミスマッチがあるために介護時間が長くなり、介護による傷病に悩むという関係だけでなく、逆の因果関係も読み取ることができる。つまり、多くの時間を介護に費やしているからこそ、少しの時間でも介護サービスを利用できないと不便に感じ、介護による傷病のために自身が十分に介護をできないことから、代わりにサービスへの期待が高まるという可能性がある。いずれにせよ、介護サービスの時間的ミスマッチと家族の介護負担には関連性があることが示唆される。

　このように、日常的な介護への対応や、介護者自身の健康管理という観点から介護サービスをとらえるなら、前章で取り上げた介護休業、介護休暇、短時間勤務のニーズと介護サービスの時間的ミスマッチは関連し合っている可能性が高い。この点を第 6-4-3 表に示す。

　表の上段にある介護のために必要な連続休暇期間は、介護休業のニーズを表しているが、介護サービスの時間的ミスマッチありは「1 週間超 3 か月以

第 6-4-3 表　介護サービスの時間的ミスマッチの有無別 両立支援ニーズ割合

介護のために必要な連続休暇期間

	必要なし	1 週間以内	1 週間超 3 か月以内	3 か月超	N
ミスマッチあり	32.4%	22.2%	38.9%	6.5%	108
ミスマッチなし	49.7%	20.7%	23.5%	6.1%	489

介護のための休暇取得日数

	0 日	5 日以内	6-10 日	11 日以上	N
ミスマッチあり	32.1%	32.1%	15.1%	20.8%	106
ミスマッチなし	50.2%	28.1%	14.2%	7.5%	480

短時間勤務の必要性

	必要なし	していないが必要ある	短時間勤務している	N
ミスマッチあり	43.6%	27.7%	28.7%	94
ミスマッチなし	73.4%	13.1%	13.5%	421

資料）労働政策研究・研修機構「家族の介護と就業に関する調査」（2019 年）
筆者作成

内」の割合が高い。だが、「3 か月超」についてはミスマッチの有無による差はみられない。つまり、介護サービスの供給制約によって介護休業のニーズが高まるが、法定期間内に収まるといえる。

　表の中段は、介護のための休暇取得日数（過去 1 年間に介護のために仕事を休んだ日数）であり、介護休暇のニーズを示しているが、法定介護休暇期間を上回る「11 日以上」の割合が高い。

　さらに表の下段は、短時間勤務の必要性を示しているが、「ミスマッチあり」の場合は「短時間勤務している」「していないが必要ある」の割合がともに高く、介護サービスの供給制約は短時間勤務のニーズを高めることを示唆している。

　では、介護離職防止との関係において、介護サービスの供給制約は企業による両立支援のニーズを高めるといえるだろうか。すなわち、介護サービスと両立支援制度は代替的な関係にあるといえるだろうか。この点を明らかにするための多変量解析を行ってみよう。

第6-4-4表に主観的介護離職リスクの有無（続けられる =1、続けられない・わからない = 0）を被説明変数とする二項ロジスティック回帰分析の結果を示す。推計は３つ行っている。

　1つ目（推計1）は、施設介護か在宅介護かの違いと介護サービスの時間的ミスマッチの関係を明らかにする分析である。介護サービスの時間的ミスマッチの有無（あり =1、なし =0）を考慮しても、「施設」介護と比べて「別居」や「同居」での在宅介護は離職リスクが高いといえるのかを推計している。

　なお、利用できる介護保険サービスは要介護認定に基づいているため、ここでは要介護度（自立・要支援をベンチマーク[5]）をコントロール変数として投入している。また、認知症については前章と同じく、最も介護負担が重く、その意味でサービスのニーズが高いと予想される昼夜逆転の有無をコントロール変数とする。

　その他のコントロール変数は前章までと同じであり、性別、本人年齢（連続変数）、最終学歴、介護期間、現職雇用形態、現職種、現在の仕事が好きである度合い、希望どおりに休暇を取りやすいか否か、1日の就業時間、仕事がある日の介護時間である。

　まず、コントロール変数をみると、最終学歴が大学・大学院卒は離職リスクが高く、また1日の就業時間が長いほど離職リスクは高まること、反対に現在の仕事が好きである場合や休暇を取りやすい職場である場合には離職リスクが低下することを示している。前章までの結果と同じである。

　その上で、本題である介護サービスの時間的ミスマッチと主観的離職リスクの関連性をみると、やはりミスマッチがある場合に離職リスクは高くなることを確認できる。施設介護か在宅介護かは離職リスクと関連性があるとはいえない。つまり、在宅介護であっても不便なくサービスを利用できていれば、施設介護と変わらず介護離職リスクを回避できるといえる。

5　カテゴリ変数は、各カテゴリのサンプルサイズを確保するため、いくつかのカテゴリを統合する。特別養護老人ホームの入所要件が要介護3以上の認定を必要とするという制度的背景を踏まえて要介護「3」「4」「5」を一括りにし、要介護「1」「2」と要支援「1」「2」を一括りにしている。「不明」は第6-4-3図の「わからない」である。

第 6-4-4 表　主観的介護離職リスクの規定要因
―介護サービスの時間的ミスマッチと短時間勤務ニーズの関係―

被説明変数	主観的介護離職リスク （続けられない =1，続けられる・わからない =0）								
	推計 1			推計 2			推計 3		
	係数値	標準誤差	オッズ比	係数値	標準誤差	オッズ比	係数値	標準誤差	オッズ比
性別（男性 =1, 女性 =0）	-.609	.362	.544	-.516	.365	.597	-.358	.395	.699
本人年齢	.000	.016	1.000	.004	.017	1.004	.004	.019	1.004
介護期間	.038	.042	1.039	.037	.042	1.038	.023	.046	1.023
最終学歴（BM: 中学・高校卒）									
短大・専門卒	.490	.466	1.633	.480	.468	1.616	.595	.498	1.814
大学・大学院卒	.964	.432	2.621 *	.948	.438	2.579 *	.747	.481	2.110
現職雇用形態 （正規 =1, 非正規 =0）	-.172	.382	.842	-.124	.382	.883	-.050	.430	.951
現職種（BM: 事務）									
専門・管理	-.237	.431	.789	-.153	.435	.858	-.119	.480	.888
販売・サービス	-.774	.473	.461	-.695	.478	.499	-.391	.525	.677
現業	-.225	.420	.799	-.205	.422	.815	-.086	.461	.918
現在の仕事が好き	-.360	.169	.698 *	-.344	.170	.709 *	-.307	.191	.736
希望どおりに休暇を取れる （該当有無）	-.937	.324	.392 **	-.909	.327	.403 **	-.650	.360	.522
1 日の就業時間（残業含む）	.163	.064	1.177 *	.142	.064	1.153 *	.096	.074	1.100
仕事がある日の介護時間	.011	.088	1.012	-.053	.099	.948	-.112	.107	.894
要介護認定（BM: 自立・要支援）									
要介護 1・2	-.292	.496	.747	-.344	.504	.709	-.240	.567	.787
要介護 3・4・5	.108	.466	1.114	.039	.472	1.040	.350	.535	1.419
未認定・不明	.855	.561	2.351	.969	.573	2.635	1.343	.626	3.831 *
認知症による昼夜逆転 （BM：認知症なし）									
昼夜逆転あり	-1.218	1.091	.296	-1.479	1.108	.228	-1.600	1.117	.202
昼夜逆転なし	.194	.321	1.214	.118	.323	1.126	-.139	.359	.870
同別居（BM: 施設）									
同居	.950	.487	2.585	.888	.495	2.430	1.053	.553	2.867
別居	.592	.514	1.807	.599	.518	1.820	.751	.581	2.119
介護サービスの 時間的ミスマッチ有無	.851	.351	2.342 *	.645	.363	1.906	.416	.399	1.515
介護による健康状態悪化 （BM: なし）									
介護疲労あり	—			.685	.415	1.984	.428	.449	1.534
介護による傷病あり	—			1.282	.486	3.605 **	.836	.549	2.307
短時間勤務の必要性有無	—			—			.918	.365	2.505 *
定数	-3.074	1.367	.046 *	-3.726	1.444	.024 *	-3.944	1.617	.019 *
χ 2 乗値	47.779 **			55.019 **			45.542 **		
自由度	21			23			24		
N	597			597			515		

分析方法：二項ロジスティック回帰分析
有無はそれぞれ「あり」= 1，「なし」=0
** p ＜ 01　　* p ＜ .05
資料）労働政策研究・研修機構「家族の介護と就業に関する調査」（2019 年）
筆者作成

注目したいのは、1日の就業時間と仕事がある日の介護時間という生活時間配分の問題にかかわる変数をコントロールしても、介護サービスの時間的ミスマッチがある場合は離職リスクが高まることである。介護サービスの利用時間の利便性と介護者の就業時間の長さは別の問題であることを推計結果は示唆している。この推計結果が示唆する介護サービスの利用時間の問題には、生活時間配分とは別の要因が含まれているといえる。そのことを裏付けているのが、推計2である。

　推計2は推計1に第6-4-2表でみた介護による健康状態悪化の変数を追加投入している。ベンチマークは（介護による健康状態悪化）「なし」であり、これに比べて「介護による傷病あり」の場合に離職リスクは高くなる。そして、介護サービスの時間的ミスマッチの有無は推計2では有意でない。つまり、推計1の介護サービスの時間的ミスマッチの問題と離職リスクの関係は、介護による傷病を媒介とした間接的な関連性であるといえる。

　最後に推計3として、両立支援ニーズを表す短時間勤務の必要性有無（あり =1、なし =0）を追加投入すると、前章の分析と同様、介護による健康状態悪化の効果は有意でなくなり、短時間勤務が必要である場合に離職リスクが高いという結果になる。

第5節　考察：介護の再家族化に対応した両立支援

　政府による「介護離職ゼロ」は、介護の脱家族化（社会化）をいっそう推進する方針を表明しているようにみえる。だが、少子高齢化の趨勢を踏まえるなら、介護保険サービスの供給制約は今後増していき、介護の脱家族化とは反対に介護の再家族化が起きる可能性がある。

　そのような高齢者介護政策の動向を視野に入れて、介護サービスの供給制約と介護離職の関連性を分析し、その観点から重要な両立支援のあり方を検討した。分析結果は以下のように要約することができる。

1)　施設介護か在宅介護かは主観的な介護離職リスクとは関連性がない。在宅介護であっても介護者の生活と介護サービスの時間的なミスマッチがなければ主観的介護離職リスクは低下する。

2)　介護による傷病がある場合には、介護者の生活と介護サービスの時間的なミスマッチが問題になる割合が高くなる。

3)　介護者の健康管理のための短時間勤務は、介護サービスの時間的ミスマッチとの関係でも主観的介護離職リスクを下げることにつながる。

　介護保険制度による介護の脱家族化は、家族介護の大部分を社会的サービスで代替しようとするものではなく、その程度は利用するサービスによって相対的である。その中で最も脱家族化の度合いが高いのは、特別養護老人ホームに代表される施設介護である。そのため、施設介護を利用できることが、仕事と介護の両立問題を解決する重要な手段のように思われているところがある[6]。

　しかしながら、介護離職の防止という観点においては施設介護の利用の可否がそれほど重要とはいえないことを本章の分析結果は示唆している。在宅介護であっても、介護者のニーズに合う介護サービスを利用できていれば介護離職を回避できる可能性が高い。在宅限界点の向上と介護離職の防止を可能にする在宅介護サービスのあり方を検討した三菱 UFJ リサーチ＆コンサルティング（2018a）の知見と整合的な結果が本章でも示された。

　ただし、そのような介護サービスを必要とする理由は、仕事と介護の生活時間配分の問題ではなく健康問題にあるというところが、本章の分析結果の重要なポイントである。介護サービスの供給制約は、介護による傷病のリスクを高める。そのことが介護離職のリスクにつながっている。

　前章では、この健康問題による介護離職を回避する手段としての短時間勤務のニーズがあることが明らかになっていた。加えて、本章の分析結果は、この健康問題が、介護の再家族化という文脈において今後検討を重ねるべき重要な論点になりうることを示唆している。

　以上の知見を介護離職の構造という問題意識に沿って図にすると、第6-5-1 図のようになる。グレーのボックスが介護領域の制度的構造として本章の検討課題であった介護の脱家族化を担う介護サービスの問題である。「在宅介護か施設介護か」という問題は離職リスクには直接的には関係して

6　厚生労働省雇用均等・児童家庭局（2015）でも、介護休業の分割取得のあり方を検討する際に、介護の途中で在宅介護から施設介護に移行する必要が生じうることを想定している。

第 6-5-1 図　介護サービスの供給制約に対応した両立支援の課題に関する相関図

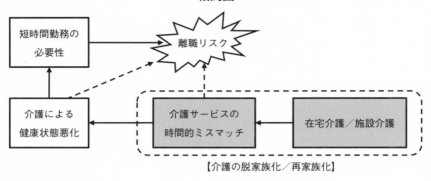

【介護の脱家族化／再家族化】

筆者作成

いない。だが、施設介護より在宅介護、また在宅介護の中でも別居より同居の方が（介護者の生活と）介護サービスの時間的ミスマッチが起こりすい。そのことが離職リスクとつながっている。ただし、この時間的ミスマッチも、生活時間配分の問題として離職に直接つながっているわけではなく、介護による健康状態悪化という問題を介して離職リスクを高めている。そのような意味で、「介護サービスの時間的ミスマッチ」から「離職リスク」への矢印は点線で示し、「介護による健康状態悪化」への矢印を実線で示している。このような介護離職の関係的構造を描くことができる。そして、育児・介護休業法という仕事領域の制度的構造との接点としては、ここでも、短時間勤務が必要とされている。そのような構造として描くことができる。

　介護離職をゼロに近づけていくためには、これまで生活時間配分の観点から問題にされてきた介護保険サービスと短時間勤務の関係を、介護者の健康管理の観点からとらえ直すことが重要であるといえる。介護による健康状態悪化は、それだけ重要な問題であることを本章の分析結果は示唆している。

「望ましい介護」と仕事の両立
——介護方針の多様化と介護離職

第 1 節　はじめに：介護主体と介護方針

　育児・介護休業法は介護離職を直接的に防止する施策を企業に求める法政策であるが、介護離職には企業外の様々な要因が関係している。

　介護領域の制度的構造としては、介護の脱家族化（社会化）を目指してつくられた介護保険制度による介護サービス（介護保険サービス）がどの程度家族介護を代替し得るかが企業による両立支援の必要性を規定している面がある。この介護の脱家族化と再家族化の問題は、誰が介護を担うのかという介護の担い手（介護主体）に焦点を当てている。だが、これとは別にどのように介護をするのかという「介護方針」（平山　2014; 2017）の問題にも目を向ける必要がある。本章では、介護離職に関係する介護領域の関係的構造として、この介護方針を取り上げる。

　春日（2001）が指摘しているように、伝統的な日本の介護規範においては、重い要介護状態の高齢者に対して付きっ切りで献身的な介護を行うことが、望ましい介護のあり方とされていた。そのような負担の重い介護を家族だけが担うことは現実的ではないという問題意識が介護保険制度にはある（池田省三　2002）。加えて、近年は、家族が介護を担う場合も、献身的な介護は必ずしも望ましくないという考え方が目立ち始めている（平山　2014; 2017）。

　要介護状態にあるという意味で依存状態にあるとはいっても、まだ自分でできることがあり、相対的に自立した身体機能を維持している場合にはその自立性を重視したケアが重要という考え方が目立つようになっている。そのような新しい介護方針を労働政策研究・研修機構（2020b）では「自立重視的介護」と呼び[1]、伝統的な「献身的介護」と対置させて分析した。本章で

1　平山（2014; 2017）は「ミニマムケア」と呼んでいるが、ミニマムという表現は行うべき介護の方向性は同じで、ケアの総量を最低限に留めるという意味合いになる。この場合、実証研究の

は、介護領域の関係的構造として、この介護方針を取り上げ、介護離職との関係を分析する[2]。

　これに先立つ分析として、労働政策研究・研修機構（2020b）と池田（2021b）では、短時間勤務のニーズと介護方針の関係を検討した。分析結果は、献身的な介護方針が短時間勤務のニーズを高めているが、働く介護者全体に占める割合は要介護者の自立重視の方が多く、そのことが短時間勤務のニーズを下げていることを示唆している。同じように、自立重視的介護の広がりによって、介護の再家族化が進んでも、家族介護者が離職するほどの重い介護負担を負わない可能性を考えることができるだろう。

　しかしながら、献身的か自立重視かは要介護状態の重さと関係していることにも留意する必要がある（労働政策研究・研修機構　2020b）。要介護状態がまだ重くない状態では自立重視であっても、要介護状態が重くなれば、献身的に介護をする必要が生じるに違いない。これにより介護離職のリスクが高まるのなら、軽度の要介護状態における介護方針がどうあれ、いずれ献身的な介護が必要になって介護離職のリスクが高まるという結果は同じということになる。したがって、介護方針の多様化が介護離職者を減らすことにつながるといえるためには、要介護者の自立を重視する介護方針の背景をもう少し詳しく検討する必要がある。

　このような問題意識で、介護方針の多様化にともなう介護離職の関係的構造を明らかにし、これに対応する両立支援ニーズを明らかにすることで、制度的構造としての育児・介護休業法の課題を明らかにしたい。

　変数として用いる概念としては、最低限の基準を定義する必要がある。一方、自立重視／献身的は介護の方向性が違うという意味合いになる。同じデータを用いる本章でも自立重視／献身的の概念で議論することにする。なお、平山（2014; 2017）は介護方針をジェンダーと結びつけて事例分析を行っていたが、労働政策研究・研修機構（2020b）のデータは平山の想定と整合していなかった。つまり、誰がどのような介護方針をもっているのかという介護主体と介護方針の関係について改めて検討する必要がある。

2　介護方針は規範的パターンとして人々の行為を導くという意味では、制度的構造に近い性質をもっているが、育児・介護休業法や介護保険制度のような政策的な制度とは区別される。相互行為の中に見出される規範という意味で、本書では関係的構造に位置づけている。

第 2 節　先行研究：女性の介護と男性の介護

1 女性による献身的介護

　介護というケアの原型が献身的介護にあるという実態は、これまでの章でも参照した春日（2001）において多角的に考察されている。

　春日（2001）は、「在宅介護とは、大きな犠牲と献身を介護者に強いる労働である」（春日　2001, p.121）と端的に述べる。その分析は 2000 年に介護保険制度が施行される前の調査にもとづいているが、それだけに介護保険制度は、どのような高齢者介護を脱家族化しようとしたのか、その原点ともいえる家族介護の実態がよく分かる。その観点から、春日（2001）に依拠して、介護に求められる献身性を整理しておきたい。

　春日（2001）によれば、介護の献身性は女性のケア役割と不可分である。とりわけ「嫁」（息子の妻）の立場にある女性に献身を求める規範は強い。

　　嫁は自己決定をすることを制度的に許されてこなかった。だから、人びとが嫁として十分尽くしたと納得するまで頑張るしかない。なが年つれそった老妻さえも、夫への愛だけでなく嫁としての気兼ねが入りこむ。

　　　　　　　　　　　　　　　　　　　　　　　　（春日　2001, p.126）

　春日（2001）は女性の就業を考察の対象に含めていない。だが、「外では『管理職』、うちでは『嫁』」（春日　2001, p.127）といった形で女性が就業している場合でも献身的介護から逃れられないことを指摘している。

　一方、「娘は実家においては、嫁よりも個人として生きることが許されてきた。その分、自己裁量権を持っている」（春日　2001, p.126）という。家族の介護を担う動機は「愛情」と「義務」の 2 つに大別されて議論されることが多い。C. Ungerson（1987）は男性は愛情、女性は義務から介護を担う傾向にあるとしているが、女性の中でも「嫁は義務、娘は愛情」という違いがあることを春日（2001）から読み取ることができる。しかし、娘による愛情にもとづく介護が「大きな犠牲と献身」を強いることがないとはいえない。

　春日（2001）は老親介護を担う娘の負担を「愛情のパラドクス」と呼んで

以下のように解説する。少し長いが引用しよう。

　　介護が役割を果たさねばならないという義務感のみで引き受けられたの
　ではなく、自己の選択的自由意志によって提供される場合、「親への気遣
　い」といった愛情行為が持続されるためには、「自分のペース（主導性）」
　「自分（自身を維持するため）の世界（時間・空間）」が必要条件である。
　しかしながら、介護とは要介護者にとって必要な具体的世話をすること以
　上に、そばに付き添い見守るという側面を、仕事の性格として持ってい
　る。したがって、とりわけ代替要員がいない家族介護という仕事では、世
　話をする側とされる側がその関係にのみ閉じこめられ、介護者は自分の時
　間と自由時間を持つことを奪われ、それによって「愛情」のよって立つ根
　元そのものが蝕まれ、ついにはそれが涸れ尽くすという事態が生じてく
　る。介護という仕事の生活そのもののなかにそういう関係を生み出す芽が
　はらまれているのである。（春日　2001, pp.152-153）

　つまり、愛情にせよ義務にせよ、介護という行為は犠牲と献身を家族に強
いる。春日（2001）は親と同居をして介護をする娘の事例にもとづいてこの
指摘をしているが、同居家族の女性に求められる「犠牲と献身」から「娘」
も「嫁」も逃れることができない関係性が家族介護には内包されている。
　春日（2001）の指摘は、介護保険制度が2000年に始まる前の家族介護の
実態を調査した結果にもとづいている。「介護においては、子世代が親世代
を、女が男を看とるという、世代別分業、性別分業を維持しながらという余
裕を家族はもはや持てなくなっている」（春日　2001, p.135）という指摘は、
介護保険制度による介護の社会化（脱家族化）の意義を説く池田省三（2002）
の主張と共鳴する。日本社会は女性の家族愛や義務感に依存し続けることを
良しとせず、介護保険制度という形で新しい高齢者介護体制の構築を試みて
きたといえる。
　しかし、家族という親密な関係において介護が「犠牲と献身」を求めるも
のでなくなっているかは介護保険サービスの利用とは別の問題である。介護
という言葉は同じであっても、家族介護と介護保険サービスでは社会的に期

待される介護のあり方が異なるだろう。

介護には、家族のケアという意味で、育児と同類のコミットメントを求める側面がある。再び春日（2001）を引用するなら、介護もまた育児と同じく「共感性」「配慮性」「献身性」といった能力が要求され、それは「『母性』を担う女性の特性とみなされてきたものである」という（春日 2001, p.41）。介護というケアのモデルとして育児が参照されており、育児において献身的ケアが必要であるように介護においても女性による献身的なケアが求められる、そのような社会的規範がある。そして、この母親モデルのケア規範が、夫や息子という男性を介護から遠ざけている面がある（春日 2001, pp.43-47）。

母親が育児をするように、という形で女性という介護主体と献身的介護という介護方針が分かちがたく結びついているといえる。

2 男性の介護方針

女性が献身的介護の重い負担に悩む一方で、男性は介護の献身性を受け入れないことが問題にされてきた。そもそも女性に任せっきりで男性は介護をしないという問題もあるが、男性が介護を担う場合でも、女性のように献身性を引き受けることはしないという問題が指摘されている。

その理由として、「男性は仕事」という性別役割のもとで社会化されていること、介護の中でも身体接触をともなう行為に抵抗感を持ちやすいこと、自分が生まれ育った定位家族の老親より結婚してつくった生殖家族での妻と子どもに対する責任が優先される傾向にあることが挙げられている（春日 2001, p.47）。

「男性は仕事」の価値規範については、介護を仕事の延長でとらえる傾向が男性にみられることが指摘されている。たとえば、夫婦がともに配偶者の介護をする状況になったとき、女性は「育児期の親子モデル」を夫の介護にも適用するが、男性は「以前の仕事場面でのやり方を踏襲していく傾向がみられる」（春日 2001, p.23）。そのような Lambert（1991）の知見を引用し、日本の男性介護者にも同様の傾向がみられるという。また、津止・斎藤（2007）は男性介護者において家事の苦労が目立つことを指摘し、それまで

ほとんど家事をしてこなかった男性が、介護を機に家事と介護をすべて担うことになるという急激な生活の変化への適応を迫られる実態を報告している。

　身体接触をともなう介護への抵抗感は、津止・斎藤（2007）が具体的に指摘しており、介護の中で困っていることとして「入浴介助」と「排泄介助」を挙げる男性が目立って多いこと、加えて「洗髪」や「身体の清拭」を挙げる人も多いという調査結果を示し、妻を介護する夫より、親を介護する息子の方がその抵抗感は強いことを指摘する（津止・斎藤　2007, pp.57-58）。

　春日（2001）は、こうした身体接触への抵抗感が、母親と息子の関係で顕在化しやすい理由を、息子は介護を通じて、それまで女性として意識されなかった母親の身体に女性性を感じるからだという。そのことの戸惑いを母親も関知し、息子から介護を受けることに羞恥心を持つようになる。そうして息子の介護への関与は低くなっていくと説明する（春日　2001, pp.45-46）。

　さらに、息子には老親より妻子を庇護する責任があるという「夫婦家族」の規範は、母親と息子の愛情の交流を抑制するよう働いている[3]。加えて、息子は自分の母親の介護を妻に代替させることもできるという夫優位の夫婦関係が息子を老親介護から遠ざけているという（春日　2001, pp.46-47）。

　端的にいって、男性は介護をしたがらない。そして、介護をする場合も女性に比べると献身的ではない。身体接触に抵抗感を持ったり、仕事でそうするように外部サービスに委託できるものは委託したりして、男性介護者は要介護者と距離をとる。しかし、そのような男性を批判するのではなく、男性による介護を前向きにとらえる研究もみられる。

　津止・斎藤（2007）は男性介護者の声に耳を傾け、女性介護者とは異なる社会的支援が必要な存在として男性介護者に焦点を当てる。そして、前述の身体接触の問題についても「定型化された規則的な介護行為にかぎらず、ジェンダーと身体接触という問題をめぐって、家族介護と専門職との役割分担の有り様についても、現実を踏まえた具体化がなされる必要がある」（津

3　C. Ungerson（1987）は、イギリスの介護者の事例研究から、女性は義務、男性は愛情から介護をする傾向があることを指摘するが、その事例において、男性が愛情を向けるのはもっぱら配偶者である。

止・斎藤 2007, p.58）という問題提起を行っている。

斎藤（2015）は、仕事との関係について「職場に自分の介護を隠し続けるのではなく、介護しながら働き続けられる新しい企業風土を、男性自身がつくっていけるだろうか」（斎藤 2015, p.45）という問題提起もしている。また、地域社会において男性介護者をつなぐ取組みは「介護者支援を含む新しい介護・政治システムを構築するための活動拠点としての役割を担いつつある」（斎藤 2015, p.45）ともいう[4]。仕事と家庭の関係でいえば、男性は仕事が生活の中心にあり、公私でいえば、職場は「公」に当たる。公的領域の中心にいる男性が、家庭という私的領域で介護を担うことが、企業や政治システムという公的な社会空間が変わっていくことにつながるという期待が込められた指摘であるといえる。

ミクロな家族関係においても、要介護者と距離をとる男性介護者の姿勢に理解を示す議論が出てきている。男性は介護をしていないのではなく、望ましい介護方針が男性と女性では違うというのである。

平山（2014; 2017）は、男性による老親介護（息子介護）の分析から、「もうこれ以上は自分だけでは無理だと思うぎりぎりのところまで手を出さない」（平山 2014, p.184）という介護方針が息子介護では目立つことを指摘し、手助けを最小限にとどめる介護を「ミニマムケア」と呼んでいる。

その目的は「親の心身の機能をできるだけたくさん、そしてできるだけ長く維持したいからである」（平山 2014, p.184）。反対に、事例として紹介されている息子の姉妹や妻は要介護者に不自由がないよう最初から手助けをする。その実態は春日（2001）が描く献身的な家族介護に近い。だが、「ミニマムケア」の立場からみると、それは「過剰なケア」だという（平山 2014 p.184）。

留意したいのは、この「ミニマムケア」は決して手抜きや楽をしているのではなく、「親をできる限り長く自立させておく」（平山 2014, p.184）という規範意識に沿っていることである。それゆえ、「ミニマムケア」と「過剰なケア」の間で「良い介護」をめぐる衝突が家族の中で起こる（平山 2014,

---

4　津止と斎藤は 2009 年に「男性介護者と支援者の全国ネットワーク」（略称、男性介護ネット）を設立しているが、男性介護者の団体やつどいは全国で 100 を超えている（斎藤 2015）。

pp.187-192)。のみならず、専門家の間でも「一時的かつ最小限のケア」と
「常に寄り添うケア」の間で望ましいケアのあり方について論争が起きてい
るという[5]（平山 2017, pp.89-90）。

このように男性介護者の増加という形で介護の担い手（介護主体）が多様
化すると、どのように介護をするかという介護方針も多様化する。しかし、
介護研究は仕事と介護の両立という問題について踏み込んだ考察を加えるこ
とはしていない。

もちろん男性介護者への着眼は、必然的に仕事をしながら介護をするとい
う状況を視野に入れることになる。実際、男性介護者を対象にした研究は当
事者の働き方や同僚との関係にも目を向けている。しかし、そこから企業の
人事労務管理や労働政策の問題について専門的な議論を展開するようなこと
はしていない。そのため、介護方針の多様化という問題が介護離職という問
題とどのようにつながっているかは、男性介護者研究でも明らかではない。

そこで、労働問題として、介護方針の多様化が介護離職とどのような関係
にあるのか、以下で改めて検討したい。

第3節　分析課題：自立／依存の相対性と仕事との関係

1　介護主体と介護方針の非一貫性

介護研究は女性を対象として発展してきた。そこには、女性が置かれてい
る社会的立場への批判が含まれている。つまり、介護という行為は女性とい
う主体と不可分であり、裏返して、女性ではない男性は介護をしない主体と
して問題にされてきた。

前節で取り上げた春日（2001）も例外ではなく、女性を介護に向かわせる
社会的諸力と男性を介護から遠ざける社会的諸力を考察している。そして、
女性が介護を担うという意味では、それが家族介護ではなくホームヘルパー
のような介護労働者であっても同じであることを指摘する。介護の脱家族化

5　平山（2014; 2017）の議論は「親が本当に手助けを必要とするようなとき以外は親の生活にか
　　かわらない」（平山 2014, p.192）というアメリカの男性介護者を対象とした Matthews（2002）
　　の議論を参照しているが、平山（2017）はアメリカにおいても論争があることを紹介している。

と再家族化も女性の中の介護分担の問題であり、その状況は、介護の脱家族化の先進国であるスウェーデンでも変わらない（春日 2001, p.34）。

　一方、津止・斎藤（2007）や平山（2014; 2017）による男性介護者への着眼は、介護という行為と男性という介護主体のねじれを浮き彫りにする。このねじれから生まれてきたのが、「ミニマムケア」という新しい介護方針である。この概念を提唱した平山（2014; 2017）の男性介護者（正確にいえば、老親を介護する息子）の分析は、春日（2001）の描いた前述の女性による献身的介護と対を成す男性介護の論理を明らかにしている。

　もちろん、それは男性にとって都合の良い自己正当化に過ぎないという批判はあり得る。平山自身、「ミニマムケア」が望ましい介護のあり方だという立場はとっていない。女性の行う献身的介護が本来の介護であるなら、男性によるミニマムケアは邪道・亜流ということになる。しかし、平山（2017）は、女性においても「ミニマムケア」を良いことだという声があることを当惑しながら報告する。そうであるなら、誰が介護をするのかという介護主体の問題とどのように介護をするのかという介護方針の問題を一度切り離して考えてみる必要があるだろう。

　従来の介護研究は、介護の献身性を前提に、その献身的な介護を誰が担うのか、具体的には、女性だけが担うのか、家族だけが担うのか、女性だけでなく男性も担うようになっているのか、家族介護をサービスで代替できるようになっているのかという形で介護主体に焦点を当てて議論してきた。本書のテーマである介護離職という問題も、たとえば介護保険制度や家族との関係に関心を向けてきたが、それは離職を回避するために労働者が担う介護を誰が代替できるのかという介護主体に関する問いであった。

　しかしながら、介護の献身性が自明でないなら、介護主体の問題とは別に、介護方針の違いによる介護離職リスクの違いを考察する必要がある。介護を代替する者がいなくても、それほど介護に手をかけないなら離職するようなことにはならないだろう。そのような仮説を考えることができる。そのようにして、介護離職を回避することが介護そのものの問題として望ましいかという問題とは別に、介護方針の違いによって介護離職リスクや両立支援ニーズに違いがあるなら、労働政策研究として、その違いは押さえておく必

要がある。

　そのような問題意識で、労働政策研究・研修機構（2020b）や池田（2021b）は、自立重視の介護方針は短時間勤務のニーズを抑制することを示唆しているが、短時間勤務は所定の勤務時間を1〜2時間短縮することが一般的である。自立重視の介護者は、その1〜2時間の就業時間を削って介護に時間を割くようなことはしないといえる。つまり、仕事か介護かの二者択一的状況で介護を選択しない可能性がある。そうであるなら、離職などもってのほかということになるに違いない。

　このように介護主体と介護方針を切り離してみると介護方針の非一貫性という問題が浮上してくる。

　献身的介護を女性という主体に結びつけ、「ミニマムケア」を男性という主体に結びつけた場合、それはジェンダー化された行動様式として、1人の介護者の中で一貫している。つまり、男女それぞれにおいて、介護方針が多様であることは想定しにくい。たとえば、男性は職業的労働で身につけた行動様式を介護にも持ち込み、女性は育児と同じ行動様式を高齢者介護にも持ち込むという前述の春日（2001）やLambert（1991）の指摘は、男性と女性それぞれに固有の行動様式が介護方針においても一貫している可能性を示唆している。

　しかしながら、介護主体と介護方針を一度切り離してみると、男性が献身的であり、女性が自立重視であるという可能性も視野に入ってくる。ジェンダーと介護方針の非一貫性である。

　主として家事・育児を念頭に置いて似たような問題設定をしているのが、Hakim（2000）の選好理論である。Hakim（2000）は、現代女性の職業キャリアが多様化し、一括りにできなくなっている状況を仕事と家庭をめぐる選好（preference）の違いによって説明する。つまり、男性にも女性にも仕事中心（work-centered）、家庭中心（home-centered）、適応的（adaptive）の3つの選好があり、仕事中心の選好の持ち主は、女性であっても仕事中心のキャリアを歩むとした。

　結果的にHakim（2000）の議論は、仕事中心は男性に多いという男女の選好の違いによって男女のキャリアの違いを説明することになり、ジェン

ダーステレオタイプを支持するような結論になってしまっている。だが、同じ論理を本章の介護方針にも応用することはできるだろう。つまり、女性の中にも（男性的な）自立重視的介護者がいる一方で、男性の中にも（女性的な）献身的介護者はいるという非一貫性を想定することはできる[6]。実際、労働政策研究・研修機構（2020b）のいう「自立重視的介護」は「ミニマムケア」に近いが、男性より女性の方が自立重視の割合は高い。つまり、女性は献身的で男性は自立重視とは一概にいえなくなっている可能性がある。

　もちろん今日でも介護者の多くは女性であり、介護離職者も女性の方が多い。その意味で、重い介護役割を担っているのは男性より女性である。しかし、男性が女性に求められる献身的な介護規範に過剰適応することもあれば、反対に、女性は献身的な役割から距離を取るために要介護者の自立を重視するということもあるだろう。また、男女に期待される介護の献身性に違いがあるなら、女性は「自立重視」といっても男性よりは多くの時間と労力を介護に費やし、男性は「献身的」といってもそれほど介護に時間と労力を費やしていない可能性もある。つまり、男女に求められる介護役割が変わらなかったとしても、その役割規範に対する個々人の態度は多様化している可能性を考えることができる。

2　介護を必要とする程度の相対性

　もう 1 つ、これは Hakim（2000）も想定していなかったことだが、1 人の個人の中でも状況によって介護方針が変化するという非一貫性を考えることができる。

　Hakim（2000）のいう選好は、1 人の人の中で変化するという柔軟性・可塑性を想定していない。だが、介護方針については、そこまで強固なものではない可能性も考えることができる。はじめに言及したように、要介護状態の重さによって介護方針は変化する可能性があるからである。時間の経過とともに要介護状態が悪化するなら、最初は自立重視であっても後に献身的になるという変化が起きても不思議ではない。反対に、リハビリによって快復

6　平山（2014）も、男性の方が献身的になることがあるという事例を紹介しており、男女の介護方針の違いに非一貫性が生じることも示唆している。

する症状であれば、時間の経過にともなって献身的である必要はなくなり、自立重視へと変化するだろう。

　そもそも春日（2001）が「在宅介護は大きな犠牲と献身を強いる」といった状況は、非常に重い要介護状態を念頭に置いている。そこで紹介されている事例は、午前5時に起床して朝食の準備や掃除・洗濯等の家事をした後、午前9時か9時半に認知症の要介護者である義母が起床してから午後9時か9時半に就寝するまで、家事をしながら付きっ切りの介護を必要とする。徘徊行動につきそって2時間歩く、食事をしたことを忘れてしまうのでその対応も必要、さらに夜中も幻聴、幻覚、外出癖があるという（春日 2001, pp.121-122）。そこにはミニマムか否かを問う余地も自立重視といって要介護者から距離をとる隙間も見いだせないような印象を受ける。

　一方、平山（2014）が分析している事例の要介護者は比較的軽度であるようにみえる。たとえば、同じく認知症がある場合でも、ふきんを自分で洗うことはできる。多少は洗い方に問題があっても、問題にしないで要介護者である母親のしたいようにやらせる。お茶をいれるときなども、「作業の手順を思い出せずに不思議な行動をとることがあるが、身体機能はしっかりしており」、「母親がよほど危ないことをしない限りは、したいようにさせている」という。これに対して、妹は「母親がおかしなことをしないように、最初から代わりにやってしまう」のだという（平山 2014, pp.189-190）。

　つまり、ミニマムか否か、自立重視か献身的かという介護方針の多様化は、要介護状態が軽度から重度に移行する過程の一過的な問題であり、いずれは献身的に介護せざるを得なくなること、そのときに介護を代替する者がいなければ離職を回避できないという問題は変わらない可能性がある。

　そのように考えれば、労働政策研究・研修機構（2020b）や池田（2021b）が明らかにした介護方針と短時間勤務のニーズの関係も離職回避につながるとはいえないかもしれない。要介護状態がそれほど重くなく、離職の危機を感じていない状態でも、先回りをして介護に時間を費やすために短時間勤務を必要としているような場合、その短時間勤務のニーズは、介護離職とは無関係である可能性がある。

　自立重視の介護方針が要介護者の自立性の維持・回復につながっていない

可能性もある。井口（2007）は、要介護状態が重くなっていく状況でも、介護者は、要介護状態になる前の「正常な人間」像を要介護者の現状の中に見出そうとすることを事例研究から指摘する。たとえば、寝たきりに近い状態になっても「可能な限りオムツを当てずに、ベッドサイドのポータブル・トイレを使って排泄してもらうことや、点滴を避けて普通に食事をとってもらうこと」により、「食事をし、トイレも自分ですませる」ことができるという意味で「正常な人間」像を維持しようとする（井口 2007, p.185）。そのような、本来であれば献身的な介護を必要とする重い要介護状態で、自立重視であるから短時間勤務をしないということがあるなら、そこには議論の余地があるだろう。

　だが、常に重い要介護状態を想定することも、仕事と介護の両立を難しくしてしまう面がある。前述の春日（2001）は介護においても育児と同じような献身性を求められると述べていたが、春日に限らず、ケアを論じるときには強い依存状態が想定される。そこには、Rawls（1971）等の想定する社会の人間像（主体観）が、公的領域（市場や政策決定の場）で活動する男性をモデルに強い自立状態を想定してきたことへの批判があり、その自立批判を通じてケア論は発展してきたという学説史的経緯がある（Kittay 1999; Tronto 2013; 2015）。それゆえに「自立」概念は論争を生みやすい。平山（2017）も「自立・自律とは虚構である」といい、息子介護を論じることを通して「自立と自律のフィクションの解体」を目指しているという。

　しかしながら、時間の経過にともなう要介護状態の変化を前提に考えるなら、自立も依存も相対的である。実際の高齢者介護政策の中心に位置する介護保険制度も要介護状態を相対的に段階づけており、同じ「自立」や「依存」という言葉を使っていても、一番軽い要支援1と一番重い要介護5は、その実態が異なる。したがって介護者が求められる介護負担の重さも相対的である。

　相対的であるということは、どのくらい介護をするのが適切かという最適値は変動するということであり、そこには望ましい介護のあり方をめぐる論争や交渉が生まれ、当事者同士の力関係が入り込む余地がある。その結果として、要介護状態の重さとは別に、介護者が要介護者に献身的にならざるを

得ない理由があれば献身的になる可能性がある。

　その理由として1つ考えられるのは、要介護者と仲が良いという情緒的な結びつきの強さであろう。春日（2001）は女性の老親介護をめぐる家族関係について「都市化すればするほど、夫の親族とは儀礼的な関係にとどめ、情動的な日常のつきあいでは、妻方親族との関係が強まる」（春日 2001, p.121）というが、このような情動的なつきあいの延長にある介護は、その最たる例であろう。祖父母やオジ・オバといった親族の介護を担う場合は、もともと仲の良い関係でないと介護をしないということもあるだろう。

　その一方で、過去に受けた恩に報いるという返礼義務が献身的な介護に向かわせることもあるだろう。典型は、過去の育児期に受けた支援の恩返しとして老親介護を担うという交換関係だろう。日本の家族主義的な福祉政策が想定していた世代間関係である。実際に、前田（1998）は、親との同居が育児期には女性の就業にプラスに作用する一方、同居親が75歳以上になるとマイナスに作用することをデータで示している。過去に受けた恩義から、要介護状態になった高齢者を放っておけないという感覚が献身的な介護方針となり、介護離職につながる、そのような可能性を考えることができる。

　改めて整理すると、仕事と介護の選好、要介護状態の重さ、そして情緒的関係や交換関係といった要介護者との関係が介護方針に関係しており、結果的に介護離職につながっている、そのような仮説を立てることができる。以上の仮説を前章までと同じデータを使って検討してみよう。分析対象は、同じく介護継続者でありかつ介護開始時の勤務先で調査時点に就業している雇用者とする。

第4節　分析結果：自立重視の介護方針と介護離職

1　介護方針と両立支援ニーズ

　早速だが、第7-4-1図に介護方針別の主観的介護離職リスクを示す。

　介護方針に関する変数は以下の質問により把握している。

　質問（Q74）：あなたの要介護者との関わり方は、次のA・Bのどちらに
　　　　　　　近いですか。

第 7-4-1 図　介護方針別　主観的介護離職リスク割合

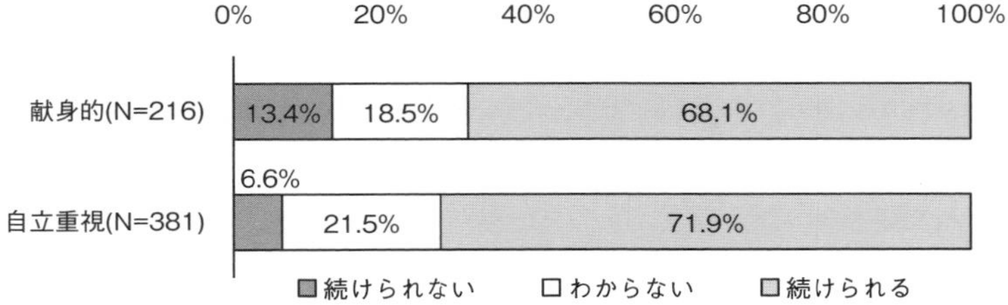

資料）労働政策研究・研修機構「家族の介護と就業に関する調査」（2019 年）
筆者作成

　A：多少でも要介護者に不自由がないように何でも手助けをする
　B：なるべく手助けをしないで要介護者自身にできることは自分でさせ
　　　る

　A が「献身的介護」、B が「自立重視的介護」に相当する[7]。以下では回答
の選択肢のうち「A に近い」と「やや A に近い」を「献身的」として括り、
「B に近い」と「やや B に近い」を「自立重視」として括ることにする。

　第 7-4-1 図の結果をみると、「続けられない」という割合は「献身的」の
方が高い。だが、「続けられる」という割合が「自立重視」で明らかに高い
というわけでもない。「自立重視」は「わからない」と「続けられる」が少
しずつ高いために、結果として「続けられない」が低くなっている。

　また、第 7-4-2 図と第 7-4-3 図に示すが、前章までに主観的離職リスクを
高める要因として析出された「介護サービスの時間的ミスマッチ」や「介護
による健康状態悪化」との関係においても、「献身的」である方がミスマッ
チがある割合や、介護による傷病がある割合は高い。前章では、介護サービ
スの時間的ミスマッチがある場合は介護による傷病がある割合も高いという
関係があることをみた。しかし、その場合の介護サービスの不足感は要介護
者に不自由な思いをさせたくないという介護方針による部分があることを、

7　A の「多少でも要介護者に不自由がないように」に要介護者に常に寄り添う献身性が表れて
　いる。反対に、B は「要介護者自身にできることは自分でさせる」という自立重視の方針を端的
　に示している。また、「何でも手助けをする」と B の「なるべく手助けをしない」を対比させる
　ことで、正反対の立場であることを明示した選択肢になっている。A の「何でも手助けをする」
　は、井口（2007）が介護の特徴の 1 つとしている無限定性を表している。

第 7-4-2 図　介護方針別　介護による健康状態悪化割合

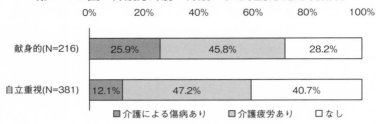

献身的(N=216)　介護による傷病あり 25.9%　介護疲労あり 45.8%　なし 28.2%

自立重視(N=381)　介護による傷病あり 12.1%　介護疲労あり 47.2%　なし 40.7%

■ 介護による傷病あり　■ 介護疲労あり　□ なし

第 7-4-3 図　介護方針別　介護サービスの時間的ミスマッチあり割合

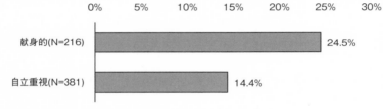

献身的(N=216)　24.5%

自立重視(N=381)　14.4%

資料）労働政策研究・研修機構「家族の介護と就業に関する調査」（2019 年）
筆者作成

第 7-4-1 表　介護方針別　両立支援ニーズ割合

介護のために必要な連続休暇期間

	必要なし	1 週間以内	1 週間超 3 か月以内	3 か月超	N
献身的	38.0%	23.1%	28.2%	10.6%	216
自立重視	51.4%	19.7%	25.2%	3.7%	381

介護のための休暇取得日数

	0 日	5 日以内	6-10 日	11 日以上	N
献身的	48.1%	25.7%	12.1%	14.0%	214
自立重視	46.2%	30.6%	15.6%	7.5%	372

短時間勤務の必要性

	必要なし	していないが 必要ある	短時間勤務 している	N
献身的	54.6%	18.9%	26.5%	185
自立重視	75.5%	13.9%	10.6%	330

資料）労働政策研究・研修機構「家族の介護と就業に関する調査」（2019 年）
筆者作成

ここでの分析結果は示唆している。図表は割愛するが、仕事がある日の介護時間においては「献身的」である場合は平均 1.6 時間（標準偏差 2.2 時間）、自立重視である場合は平均 1.0 時間（標準偏差 1.6 時間）という結果も出ており、献身的な介護にともなう日常的な介護負担の重さがうかがえる。

第 7-4-1 表には介護方針別の両立支援ニーズを示す。介護休業のニーズを表す連続休暇期間は「献身的」の方が「必要なし」の割合は低く、「1 週間以内」「1 週間超 3 か月以内」「3 か月超」のいずれも「献身的」である方が高い。また前章までで介護休業との代替関係を指摘してきた短時間勤務の必要性は下段に示しているが、「献身的」である方が「短時間勤務している」「していないが必要ある」の割合は高い。

一方、中段に示している介護のための休暇取得日数（過去 1 年間に介護のために仕事を休んだ日数）は「献身的」である方が「11 日以上」の割合は高いが、他の日数については「0 日」を含めてあまり差がない。

このように、介護方針を「献身的」と「自立重視」で比較すると、「献身的」である方が主観的介護離職リスクは高く、離職リスクと関連する健康状態悪化割合（傷病あり）、介護サービスの時間的ミスマッチ、介護のために必要な連続休暇期間、短時間勤務の必要性のいずれも高い割合を示している。裏返していえば、「自立重視」は相対的に介護離職のリスクが低い。介護方針の違いが、介護離職を回避するための鍵になっている可能性がある。

この結果を踏まえて、どのような介護者が、献身的もしくは自立重視であるかという問題に目を向けたい。献身的か自立重視かの介護方針が、春日（2001）や平山（2014; 2017）のいうようにジェンダー化された行動様式であるなら、介護方針と介護離職の関係は性別によって決まることになる。だが、本書と同じデータを概略的に分析した労働政策研究・研修機構（2020b）においては春日（2001）や平山（2014; 2017）の想定とは反対に女性の方が自立重視の傾向が強く、男性の方が献身的な傾向を示している。

春日（2001）や平山（2014; 2017）が問題にする介護の献身性や「ミニマムケア」を本書のデータが忠実に再現しているかという問題は引き続きの検討課題とし、ここでは深く立ち入らない。だが、誰が介護をしているか（男性か女性か）という介護主体の問題と、どのように介護をしているか（献身

的か自立重視か）の問題を一度切り離し、介護方針がどのような要因と関連しているか多角的に検討してみることは本書のデータでもできる。

2 介護状況と介護方針

第7-4-4図は、基本属性および基本的な介護状況と介護方針の関係を示している。もともと典型的な介護のあり方は献身的であり、自立重視の方が新しいという背景を踏まるなら、注目すべきは自立重視の割合だろう。

基本属性との関係から確認しよう。「男性」より「女性」、「30代以下」「40代」より「50代」「60代」、「正規雇用」より「非正規雇用」の方が「自立重視」の割合は高い。介護期間との間には明確な関係はみられない。

要介護者との続柄においては、「配偶者」「自分の父母」「配偶者の父母」の間には差がなく、「自分・配偶者の祖父母」「その他の親族」は自立重視の割合が低く、「献身的」な傾向がある。要介護認定における要介護度との関係では、要介護1から5へと要介護状態が重くなるほど「自立重視」の割合は低くなる傾向がみられる。しかし、要介護1・2より要支援1・2の方が「自立重視」はやや低いという結果も示されており、要介護状態の重さだけで説明しきれない面もある。一方、「認知症による昼夜逆転」との関係をみると「認知症なし」に比べて「昼夜逆転あり」は「自立重視」の割合が低い[8]。つまり、認知症の症状が重い場合は、献身的に介護をする割合が高いといえる。要介護者との同別居においては在宅での「別居」の場合に「自立重視」の割合が低くなる。

この結果について、いくつか補足しておきたい。

1つ目は男女差との関係である。男性の方が献身的で女性の方が自立重視であるという結果は、先行研究の知見と矛盾する。だが、ここでの結果は自己評価であるため「献身的」の方が「自立重視」より介護に費やす時間と労力の総量が多いとは限らない。そこで、1日の平均介護時間を男女で比較してみよう。第7-4-5図に結果を示す。

これまで仕事がある日の介護時間に着目してきたが、就業時間の制約がな

8　木下（2019）は認知症介護において要介護者の人生に寄り添うことを重視する規範が家族介護への期待を高めることを事例調査から指摘している。

第 7-4-4 図　基本属性・介護状況別　介護方針割合

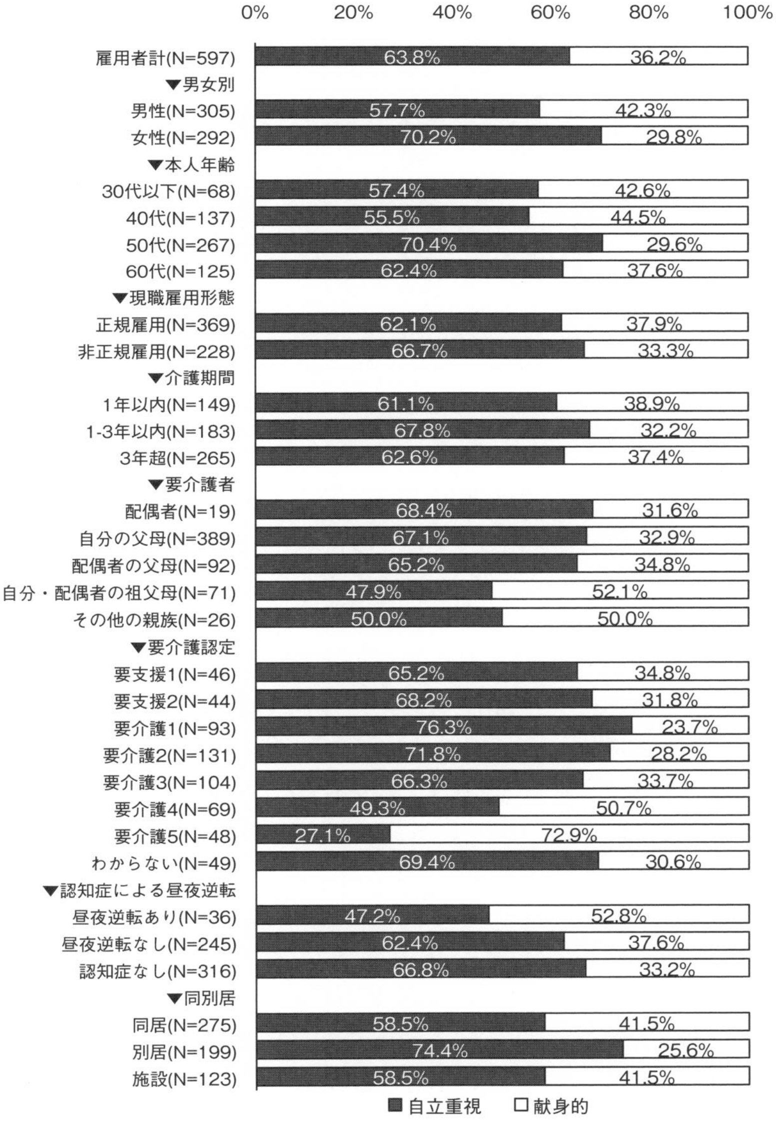

	自立重視	献身的
雇用者計(N=597)	63.8%	36.2%
▼男女別		
男性(N=305)	57.7%	42.3%
女性(N=292)	70.2%	29.8%
▼本人年齢		
30代以下(N=68)	57.4%	42.6%
40代(N=137)	55.5%	44.5%
50代(N=267)	70.4%	29.6%
60代(N=125)	62.4%	37.6%
▼現職雇用形態		
正規雇用(N=369)	62.1%	37.9%
非正規雇用(N=228)	66.7%	33.3%
▼介護期間		
1年以内(N=149)	61.1%	38.9%
1-3年以内(N=183)	67.8%	32.2%
3年超(N=265)	62.6%	37.4%
▼要介護者		
配偶者(N=19)	68.4%	31.6%
自分の父母(N=389)	67.1%	32.9%
配偶者の父母(N=92)	65.2%	34.8%
自分・配偶者の祖父母(N=71)	47.9%	52.1%
その他の親族(N=26)	50.0%	50.0%
▼要介護認定		
要支援1(N=46)	65.2%	34.8%
要支援2(N=44)	68.2%	31.8%
要介護1(N=93)	76.3%	23.7%
要介護2(N=131)	71.8%	28.2%
要介護3(N=104)	66.3%	33.7%
要介護4(N=69)	49.3%	50.7%
要介護5(N=48)	27.1%	72.9%
わからない(N=49)	69.4%	30.6%
▼認知症による昼夜逆転		
昼夜逆転あり(N=36)	47.2%	52.8%
昼夜逆転なし(N=245)	62.4%	37.6%
認知症なし(N=316)	66.8%	33.2%
▼同別居		
同居(N=275)	58.5%	41.5%
別居(N=199)	74.4%	25.6%
施設(N=123)	58.5%	41.5%

資料）労働政策研究・研修機構「家族の介護と就業に関する調査」（2019 年）
筆者作成

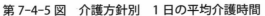

第7-4-5図　介護方針別　1日の平均介護時間

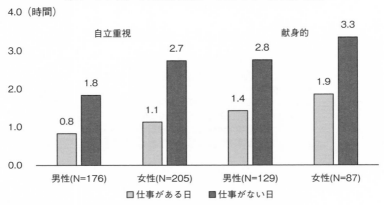

資料）労働政策研究・研修機構「家族の介護と就業に関する調査」（2019年）
筆者作成

い状態で男女どちらが介護に時間を費やしているかを比較するため、仕事が
ない日の平均介護時間も示している。男性同士・女性同士で「献身的」と
「自立重視」を比較すると、仕事がある日もない日も「献身的」である方が
1日の介護時間は長い。しかし、仕事がない日について、男性の「献身的」
と女性の「自立重視」を比較すると、その差はほとんどない。つまり、なる
べく手助けをしないという女性となるべく手助けをするという男性が実際に
行っている介護の物理的な量は同程度である可能性が高い。その意味で、男
性より女性の方が実態として献身的に介護をしている可能性があるといえ
る。その上で、介護をし過ぎないよう抑制する姿勢が「自立重視」の介護方
針になって表れているという見方もできる。

　2つ目は、要介護状態との関係である。要介護認定における要介護度の重
さや認知症の症状は、要介護者の依存度合いの強さを示している。そうした
要介護者の依存度合いが仕事に直接影響する問題として、仕事中に介護のこ
とで呼び出しを受けることがあるということがある。そのことと介護方針の
関係を第7-4-6図に示す。仕事中に介護のことで呼び出しがあるか否かを分
けて介護方針の割合を示しているが、男女とも「呼び出しあり」の場合に
「自立重視」の割合は低くなり、「献身的」の割合が相対的に高くなる。

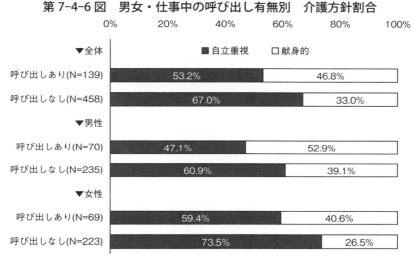

第 7-4-6 図　男女・仕事中の呼び出し有無別　介護方針割合

資料）労働政策研究・研修機構「家族の介護と就業に関する調査」（2019 年）
筆者作成

　3つ目として、同居と別居の関係について補足しておきたい。同居介護を選択すること自体が要介護者にいつでも手助けをできる環境に身を置くということであり、反対に別居しているということは、介護を担いつつも、要介護者と距離を置いた関係を保っていると理解できる面がある。

　その観点から、第 7-4-7 図をみると、同居の介護者は、介護が始まる前から要介護者と仲が良かったという割合が相対的に高い。同じ図に「要介護者に恩があった」という割合も載せているが、これは女性であったら出産・育児期の家事・育児支援、男性の場合も同居による家事支援を想定することができる。だが、この点はあまり同別居の差はない。

　そこで、「要介護者と仲が良かった」という関係に着目して、現在の同別居別に自立重視か献身的かの介護方針割合を第 7-4-8 図で確認してみる。全体の結果からみると、要介護者と仲が良い場合は、「献身的」である割合が40.8％であるのに対し、そうでない場合の「献身的」介護は 33.4％に留まる。その比率は、同居の場合は 48.7％対 36.4％となり、全体の 7.4 ポイント差（40.8％ -33.4％）から 12.3 ポイント差（48.7％ -36.4％）に広がる。別居

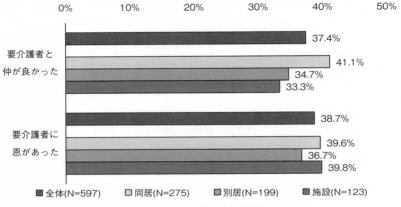

第 7-4-7 図　同別居別　介護開始前の要介護者との関係

資料）労働政策研究・研修機構「家族の介護と就業に関する調査」（2019 年）
筆者作成

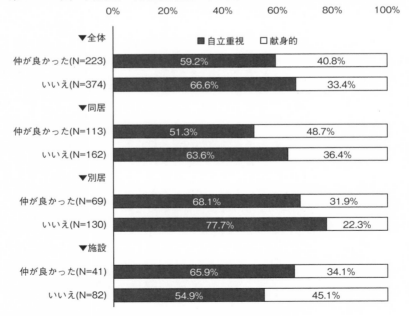

第 7-4-8 図　同別居・介護開始前の要介護者との関係別　介護方針割合

資料）労働政策研究・研修機構「家族の介護と就業に関する調査」（2019 年）
筆者作成

の場合は要介護者と仲が良くても「献身的」である割合は31.9%に留まる。その割合は施設介護の「仲が良かった」（34.1%）と同水準である。別居の場合は、それだけ要介護者と距離を置いていることがうかがえる。反対に、仲の良さという情緒的関係が同居介護の献身性を強めている可能性がある。

　もう1つ、仕事と介護のどちらを重視するかという選好の問題として、同居介護の方が仕事より介護に軸足を置いている割合が高いことを指摘しておきたい[9]。第7-4-9図に結果を示すが、「同居」→「別居」→「施設」の順に「介護重視」の割合が高く、反対に「仕事重視」の割合は「施設」→「別居」→「同居」の順に高い。

　特に在宅介護において、「介護重視」は「献身的」な介護方針の割合が高く、「仕事重視」は「自立重視」の割合が高いことを第7-4-10図で確認できる。「施設」の「介護重視」は10件と極端に少ないため比較できないが、

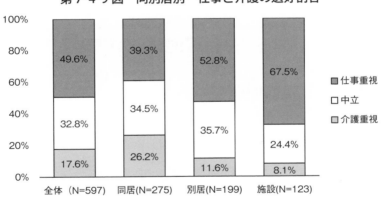

第7-4-9図　同別居別　仕事と介護の選好割合

資料）労働政策研究・研修機構「家族の介護と就業に関する調査」（2019年）
筆者作成

9　調査票Q69の選択肢「仕事はしないで介護に専念する」と「仕事もするが介護を優先する」を「介護重視」、「仕事も介護も同じくらいする」を「中立」、「介護もするが仕事を優先する」「介護をしないで仕事を優先する」を「仕事重視」としている。なお、図表は割愛するが、この仕事と介護に関する選好には統計的に有意な男女差がみられない。介護重視・中立・仕事重視の割合は、それぞれ男性が19.3%・32.8%・47.9%に対して、女性は15.8%・32.9%・51.4%である。「男性は仕事、女性は家庭」という一般的なジェンダー役割意識とは整合しない結果であるが、その背景の詳しい検討は、今後の課題としたい。

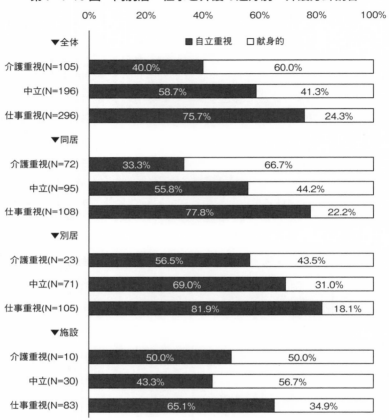

第 7-4-10 図　同別居・仕事と介護の選好別　介護方針割合

資料）労働政策研究・研修機構「家族の介護と就業に関する調査」（2019 年）
筆者作成

「同居」と「別居」はいずれも「介護重視」の方が「献身的」な介護方針の
割合は高く、「仕事重視」の方が「自立重視」の割合が高い。

　このように、介護方針のあり方については、介護者自身が自ら態度を決定
して選択できる側面と、要介護者の状態の強さや要介護者との関係など、自
ら選択できない側面とがあるといえる。前者を強調すれば、介護者は介護離
職を回避するために要介護者と適切な距離を取ることができるという結論に

なるが、そのようには言い切れない事情も、後者の側面からはうかがえる。

3 介護方針と介護離職の規定要因

　ここまでのクロス集計結果を総括するため、多変量解析によって主観的介護離職リスクと介護方針が関連していることを示したうえで、介護方針（献身的か自立重視）の規定要因を分析してみよう。

　労働政策研究・研修機構（2020b）や池田（2021b）では、短時間勤務のニーズに介護方針が関係していることが明らかになっている。その意味では、間接的に介護離職とかかわっていることは予想がつく。

　しかし、両立支援ニーズとの関係を問う前にまずは、介護方針との関連で介護離職の関係的構造を明らかにするための分析を行う。その上で、制度的構造との接点を明らかにするために、介護方針の違いによる介護離職リスクを介護休業や短時間勤務といった両立支援ニーズで説明できるか分析する。

　第7-4-2表に主観的介護離職リスクを被説明変数として介護方針との関係を示した二項ロジスティック回帰分析の結果を示している。推計1は、前章の推計1と同じ説明変数（性別、本人年齢、最終学歴、介護期間、現職雇用形態、現職種、現在の仕事が好きである度合い、希望どおりに休暇を取りやすいか否か、1日の就業時間、仕事がある日の介護時間）に介護方針（自立重視 =1、献身的 =0）を加えている[10]。

　結果をみると、献身的である場合は主観的介護離職リスクが高くなる。オッズ比 .481 は献身的である場合に比べて自立重視の場合には仕事を続けられないと思う確率が 0.481 倍になることを意味する。つまり、主観的介護離職リスクは約半分になる。性別や施設介護、要介護者との続柄の変数は誰が介護をするかという介護主体の問題にかかわるが、それとは別に、どのように介護をするかという介護方針が介護離職と関係していることを、推計1は示唆している。介護離職をゼロに近づけるために、介護主体と介護方針の問題を切り離して考えることが重要であるといえる。

　しかしながら、両立支援ニーズにかかわる変数を追加投入した推計2で

10　伝統的な献身的介護に対して新しい介護のあり方である自立重視と関係のある説明変数がプラスの係数値を示すように変数を作成している。

第7-4-2表 主観的介護離職リスクの規定要因
―介護方針と両立支援ニーズの関係―

被説明変数	主観的介護離職リスク（続けられない =1，続けられる・わからない =0）					
	推計1			推計2		
	係数値	標準誤差	オッズ比	係数値	標準誤差	オッズ比
性別（男性 =1，女性 =0）	-.719	.369	.487	-.566	.406	.568
本人年齢	.003	.017	1.003	.007	.018	1.007
介護期間	.035	.042	1.035	.029	.047	1.029
最終学歴（BM: 中学・高校卒）						
短大・専門卒	.492	.468	1.636	.671	.514	1.956
大学・大学院卒	.931	.435	2.537 *	.826	.495	2.284
現職雇用形態（正規 =1，非正規 =0）	-.156	.385	.856	-.090	.442	.914
現職種（BM: 事務）						
専門・管理	-.071	.442	.931	.026	.491	1.027
販売・サービス	-.680	.476	.506	-.365	.528	.694
現業	-.174	.422	.840	-.098	.466	.906
現在の仕事が好き	-.389	.172	.678 *	-.392	.196	.676 *
希望どおりに休暇を取れる（該当有無）	-.843	.328	.430 *	-.649	.372	.523
1日の就業時間（残業含む）	.169	.066	1.184 *	.114	.075	1.120
仕事がある日の介護時間	-.006	.089	.994	-.112	.102	.894
要介護認定（BM: 自立・要支援）						
要介護1・2	-.268	.497	.765	-.239	.568	.788
要介護3・4・5	.013	.470	1.013	.233	.544	1.262
未認定・不明	.830	.564	2.294	1.517	.634	4.558 *
認知症による昼夜逆転（BM: 認知症なし）						
昼夜逆転あり	-1.396	1.105	.248	-1.489	1.108	.226
昼夜逆転なし	.203	.324	1.225	-.125	.363	.882
同別居（BM: 施設）						
同居	.988	.493	2.685 *	1.157	.559	3.181 *
別居	.687	.522	1.988	.849	.593	2.338
介護サービスの時間的ミスマッチ有無	.803	.354	2.232 *	.436	.397	1.546
介護方針（自立重視 =1，献身的 =0）	-.731	.328	.481 *	-.682	.371	.505
介護のための連続休暇期間（BM: 必要なし）						
1週間以内		—		.523	.502	1.688
1週間超3か月以内		—		.807	.460	2.242
3か月超		—		.834	.647	2.302
短時間勤務の必要性有無				.767	.378	2.153 *
定数	-2.849	1.378	.058 *	-3.688	1.639	.025 *
χ2乗値	52.779 **			50.656 **		
自由度	22			26		
N	597			515		

分析方法：二項ロジスティック回帰分析
有無はそれぞれ「あり」＝ 1，「なし」=0
** p＜0.1　* p＜.05
資料）労働政策研究・研修機構「家族の介護と就業に関する調査」（2019 年）
筆者作成

は、介護方針は有意でなくなっている。代わって短時間勤務の必要性が有意な関連性を示している。短時間勤務の必要性と介護方針の関係は、本書と同じデータを分析した労働政策研究・研修機構（2020b）や池田（2021b）の結果と整合的である。献身的な介護方針は企業が直接介入できる問題ではないが、これによって重くなる介護負担は短時間勤務のニーズという形で企業の人事労務管理と接点を持つといえる。

　ただし、例えば要介護状態が重くなく、介護離職を現実的に感じるほどの重い介護負担ではない状況で自立重視的な介護方針である場合、介護離職リスクと介護方針の関係について、推計結果とは逆の関係も想定しうる。

　そこで、第 7-4-3 表において、介護方針の規定要因を明らかにするための回帰分析を行ってみる。被説明変数は「自立重視」を 1、「献身的」を 0 として、二項ロジスティック回帰分析を行う。伝統的な献身的介護に対して新しい介護のあり方である自立重視と関係のある説明変数がプラスの係数値を示すように変数を作成している。

　説明変数は、クロス集計で取り上げた諸変数であるが、基本属性として学歴と現職の職種をコントロールしている。また、該当件数が少ないためクロス集計での検討は割愛したが、要介護者との交換関係として「恩があった」という介護者から要介護者への返礼だけでなく、将来の要介護者から介護者への返礼としての「財産の相続予定」を追加投入している。

　なお、先行研究の議論にあるように介護方針は性別と密接に関係する問題であるが、推計 1 において性別が有意な関連性を示していることから、推計 2・推計 3 として男女別の推計を行っている。

　推計 1 から結果をみよう。性別との関連性は、女性の方が自立重視であることを示唆している。加えて、「施設」介護に比べて「別居」での在宅介護は自立重視、職種との関係では「事務」に比べて「専門・管理」は自立重視、仕事と介護の選好においては「介護重視」に比べて「中立」もしくは「仕事重視」の場合に自立重視になる確率が高い。「中立」と「仕事重視」の係数値およびオッズ比を比較すると、「仕事重視」の方が大きい値を示している。つまり、仕事を重視する度合いが高いほど、介護方針は自立重視である確率が高いといえる。また、反対に、要介護者に恩があった場合や、介護

第 7-4-3 表　介護方針の規定要因

被説明変数	介護方針（自立重視 =1，献身的 =0）								
	推計 1			推計 2			推計 3		
分析対象	男女計			男性			女性		
	係数値	標準誤差	オッズ比	係数値	標準誤差	オッズ比	係数値	標準誤差	オッズ比
性別（男性 =1，女性 =0）	-.785	.243	.456 **		—			—	
本人年齢	.009	.013	1.009	.039	.018	1.040 *	-.022	.023	.978
介護期間	.010	.029	1.010	.023	.041	1.023	.008	.047	1.008
最終学歴（BM: 中学・高校卒）									
短大・専門卒	-.237	.273	.789	-.782	.448	.458	.079	.395	1.083
大学・大学院卒	-.268	.258	.765	-.323	.347	.724	-.220	.447	.802
現職雇用形態（正規 =1, 非正規 =0）	.200	.252	1.222	.314	.363	1.368	.302	.409	1.353
現職種（BM: 事務）									
専門・管理	.820	.297	2.271 **	.444	.425	1.559	1.213	.489	3.365 *
販売・サービス	.547	.282	1.729	-.168	.428	.846	1.006	.431	2.735 *
現業	.106	.266	1.112	-.099	.365	.906	.005	.472	1.005
現在の仕事が好き	-.186	.114	.831	.036	.157	1.037	-.419	.200	.658 *
希望どおりに休暇を取れる（該当有無）	.401	.223	1.493	.073	.306	1.076	.809	.385	2.246 *
1 日の就業時間（残業含む）	.012	.049	1.012	.126	.072	1.135	-.065	.080	.937
仕事がある日の介護時間	-.072	.058	.930	-.084	.091	.920	-.083	.084	.921
同別居（BM: 施設）									
同居	.416	.272	1.516	-.031	.371	.969	1.123	.454	3.074 *
別居	.608	.284	1.838 *	.310	.400	1.363	1.233	.451	3.432 **
要介護者（BM: 自分の父母）									
配偶者	.516	.603	1.675	.381	.769	1.464	1.269	1.255	3.557
配偶者の父母	-.199	.281	.819	-.678	.408	.507	.046	.455	1.047
自分・配偶者の祖父母	-.540	.371	.583	-.290	.509	.749	-.705	.618	.494
その他の親族	-.768	.480	.464	-.629	.656	.533	-1.108	.779	.330
要介護者と仲が良かった（該当有無）	-.083	.206	.920	-.061	.296	.941	-.223	.331	.800
要介護者に恩があった（該当有無）	-.415	.205	.661 *	-.803	.298	.448 **	-.106	.330	.900
要介護者の財産相続予定有無	1.020	.753	2.774	1.031	.998	2.805	1.477	1.634	4.379
仕事と介護の選好（BM: 介護重視）									
中立	.672	.281	1.958 *	.725	.407	2.065	.814	.441	2.256
仕事重視	1.528	.297	4.610 **	1.299	.424	3.666 **	2.022	.491	7.554 **
要介護認定（BM: 自立・要支援）									
要介護 1・2	.435	.311	1.545	.185	.413	1.203	1.090	.541	2.975 *
要介護 3・4・5	-.556	.305	.574	-.743	.413	.476	-.204	.532	.815
未認定・不明	-.006	.402	.994	-.267	.540	.766	.321	.704	1.378
認知症による昼夜逆転（BM: 認知症なし）									
昼夜逆転あり	-.666	.417	.514	-.650	.841	.522	-.404	.536	.668
昼夜逆転なし	-.143	.212	.867	-.474	.288	.623	.344	.365	1.411
仕事中の呼び出し有無	-.505	.237	.604 *	-.463	.348	.629	-.621	.374	.537
定数	-.295	1.048	.745	-2.759	1.582	.063	.462	1.658	1.587
χ 2 乗値	131.666 **			70.989 **			85.438 **		
自由度	30			29			29		
N	597			305			292		

分析方法：二項ロジスティック回帰分析
有無はそれぞれ「あり」= 1, なし =0
** p <01　* p<.05
資料）労働政策研究・研修機構「家族の介護と就業に関する調査」（2019 年）
筆者作成

のことで仕事中に呼び出しがある場合は献身的になる確率が高いことを分析結果は示唆している。

　留意したいのは、要介護認定における要介護度が有意ではないことである。「要介護度」の係数値をみると「要介護1・2」はプラス、「要介護3・4・5」はマイナスの値を示しており、要介護状態が軽いときは自立重視、要介護状態が重くなれば献身的になる傾向がうかがえる。しかし、そのような要介護状態が直接的に介護方針に関係しているとはいえないことを、ここでの推計結果は示している。

　つまり、要介護状態が軽いうちは自立重視だが、その後に要介護状態が悪化すれば献身的になるという時間的関係に還元できる問題とはいえないことを分析結果は示唆している。例えば、別居の在宅介護がプラスの関連性を示していることと関連づけて理解するなら、要介護度が1や2のときに別居している場合は特に自立重視になりやすいということは理解しやすいだろう。反対に要介護状態が重い場合は、そのことが原因で仕事中に呼び出されるということが献身的介護につながっているという解釈ができる。その意味で、要介護状態の重さそれ自体が介護方針に関係しているのではなく、要介護状態の重さに関連した介護生活のあり方が介護方針と関係しているといえる。

　もう1つ、介護主体と介護方針の結びつきという意味で、性別との関係について言及しておきたい。ここでも男性の方が献身的であるという結果になっている。しかし、男性の「献身的」と女性の「自立重視」の介護時間が同程度であることが示すように、このデータで男性と女性のどちらが献身的であることを問うことはあまり意味がない。それより注目したいのは、男女それぞれにおける介護方針の多様性である。その観点から、推計2と推計3をみると男女で介護方針の規定要因が異なることも確認できる。推計2と推計3の結果を検討しよう。

　まず、仕事と介護の選好に関する説明変数は、推計2と推計3に示す男女別の推計においても男女共通して「仕事重視」の場合は自立重視であるという、有意な関連性を示している。だが、他の説明変数については男女の違いがみられる。

　推計2の男性の結果は、本人の年齢が高いほど自立重視であり、反対に、

「要介護者に恩があった」場合は献身的であることを示している。一方、推計３の女性の結果をみると、現在の仕事が好きであるほど介護についても献身的になる傾向がある。反対に、自立重視になるのは、職種が「事務」に比べて「専門・管理」や「販売・サービス」の場合、希望どおりに休暇を取れる職場である場合、要介護認定が「自立・要支援」に比べて「要介護１・２」の場合、さらに「施設」介護に比べて「同居」や「別居」つまり在宅介護である場合であることを分析結果は示している。

　年齢との関連性は、女性では有意ではないが、係数値はマイナスである。つまり、女性は年齢が高いほど献身的であり、男性は年齢が高いほど自立重視であるという対照的な結果になっている。年長の介護者における献身的な女性と自立重視の男性という関係は、春日（2001）や平山（2014; 2017）の知見と整合的である。だが、若い介護者においては、男女の介護方針が多様化している可能性も分析結果は示唆している。

　もともと女性は献身的な介護を求められる社会規範があるということを踏まえるなら、在宅介護の場合に自立重視であるという結果は、要介護者と適切な距離を取ろうとしていることの表われではないかという読み方ができる。同じく「要介護１・２」の場合に自立重視であることも、女性に期待される介護役割から距離をとろうとする姿勢であるという理解が可能である。

　もう１つ興味深いのは、男性よりも女性の方が、職種や現在の仕事が好きか、希望どおりに休暇を取れるかという就業状況の影響を受けやすいことである。それだけ、仕事と介護にどのくらいのバランスでコミットするかの多様性があるという見方ができるだろう。一方、男性は就業状況と介護方針の間に関連性がみられない。仕事に対するもともとの性別役割の違いを前提に考えるなら、男性は、介護方針がどうあれ、仕事は仕事という発想になることも納得できるだろう。

　つまり、男性と女性では、仕事と介護のそれぞれについて、もともとの期待に違いがあり、そこからの偏差が回帰係数に表われている可能性がある。そうであるなら、男性と女性のどちらが献身的でどちらが自立重視かという比較は、ここではあまり意味がないだろう。それより重要なことは男性と女性それぞれに介護方針が献身的な方向に向かう力と自立重視の方向に向かう

力があるということである。その意味で、介護主体と介護方針を分けて考える必要があると結論づけることができる。

第5節　考察：介護の再家族化と男女の介護方針

これまでの介護研究は介護の献身性を前提に女性によって担われてきた家族介護の脱家族化と再家族化および男女の役割の問い直しに関心を向けていた。しかし、誰が介護を担うのかという介護主体の問題とは別に、どのように介護を担うのかという介護方針の観点から介護の献身性を相対的にとらえる考え方が目立ち始めている。そのような介護方針の多様化に着目して、本章では、自立重視の介護方針が介護離職の抑制につながるかといえるかを検討した。新しいテーマであることから多角的にデータを分析したが、中核となる分析結果の要点は以下のとおりである。

1) 女性より男性の方が献身的である割合は高いが、女性は自立重視の場合でも献身的な男性と同程度の時間を介護に費やしている。

2) 男性は要介護者に恩があった場合に献身的である傾向が強く、女性は要介護度1・2の場合や在宅介護の場合に自立重視の傾向が強くなる。

3) 男女共通して介護より仕事を重視する場合に、自立重視の傾向が強い。また、女性は就業状況と介護方針に関連性がある。

4) 自立重視的な介護方針の場合に主観的介護離職リスクは低くなるが、献身的な介護方針にともなう離職リスクにも、短時間勤務で対応できる可能性がある。

以上の知見を図にすると第7-5-1図のようになる。

白いボックスは前章までに分析した介護による健康状態悪化、介護サービスの時間的ミスマッチ、短時間勤務の必要性と介護離職の関係を示している。これらの要因と、グレーのボックスで示している介護方針（献身的か自立重視か）の関係を示している。献身的な介護方針は介護サービスの時間的ミスマッチや介護による健康状態悪化と関係しており、主観的介護離職リスクを高めることが明らかになった。その離職リスクとの関係でも、介護方針による離職リスクは短時間勤務のニーズと結びついている。その意味で、

第7-5-1図　介護方針と介護離職リスクの相関図

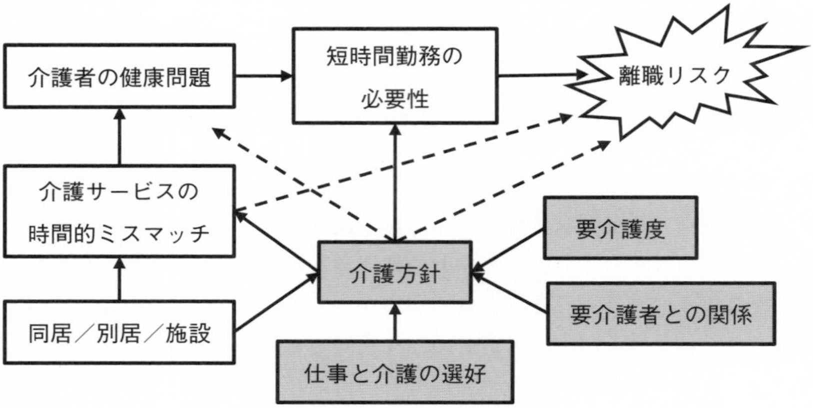

筆者作成

「介護方針」から「離職リスク」に向かう矢印は点線で示しており、直接的には「介護方針」→「短時間勤務の必要性」→「離職リスク」という関係になる。

　労働政策研究・研修機構（2020b）や池田（2020b）において検討したように、短時間勤務は多くの介護者が必要とする両立支援ではない。だが、本書の問題意識である介護の多様性に対応した両立支援ということでいえば、やはり短時間勤務は必要という結論になる。

　さらに、介護方針と関係しているグレーのボックスに目を向けると在宅介護であるか施設介護であるか、在宅の場合は同居か別居か、要介護認定における要介護度、要介護者との関係（情緒的関係や交換関係）、仕事と介護の選好が介護方針と関連している。

　これらの分析結果をもとに、介護サービスの供給制約が深刻になっていく今後の日本社会において、自立重視的な介護方針の広がりは介護離職を抑制する要因になりうるかという問いに答えるなら、それはYesだということができる。

　第1に、要介護度との関係において、他の変数をコントロールすると要介護度が重いほど献身的になるという傾向は男女双方において確認できなかっ

た。介護方針と介護離職の関係は、時間の経過にともなう要介護状態の悪化
→献身的介護→離職という単純な図式で理解できる問題ではなく、様々な要
因が複雑に絡み合っている。

第 2 に、献身的介護は時間的ミスマッチという形で介護サービスの不足感
を高めるが、介護サービスの時間的不足感にかかわらず、献身的介護者は離
職リスクが高く、反対に自立重視の介護者は離職リスクが低いといえる。

第 3 に、施設介護か在宅介護かという問題との関係において、女性は施設
介護に比べて在宅介護の方が自立重視になる傾向にある。献身的介護の負担
が重くなる在宅介護では自立重視になり、施設介護のように介護負担が過度
に重くならない場面で献身的になるのは、今日の女性のバランス感覚の表わ
れとしてみることができる。同じように要介護認定との関係において「自
立・要支援」に比べて「要介護度 1・2」の場合に自立重視になることもま
た献身的な介護役割と距離を取るバランス感覚の表れではないだろうか。

興味深いのは、介護の再家族化にともなう介護離職のリスクが特に高いと
予想される女性の在宅介護者が、自立重視の介護方針によって離職リスクを
回避している面があることである。このような意味で、介護方針の多様化は
介護の再家族化による介護離職の増加を抑制している可能性があるといえ
る。

加えて、労働政策の文脈では、男性だけでなく女性においても、仕事への
関心が自立重視の介護方針と関係していることも重要である。男性が仕事へ
の関心から自立重視になることは、ジェンダー論の男性像と整合的である。
だが、本章の分析結果において「仕事＝自立、介護＝献身」という図式は男
女共通であり、雇用機会の男女平等が進むことで、仕事に軸足を置きながら
両立を図る女性が増えれば、自立重視の介護方針はますます男性に特有とは
いえなくなることが予想される。

その一方で、男性が献身的介護に向かう要因として、要介護者から過去に
受けた恩に報いるという交換関係を指摘することができる。従来の家族主義
的福祉政策は、女性を念頭に置いて、育児と介護の世代間の交換関係を論じ
ていたが、本章の分析結果は、女性より男性の方がそのような交換関係を意
識していることを示唆している。この交換関係は、市場経済の論理ではない

が、広義の経済的な発想である。公私でいえば公的領域の論理であり、仕事にも通じるところがある。男性は仕事の論理を介護に持ち込むという先行研究の知見と整合する部分がある。ただし、仕事の論理を持ち込むからこそ、自立重視的な介護方針になるのではなく、献身的介護に傾くというという逆説的な論理がみられる。

　このように、男性と女性それぞれにおいて、献身的介護に向かうベクトルと自立重視に向かうベクトルがあり、介護方針は多様化している。その意味でも仕事と介護の両立支援において、誰が介護をするのかという介護主体と、どのように介護をするのかという介護方針は分けて考える必要がある。

　そして、男性と女性それぞれにおいて介護方針と関連した離職リスクがあるということが、企業による両立支援の備えとしては重要である。もちろん、女性は自立重視の場合でも献身的な男性より長い時間を介護に費やしており、男性より女性の方が離職リスクは高い。しかし、「介護離職ゼロ」を目指すなら、男性の献身的介護にともなう離職リスクも看過できない。

　多様な介護離職リスクに対応した両立支援という本書の趣旨に沿って考えるなら、男女を比較することよりも、男性と女性それぞれに介護方針の多様性にともなって対応すべき離職リスクがあると考えた方が適切である。

第 8 章　介護離職と人間関係
——職場・家族・友人との関係に着目して

第 1 節　はじめに：職場から最もみえにくい問題

　育児・介護休業法は仕事と介護の生活時間配分に焦点を当て、仕事を休んだり勤務時間を変更したりして介護に時間を割くことを認める制度を整備している。だが、介護による健康状態悪化や介護方針の問題も介護離職に関係している。

　とりわけ要介護者の自立を重視するのか、付きっ切りで献身的に介護をするのかという介護方針の問題は、生活時間配分や健康問題とも関連しており、仕事と介護の両立という問題の基底にあるといえる。介護方針は、要介護者との関係の問題であるといえるが、本章では、この人間関係の問題について、さらなる分析を行う。

　留意したいのは、育児・介護休業法の規制の対象である企業にとって、介護領域における人間関係の問題は生活時間配分や健康問題に比べてみえにくいことである。同法は、入退院の手続きや通院の付き添い、ケアマネジャーとの面談など、勤務日・勤務時間中の介護への対応を想定して介護休業や介護休暇等の両立支援制度を設計している。労働者が職場を離れる必要性への対応は、勤務先企業にとって把握しやすい問題である。健康状態の悪化にともなうアブセンティーズムも職場を離れるという意味では共通している。

　一方、出勤しているが仕事の能率は低下しているプレゼンティーズムは、勤怠記録に労働者の行動が残らないため、注意してみなければ見過ごしてしまう可能性がある。それだけ企業にとってはみえにくいといえる。だが、元気がなかったり、顔色が悪かったりといった形で、介護疲労や傷病の兆候を把握することはできる。

　介護にかかわる人間関係は、さらに企業からみえにくい。前章で取り上げた介護方針の問題を例に挙げれば、自社の従業員が家族介護において自立重

視か献身的かということを企業はどのように把握できるだろうか。さらに、男性が献身的に介護をする理由として、過去に要介護者の世話になった恩があるとしても、そのような事情を把握することはできるだろうか。本人に詳しく事情を聞けば分かるだろう。だが、そうでもしなければ把握することは難しい。つまり、企業にとって最もみえにくい問題であるといえる。

そもそもそこまでプライベートな話を労働者は勤務先に話す必要があるだろうかという問題もある。ドライなことをいえば、仕事に関係しないのであれば、立ち入って介護の事情を把握する必要はないだろう。だが、仕事に関係するのなら放置しておくわけにいかない。本書のテーマでいえば、介護離職につながる問題であれば、事情を把握し、対策をとる必要がある。

そのような問題意識で、介護に関する相談窓口を設置して従業員の多様な介護の悩みに対応しようとしている企業もある。だが、仕事と介護の両立について勤務先に相談している労働者は少ない（西久保 2015, Ikeda 2016）。

労働者が介護を一人で抱え込むことで介護離職をしてしまうことがないよう、厚生労働省では、「介護離職を予防する職場環境モデル」（以下、職場環境モデルと略す）という啓発事業も行ってきた（厚生労働省 2014a; 2014b; 2016; 2018a）。そこでは、制度設計の前に従業員の介護の実態を把握することや、介護に直面する前に両立支援の情報や介護保険の情報を従業員に提供し、仕事と介護の両立を図るための心構えを説くというプログラムが示されている。その中には、企業が従業員に伝えるべき介護の心構えとして、家族との関係を良好に保つことの重要性も示されており、仕事と介護を両立するために周囲とのコミュニケーションが重要であることを強調する内容になっている。

本章では、こうしたコミュニケーションの観点から、介護離職の関係的構造を明らかにするため、職場・家族・友人との人間関係が介護離職とどのように関連しているかを分析し、育児・介護休業法の制度的構造の接点となる両立支援ニーズを明らかにしたい。

第 2 節　先行研究：コミュニケーションへの着眼

1　職場との関係

　介護の問題は職場からみえにくい。介護の実情を把握しにくいだけでなく、そもそも誰が介護に直面しているかも企業からはみえにくい。

　育児・介護休業法のもう 1 つの支援の対象である育児においては、育児休業（育休）に先立って女性の産後休業という強制休業がある。男性の育休においても妻が出産する事実を勤務先に知らせることは一般的であり、労働者からの申し出にもとづいて使用者が育児休業取得を認めるという育児・介護休業法の規定は当事者の行動パターンと整合している。さらに 2021 年改正の育児・介護休業法から当事者となる労働者への個別周知も義務化されたが、そこには誰が当事者であるかを企業が把握できるという前提がある。

　一方、介護においては介護休業制度が想定する脳血管疾患や、これまでの分析で取り上げてきた認知症等の原因疾患に家族がかかっても、労働者が勤務先の企業にその事実を報告するきっかけがない。

　介護休業は、原因疾患の発症を機に家族が要介護状態になった直後の緊急事態とその後の仕事と介護の両立に向けた態勢づくりのためにまとまった期間の連続休暇が必要になることを想定している。その想定どおりであるなら、原因疾患の発症とともに、勤務先に介護休業の申請をし、これを機に企業は従業員の中で誰が介護をしているかを把握できることになるはずである。しかし、実際は、介護休業をとらずに、未消化の年次有給休暇（年休）等、他の休暇制度を利用して介護に対応しているという実態がある（袖井 1995; 労働政策研究・研修機構 2006a）。その後の日常的な介護においても、介護休暇を取らずに年休で介護に対応したり、所定外労働免除を申請せずに自らの裁量で残業の調整をしたりしながら、通常勤務の範囲で介護に対応しながら仕事を続けているケースが少なくない。結果として、介護を担う労働者と他の労働者を職場で識別することが難しくなってしまう面がある。

　もちろん、それでも仕事を続けられるなら良いという考え方もある。介護休業制度や介護休暇制度といった両立支援制度の存在を知っている状況で、すぐにそうした制度に頼るのではなく、通常勤務の範囲で両立を図ることは

仕事の責任を果たすという意味では好ましい側面もあるだろう。しかし、両立支援制度の存在を知らずに通常勤務の範囲で両立を図った場合、いずれ要介護状態が重くなって通常勤務の範囲では対応できなくなったときに介護離職の危機を回避できなくなる可能性が高い[1]。

　このように、企業は自社の従業員の誰が介護の問題に直面しているかを把握していないことが多い。一方で、家族の介護をすることになった労働者も、勤務先企業にどのような両立支援制度があるのかを理解していないことがよくある。そのようなすれ違いによる介護離職を防止するために、佐藤・矢島（2014; 2018）は介護に直面する従業員に企業から両立支援制度の情報を提供し、仕事と介護の両立を支援する企業の姿勢を示すことの重要性を説いている。前述した厚生労働省の職場環境モデルは、この研究の理論的枠組みを取り入れている。

　さらに、佐藤・松浦・池田（2017）は、このモデルの介護離職抑制効果を検証している。具体的には介護未経験者への情報提供の方法としてセミナーの開講とリーフレットの配布を取り上げ、それぞれ勤務先の両立支援制度について理解を深め、介護に直面した場合の就業継続見込みを高める効果があることを明らかにしている。

　労働者から企業への介護に関する相談については、労働政策研究・研修機構（2020b）において山口が分析しているが、勤務先に相談相手がいない場合は、仕事を続けられるか「わからない」という割合が高くなり、その結果として仕事を「続けられる」という割合が低くなっていることが明らかになっている。

　佐藤・松浦・池田（2017）や労働政策研究・研修機構（2020b）は本書で扱ってきた主観的介護離職リスクと同じ変数を使っており、企業からの情報提供と労働者からの相談体制の整備という双方向の労使コミュニケーションが介護離職のリスク低下につながることを示唆している。

1　海外の研究になるが、Bainbridge and Townsend（2020）は介護の事情を開示することが柔軟な働き方をしやすくすることをデータ分析結果から指摘する。家族の介護をしている事実を職場に伝えるということは適切な両立支援を職場から受けるために重要であるといえる。

216

2　家族や友人との関係

　厚生労働省の「職場環境モデル」は、介護離職を防ぐために家族との関係を良好にすることの重要性も説いている。これにより、実際に介護に直面したときに家族との介護分担が円滑に行われることが期待されている。だが、家族介護の実態を扱った研究においては、家族による介護分担がそれほど容易ではないことも指摘されている。

　1 つは介護役割から逃れようとする力学が働くことであり、男性より女性、女性の中でも一部の女性が家族の中で集中的に介護を担っている事実を家族介護に関する研究は明らかにしてきた。男性を介護から遠ざける力学があることはすでに言及したが、女性の間にもなるべく介護にかかわらずに済ませたいという心情がある。前章でも引用した春日（2001）は、1968 年から 1988 年の介護者の推移を比較して女性の介護者が「嫁」から「娘」に移っていることを指摘し、次のように述べている。

　　子どもが親と同居していれば老親への情もわき、看とりの義務感も強まろう。しかし、別居となると嫁という立場は、感情もからまり、夫の親との関係は億劫なものとなりやすい（春日　2001, p.121）

　そして、「逃げるが勝ち」という当事者の言葉を引きながら、「早く親と別居したものが介護を逃れうる」と結論づける（春日　2001, p.121）。

　しかしながら、もう 1 つの問題として、介護にかかわろうとする家族の間にも、前章で取り上げた介護方針をめぐる意見の相違が顕在化し、介護方針の合わない家族を介護から遠ざけることも起きている（平山　2014, p.191）。

　平山（2014）が「息子」を対象に描き出す男性介護の実態は、その人間関係の作り方の面で、介護者自身の方から周囲との距離を生み出してしまうことを示唆している。家族外のサポートの面でも、同性の友人は「重要なサポート源になっているとは言い難い」（平山　2014, p.262）と断言する。

　　彼ら（同性友人）は介護に役立つような情報をくれるわけでもない。楽しく飲んで遊ぶ相手としてはよいが、介護で沈んだ気持ちをありのままに

話せるような相手ではない。そのうえ、一緒にいると、親を介護している
自分をみじめに思わせることすらある（平山 2014, p.262, カッコは引用者）

　ここで重要なのは、周囲の家族や友人の方が介護者から距離をおくように
なるわけではなく、介護者の方が周囲との距離を感じるようになって、心理
的もしくは物理的に家族や友人を遠ざけるようになっていることである。
　介護者が介護の悩みを一人で抱え込まないよう、社会的なサポートネット
ワークを構築することの重要性は様々に指摘されている。学術研究において
も、田中・兵藤・田中（2002）や石川・井上他（2003）、椙本・佐々木他
（2006）、佐伯・大坪（2008）、森（2008）、神前・小林（2015）、西村（2017）
等において、家族・親族や非親族からのサポートが介護の負担感や介護充実
感、介護者の精神的健康等に良い影響を及ぼす可能性が示唆されている。津
止・斎藤（2007）のように、男性介護者のサポートについて研究と実践を融
合させる活動も行われている。
　そこには、人とのつながりがない状態よりつながりのある状態の方が、介
護の悩みや負担が軽減されて楽になるという想定がある。しかし、平山
（2014）が描く「息子介護者」の家族や友人とのかかわり方からは、つなが
りが摩擦や葛藤を生むため、つながりを遠ざけた方が楽になる面もあるとい
える。もちろんそのように周囲の家族や友人を遠ざけることで、介護者は孤
立し、介護の負担感やストレスが増していく可能性はある。だが、本書で
は、介護そのものにとってどのようなサポートネットワークが望ましいのか
という問題には立ち入らない。それよりも本章のテーマである介護離職に焦
点を当て、家族や友人との人間関係の悪化が介護離職に結びつくかという問
題を検討したい。

第3節　分析課題：介護方針と介護離職を媒介する人間関係

1　介護方針と家族・友人との人間関係

　介護をめぐる人間関係を考えるにあたり、本章でもまずは介護方針を起点
に分析課題を整理していきたい。

　平山（2014）は介護方針の違いが、望ましい介護のあり方をめぐる衝突や葛藤を生み出し、家族関係の悪化につながる事例を報告していたが、そのことが介護離職につながるかは明らかになっていない。単純に考えれば、介護方針の違う家族を遠ざけることで、介護を分担できなくなり、介護負担が増すことから、仕事を続けることが難しくなるという負の連鎖を考えることができる。

　平山（2014）は、老親を介護する男性介護者（息子介護者）の事例から「ミニマムケア」の介護方針が家族との摩擦を招き、介護方針の異なる家族を遠ざけることもあることを指摘する。一方、労働政策研究・研修機構（2020a）の女性介護者を対象とした事例調査では、どちらかといえば本書でいう献身的な介護者が兄弟つまり男性の家族と距離をおく事例もみられる。

　たとえば、Ｃさん（40代・独身）は、認知症と呼吸器疾患のある母を同居で介護していた。弟が1人いたが、「弟には特に介護に物理的に協力してくれることを期待していない。ただ、金銭的な援助はしてくれているし、介護の方針についても自分のやりたいように進めさせてくれるのは助かる。逆に、中途半端に介護を分担するのも難しいと思う」「弟との仲は悪くもないが良くもない。自分が母親の主たる介護者だったが弟は母の介護には口も手も出さなかった。ただ、本当に行き詰まったときや最終的な意見を聞くときには弟に報告して確認を取った」（労働政策研究・研修機構　2020a, p.263）。

　介護の分担はなかったが、関係は良好だったことがうかがえる。なお、インタビュー調査をした当時、Ｃさんは従業員数約500人のITソフトウェアメーカーに正社員として勤務し、介護をしながら仕事を続けていた。

　Ｅさん（40代・独身）は、認知症とパーキンソン病をもつ母を同居で介護をしていた。海外勤務をする兄がいたが、終末期の介護方針をめぐって意見が対立したことがある。要介護者である母が誤嚥性肺炎で食事が困難な状況になったときに、胃ろうをつけるか否かで衝突したという。もともと「胃ろうは絶対につけないでほしい」という母の意見にＥさんも賛同していたが、海外勤務の兄は入居していた有料老人ホームが胃ろうをつけることを求めていたため、「母の居場所がなくなるなら胃ろうをつけるしかない」という意見だった。Ｅさんは、「兄の意思でもし胃ろうをつけるなら、その後の

ことは兄がキーパーソンとして責任を持って介護を進めてほしい。そのために日本に戻ってほしい」と伝えたらEさんに任せるといって引き下がった（労働政策研究・研修機構 2020a, p.283）。

　Eさんの兄は「論理的に物を考え、人の話を聞かないタイプ」であったが、基本的には、「あまり細々としたことは相談せず、事務的な事だけ報告し、金銭的に困った時だけ支援をお願いする」と割り切ることにしたため、いざという時に他に惑わされず自分の考えで決断しやすくなったという。しかし、「険悪な関係にはならなかったので、兄とはうまく関係を構築できた」（労働政策研究・研修機構 2020a, p.282）。

　Fさん（50代・独身）は別居で父母の介護をしていた。父は認知症、母は精神障害であった。独身の兄がおり、最初は兄と2人で介護していたが、次第にFさんが主介護者になった。兄は「手伝い感覚で頼りにならず、金も出さず口ばかり出す。協力して介護しようと思っていたがすぐに険悪に」なって（労働政策研究・研修機構 2020a, p.284）、ほとんどFさんが一人で介護をすることになった。その一方で、「兄は親のお金のことばかり気にしており、介護の時も何をするにも親からいくらもらおうという話ばかりするので次第に自分とは険悪になっていった」という（労働政策研究・研修機構 2020a, p.286）。

　さらにFさんは「友人と会っても介護の話ばかりするのは悪いと思って積極的に誘うことはしなくなった」（労働政策研究・研修機構 2020a, p.285）。一方、Eさんは、「母がショートステイに行っている間にちょっと友達と飲みに行くなどすることもあった。それ以外にも、仕事をしている時間は介護しなくてすむので気が休まった」という（労働政策研究・研修機構 2020a, p.282）

　Fさんは介護開始当時に派遣社員として働いていた印刷のレイアウトの仕事を辞めている。介護のことだけでなく自身の将来のことも考えて調理の仕事に転職したが、要介護状態の悪化に合わせて、アルバイトで3回転職した後、自分自身も体調を崩して無職になった（労働政策研究・研修機構 2020a, p.285）。

　Cさんの事例は姉に介護を一任する弟、Eさんの事例は母に寄り添う妹の

介護方針に論理的に意見する兄、兄妹で介護を始めたが次第に妹が主介護者になるというＦさんの事例は、それぞれにジェンダーステレオタイプな男女の介護役割を連想させる。そして、どちらかといえば献身的介護に近い姿勢の女性介護者は、介護方針の合わない兄弟と距離をとって介護に当たっている。平山（2014）が息子介護で取り上げた「ミニマムケア」の事例とは表裏の関係にあるといえる。

　また、友人とのつきあいが気晴らしになっているＥさんと、友人を誘うことを遠慮するようになったというＦさんの事例も平山（2014）の指摘と整合するところがある。しかしながら、Ｅさんの事例を踏まえるなら、献身的に介護をしている場合に要介護者に付きっ切りになって友人との関係が悪化するともいえそうにない。

　そのような家族や友人との関係が介護離職につながっているかを事例から判断することは難しい。だが、献身的な介護が家族との関係を遠ざける結果になりうることは、潜在的な介護離職のリスクを高めている可能性がある。実際、Ｃさんは介護によって体調を崩した経験があり、Ｅさんも慢性的な睡眠不足であったという。Ｆさんは実際に、体調を崩して離職している。

　献身的な介護が健康状態の悪化を招くことや介護離職のリスクを高めることを前章までの分析は示唆していたが、その媒介項として、家族と協力的な関係を築けていないという可能性を考えることはできるだろう。

２　介護方針と職場との関係

　育児・介護休業法の規制対象である企業にとって、家族や友人との関係は直接規制できない領域である。これに対して、職場の人間関係は企業が直接コントロールできる。しかしながら、職場に介護のことを明かさずに仕事と介護の両立を図っている場合もある。ここにも介護方針の問題が関係している可能性を考えることができるだろう。

　自立重視の介護者は、介護より仕事を優先し、短時間勤務も行わない可能性がある。つまり、職場に介護のことを話す動機がない。一方、献身的な介護者は仕事より介護を優先し、短時間勤務を希望する可能性があるため、職場に介護のことを話す動機があるだろう。

しかしながら、企業に介護のことを話しても、協力を得られなければ意味がない。佐藤・松浦・池田（2017）は、仕事と介護を両立するための働き方改革の重要性をセミナー等で従業員に説くと、介護に直面したときに仕事を続けられると思わなくなることを計量分析によって明らかにしている。通常勤務の働き方が介護と両立できないものであることを認識して、逆に不安になってしまうことを示唆する結果である。

　実際、前述した労働政策研究・研修機構（2020a）の事例調査でも、職場の対応が介護に対して消極的であるために、介護者が追い詰められていく様子がうかがえる。たとえば、前出のＣさんは、弟との介護分担がない状態で、要介護者である母のデイサービスからの帰宅に合わせて退勤して介護を担う生活を送っていたときに体調を崩した。Ｃさんは当時短時間勤務制度を利用していたが、上司は「特段の配慮がなく」、「時間内に終わる範囲での業務調整などは全く考慮されなかった」（労働政策研究・研修機構　2020a, p.262）。そのため、残業することが多く、実質的に短時間勤務をすることはできなかったという。Ｃさんは前述したように、離職はしていない。だが、実は人事担当者に離職を申し出たことがある。その時に引き留められて、異動を願い出たら、もとの経理部から経営企画部に異動になった。

　留意したいのは、経営企画部の労働時間は短くないということである。「最近数ヶ月のあいだは恒常的に月50時間以上残業しており、また休日残業や日またぎの深夜残業もよくある」というから、長時間労働の部類に入るだろう。Ｃさんは、異動後も当初は短時間勤務を申請していたのだが、介護で何かあったとしてもフレックス勤務で対応できる上に、Ｃさん自身も仕事への意欲が高まっており、会社からも「もしやる気があるならもっと働いてほしい」といわれていたため、短時間勤務の申請は取りやめた。異動先の経営企画部の仕事は「おもしろいので、体力的にはきついが毎日会社に行くのが楽しい」という。また、「部署の上司も個々の部下の事情に対する理解はあって、上司に恵まれているなと思う。同じ部署では私以外にも、育児をしながら時短制度を使ってうまく仕事できている女性もいる」（労働政策研究・研修機構　2020a, p.265）。

　Ｃさんは自身が健康状態に不安をもったことを機に、在宅介護から施設介

護に移行したが、母が通院のために帰宅するときはフレックスタイムを利用して早く帰宅している。フレックスタイムという柔軟に働ける制度があることはＣさんにとって重要であるが、単に制度があるだけでなく、実質的に柔軟に介護に対応できるのは、上司の理解があるからだといえる。

　Ｅさんは電話受付の応対業務でオペレーターの管理をしていた。1年更新の契約社員であったが、雇い止めの心配はなかった。しかし、介護が始まった当時の上司は仕事と介護の両立に協力的ではなく、多いときで月1〜2回の遅刻や早退がこれ以上増えないよう、施設介護への移行等、早めに対処してもらいたいと頻繁にいわれていた。2年後に人事異動した部署では、子どもがいる同僚もいて、上司や同僚は協力的であったという（労働政策研究・研修機構　2020a, p.281）。

　Ｆさんは派遣社員であったが、介護であるか否かの理由を問わず、ただの「休み」や「欠勤」すら認めてもらえなかったという。週4勤務にしてもらって残り3日のうち1日を親の介護に充てていた。Ｆさんが介護をしていることは、派遣先の上司も知っていたが、そのことを気にかけてはくれなかったという（労働政策研究・研修機構　2020a, p.285）。

　これらの事例をみると、介護のことを職場で話しても、必ずしも仕事と介護を両立しやすくなるとは限らないといえる。ＣさんとＥさんの異動先には、育児期の同僚がいたというエピソードも紹介されているが、介護に限らずワーク・ライフ・バランスが可能な雰囲気の醸成が重要であることが示唆される。

　もう1つ、仕事と介護を両立できなくなったときに、異動という形で介護離職を回避する方法もある。だが、誰もがいつでも都合よく介護と両立しやすい部署に異動できるわけではない。Ｃさんの事例からは、実際に離職したか否かという結果だけでなく、潜在的な離職リスクにも目を向けて対策を打つことが重要であるといえる。本書の介護継続者を対象にした分析では、仕事を続けられると思うかという主観的介護離職リスクを被説明変数とした分析を行ってきたが、離職の有無だけに焦点を当てた分析よりも深いところにある介護離職のリスクを明らかにできている可能性があるといえよう。

　そのような利点も踏まえて、本章でも主観的介護離職リスクに着目する。

分析対象は、前章と同じく、介護継続者でありかつ介護開始時の勤務先で調査時点に就業している雇用者とする。

第4節　分析結果：人間関係と両立支援ニーズ

1　職場への相談と介護離職

　職場に介護の話をできることが、介護離職の防止につながるか、という問題からデータを分析しながら検討しよう。第8-4-1図は、介護方針別に勤務先で介護のことを話した割合を示している。

　一番下に（勤務先の誰にも）「話していない」という割合を示しているが、「雇用者計」で約20％である。つまり、残りの約80％は職場で誰かしらに介護のことを話しているといえる。

　これまで介護者は職場で介護のことをあまり話さないという通念があった

第8-4-1図　介護方針別　介護のことを勤務先で話している相手の割合（複数回答）

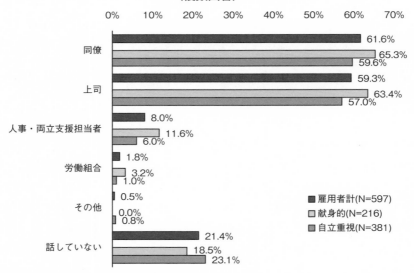

資料）労働政策研究・研修機構「家族の介護と就業に関する調査」（2019年）
筆者作成

（西久保　2015, Ikeda　2016）。しかし、この結果をみる限り、多くの介護者が職場で介護のことを話していることがうかがえる。その一つの理由として、勤務先に介護のことを話して支援を求めた方が良いという考え方が広がってきたということがあるだろう。

　しかし、調査票のワーディングの問題もあるかもしれない。たとえば、調査票に「相談」という言葉を入れると、具体的な悩みや問題に直面した場面を回答者は想起する可能性がある。西久保（2015）は「知らせる」という言葉を使っているが、これも場合によっては改まった印象を与えるかもしれない。これに対して、本章のデータは「話す」という文言を使っている。何げない会話の中で話題にするということまで含まれているために、割合が高く出ている可能性を考えることができる。そのように広くとらえて欲しいという意図で「話す」というワーディングを採用した面もある。この点に留意して、結果を読んでいこう。

　介護のことを話している割合が最も高いのは「同僚」であるが、「上司」も差はない。これに比べると「人事・両立支援担当者」の割合は雇用者計で10％を下回っており、低くなっている。「労働組合」はさらに低いが、中小企業等、組合がない企業もあると推察される。一方、人事や両立支援の担当者がいない企業というのは、中小企業の中でも極めて小規模な零細企業に限られる。にもかかわらず、「同僚」や「上司」に比べて「人事・両立支援担当者」の割合が低いのは介護に直面してもすぐには人事や両立支援の担当者に話しに行かないからだと理解することができる。

　では、「話していない」という回答者は、なぜ介護のことを勤務先で話さないのか、その理由を第8-4-2図に示す。複数回答であるが、10％を超える回答割合のものを「主な理由」として示している。「仕事に私生活を持ち込むべきではない」という理由はよく指摘されるが（西久保　2015）、ここでは、介護方針にかかわらず20％程度に留まり、介護方針による差もみられない。

　2番目に高い「相談なしで両立できる」は、介護離職の問題を自分で解決できていることを示唆しており、問題ないようにもみえる。実際、この回答には介護方針による差がみられ、自立重視の割合がやや高くなっている。

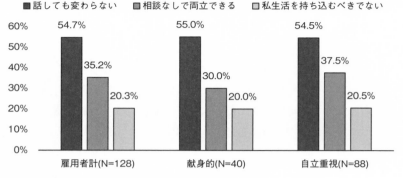

第 8-4-2 図　介護方針別　勤務先で介護のことを話さない主な理由

■ 話しても変わらない　　■ 相談なしで両立できる　　□ 私生活を持ち込むべきでない

資料）労働政策研究・研修機構「家族の介護と就業に関する調査」（2019 年）
筆者作成

　だが、最も割合が高いのは、介護方針にかかわらず、「話しても変わらない」であり、これも介護方針による差はみられない。これは話すことを諦めている態度の表れとみることができるが、他の２つの理由と比べて突出して高い割合を示している。

　近年、相談窓口や面談等、介護のことを話せる機会をつくる試みも企業において行われている。だが、そのような機会を設けても、自身の置かれた事情を理解し、悩みを聞き、問題解決の助けになる相談先であるという信頼がなければ、労働者が介護のことを話すようにはならないといえるだろう。

　このような集計結果をみると、介護のことを勤務先に話すか否かは、実は当事者である労働者にとってあまり重要な問題ではないともいえる。なぜなら、ある人にとっては勤務先に相談しなくても自己裁量で何とか両立を図っていけるからであり、別の人にとっては勤務先に話しても両立できるような協力を得られないかもしれないからである。どちらにしても、職場に相談することが仕事と介護の両立の可否に影響しないと当事者は思っているのではないだろうか。

　実際、第 8-4-3 図に示すように、勤務先で介護のことを話すかは、その相手が「上司」「同僚」「人事・両立支援担当者」のいずれかを問わず、主観的介護離職リスクとの関連性がみられない。

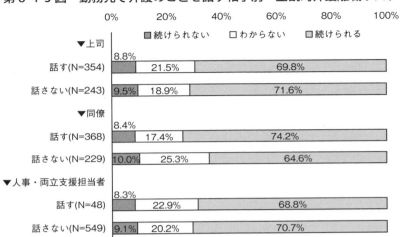

第 8-4-3 図　勤務先で介護のことを話す相手別　主観的介護離職リスク

資料）労働政策研究・研修機構「家族の介護と就業に関する調査」（2019 年）
筆者作成

　そこで、もう一歩踏み込んだ観点から検討してみよう。そもそも職場で私生活のことを気軽に話せるか[2]というところに立ち返ってみる。そのような雰囲気があれば、介護のことを話しやすいだけでなく、相談後の対応においても介護に理解を示してもらえそうである。反対に、私生活のことを話せる雰囲気がない状態でいきなり介護のことを話すのは難しいかもしれない。仮に相談したとしても、理解ある対応を得られるかは分からない。そのような介護に限らないワーク・ライフ・バランスに対する姿勢が、介護について勤務先で話すか否かと介護離職に対する当事者の見通しに影響している可能性がある。

　第 8-4-4 図は、勤務先で介護について話している相手を職場で私生活について気軽に話せるか否かを分けて集計している。いずれの相手についても「私生活を話せる」という方が介護についても話している割合は高く、私生

2　調査票 Q44 のワーディングは、そのまま「職場で私生活のことを気軽に話すことができる」であり、「あてはまる」「ややあてはまる」を「私生活を話せる」、「あまりあてはまらない」「あてはまらない」を「話せない」としている。

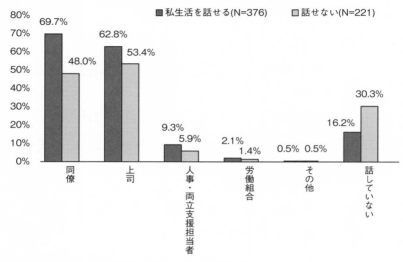

第 8-4-4 図　職場で私生活を話せるか否か別
勤務先で介護のことを話している相手

■ 私生活を話せる(N=376)　□ 話せない(N=221)

資料）労働政策研究・研修機構「家族の介護と就業に関する調査」（2019 年）
筆者作成

活のことを「話せない」という場合は介護について「話していない」という
割合が高い。

　しかし、「同僚」や「上司」においては、私生活のことを気軽に「話せな
い」という場合も約 50％が介護のことを話している。つまり、介護のこと
を話しても理解を得られるか分からない状況で話している労働者が少なから
ずいることがうかがえる。そのことが、介護の話はしても介護離職の危機感
は緩和されない要因になっているのではないだろうか。

　そのような問題意識で第 8-4-5 図に主観的介護離職リスクの割合を、職場
で私生活のことを気軽に話せるか否かに分けて示す。「私生活を話せる」と
いう方が「話せない」という方よりも「続けられない」という割合は低く、
「続けられる」という割合が高い。

　図の中段には介護方針別の結果も示しているが、献身的である場合は、私
生活を話せるか否かによって「続けられない」という割合の差が大きい。一

第8-4-5図　介護方針・職場で私生活を話せるか否か別　主観的介護離職リスク

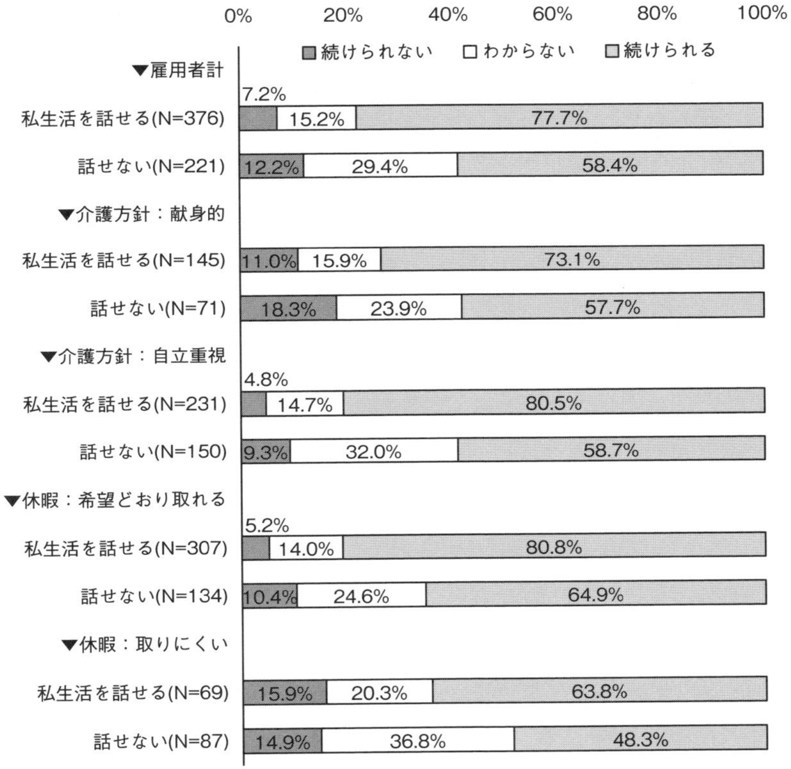

凡例：■ 続けられない　□ わからない　▨ 続けられる

▼雇用者計
- 私生活を話せる(N=376)：7.2%／15.2%／77.7%
- 話せない(N=221)：12.2%／29.4%／58.4%

▼介護方針：献身的
- 私生活を話せる(N=145)：11.0%／15.9%／73.1%
- 話せない(N=71)：18.3%／23.9%／57.7%

▼介護方針：自立重視
- 私生活を話せる(N=231)：4.8%／14.7%／80.5%
- 話せない(N=150)：9.3%／32.0%／58.7%

▼休暇：希望どおり取れる
- 私生活を話せる(N=307)：5.2%／14.0%／80.8%
- 話せない(N=134)：10.4%／24.6%／64.9%

▼休暇：取りにくい
- 私生活を話せる(N=69)：15.9%／20.3%／63.8%
- 話せない(N=87)：14.9%／36.8%／48.3%

資料）労働政策研究・研修機構「家族の介護と就業に関する調査」(2019年)
筆者作成

方、自立重視の場合は「私生活を話せる」という方の「続けられる」という割合が80％に達しており、目立って高い割合を示している。

　ただし、私生活を話せても実質的な支援を得られなければ、介護離職は回避できない。図表は割愛するが、私生活を話せるという場合は希望どおりに休暇を取れる割合も高くなる[3]。このことを踏まえて図の下段をみると、希望

[3]　「私生活を話せる」という場合に「希望どおりに休暇を取れる」割合は81.6％であり、反対に私生活を話せないという場合の60.6％より21.0ポイント高い。

どおりに休暇を取れる状況で私生活のことを話せると最も離職リスクは低くなる。一方、休暇を取りにくい状況では、私生活のことを話せるか否かと離職リスクは関係がないといえる。

要するに、介護のことを話したか否かではなく、介護の話ができる職場の雰囲気や話した後に実質的な支援を職場から得られる関係をあらかじめ構築していたかという問題が介護離職の防止と関係しているといえる。

2 家族との関係

介護方針の問題は、一次的には要介護者とどのように関わるかという問題であり、家族関係の問題である。先行研究でも指摘されていたように、それは要介護者以外の家族との関係悪化につながりうる。そのことが、介護離職につながるか、データで確認していくことにしよう。

第8-4-6図は、要介護者との関係が良好である割合と、介護によって家族との関係が悪化している割合を介護方針別に示している。労働政策研究・研修機構（2020a）の事例調査にあったCさん、Eさん、Fさんのように、男性（兄・弟）と女性（姉・妹）では家族との関係構築の仕方が異なる可能性があるため、男女別の結果も示している。

まず指摘できるのは、献身的であるか自立重視であるかという介護方針の違いは、要介護者との関係の良し悪しとは関連性がないことである。

献身的である場合には、介護疲労やストレスの蓄積から要介護者との関係が悪くなるという可能性が考えられる。反対に、自立重視である場合には、要介護者と適度な距離感で付き合えるために（介護者の立場としては[4]）良好な関係を継続できる可能性を考えることができるだろう。あるいは、要介護者との関係が良好でないから、自立重視の姿勢で、必要以上に手を貸さないということもあるかもしれない。献身的である場合は、もともと要介護者と何でも助け合う関係であったかもしれない。このように個別の事例においては、様々な可能性が考えられるが、統計的な傾向としては介護方針と要介護者との関係が良好であるかは関係がないといえる。

4　本書のデータでは要介護者が介護者との関係をどのように認識しているかは把握していない。

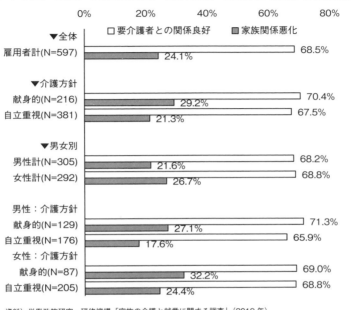

第 8-4-6 図　男女・介護方針別　要介護者・家族との良好な関係割合

資料）労働政策研究・研修機構「家族の介護と就業に関する調査」（2019 年）
筆者作成

　その一方で、家族との関係が悪化したという割合は、自立重視より献身的
である場合にやや高くなっている。

　男性は、その差が特に大きい。平山（2014）や労働政策研究・研修機構
（2020a）の事例調査は、女性が献身的で、男性が自立重視という組み合わせ
であったが、男性が献身的である場合に家族との関係悪化をより招きやすい
ことを、ここでの結果は示唆している。

　ただし、ここでも献身的な男性と自立重視の女性を比較すると家族関係悪
化の割合に両者の差はほとんどない。そして、献身的な女性は家族関係悪化
の割合がなお高いという順序関係がみられる。その結果として、介護方針に
かかわらず、女性の方が家族関係悪化の割合は高い。

　加えて、男女では家族関係悪化と介護分担の関係も異なる。第 8-4-7 図を
みよう。この図は何人の家族と介護を分担しているかを、家族関係悪化の有

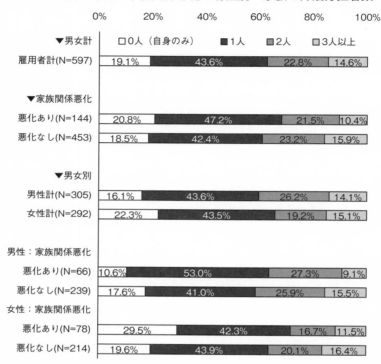

第 8-4-7 図　男女・家族関係悪化の有無別　家族の介護分担者数

資料）労働政策研究・研修機構「家族の介護と就業に関する調査」（2019 年）
筆者作成

無別に示している。介護を分担する家族がいるからこそ、摩擦や衝突が起き
て関係が悪化するという関係と、関係が悪化して家族と疎遠になることで介
護を分担する家族がいなくなるという両方の関係を想定することができる。

　はじめに雇用者計の結果をみると、最も割合が高いのは「1 人」であり、
調査の回答者ともう 1 人で分担しているケースである。「2 人」と「3 人以
上」の割合は家族・親族の規模にもよるため、少なくとも「1 人」は分担す
る家族がいるか、分担する家族のいない「0 人（自身のみ）」かの違いに着
目したい。家族関係悪化が一人で介護を抱え込むことになるとするなら、家
族関係「悪化あり」の場合は「0 人（自身のみ）」の割合が高くなるはずで

232

ある。女性では、そのような傾向がみられる。前出の事例における E さんや F さんのエピソードと整合的である。

　一方、男性は逆に家族関係の「悪化あり」の方が「0 人（自身のみ）」の割合が低い。男性の「悪化あり」は「悪化なし」に比べて、「1 人」「2 人」の割合が高い。「3 人以上」の割合は「悪化あり」の方が低くなっているが、「3 人以上」はそもそも全体に占める割合が低い。家族関係が悪化しても 1 人か 2 人は介護を分担する家族がいるということは、家族との間に摩擦や衝突が起きても、その家族を遠ざけることなく介護を分担していることを示唆している。

　つまり、女性は家族との関係悪化が介護を分担する関係の解消につながりうるが、男性は家族との関係が悪化しても、それによって介護を分担する関係の解消には至らないという違いを読み取ることができる。

　平山（2014; 2017）は、老親介護をする男性（息子介護者）の調査研究から、男性は一人で介護ができるようにみえて、実は介護のマネジメントの部分は女性が担っており、男性は女性によるお膳立てがないと介護ができないという。男性は家族との関係が悪化しても 1 人で介護をする割合が高くならないという、第 8-4-7 図の結果は、平山（2014; 2017）の指摘に通じるところがある。

　なお、図表は割愛するが、仕事がある日の平均介護時間は、男性が家族関係悪化ありの場合に平均 1.4 時間（標準偏差 1.8 時間）であり、家族関係悪化なしの平均 1.0 時間（標準偏差 1.6 時間）より約 24 分の増加であるのに対し、女性の場合は家族関係が悪化すると平均 2.0 時間（標準偏差 2.7 時間）になり、家族関係悪化なしの平均 1.1 時間（標準偏差 1.7 時間）より約 54 分の増加になる。女性は、約 1 時間が約 2 時間になるのであるから、ほぼ倍増といって良いが、男性は 1.5 倍に留まる。男性も十分に介護時間が増えているという見方もできるが、女性は家族と疎遠になることで介護時間の増加が顕著である。それだけ介護負担が増えているといえる。

　ただし、本書の目的は、家族関係の詳細を描くことではなく、こうした家族関係が介護離職につながっているかを明らかにすることである。そこで、ここまでのクロス集計を総括するため、家族関係と介護離職の間に関連性が

あるといえるか、第 8-4-8 図でみてみよう。

　要介護者との関係が良好であるか否かについては、仕事を「続けられない」という離職リスクと関連性がみられない。一方、家族関係悪化については、「悪化あり」の方が「悪化なし」に比べて仕事を「続けられない」という割合は高い。男女を比較してみると男性の方が家族関係悪化の有無による離職リスクの差は大きい。また「悪化あり」の男女を比較してみると、男性の方が「続けられない」という割合が高い。それだけ男性は家族関係悪化が介護離職につながりやすいといえる。だが、「続けられる」という割合は男女差がなく、「わからない」の割合が女性に比べて低い。このことが「続けられない」という割合の高さにつながっている。

　女性に比べて男性は家族関係が悪化しても自分一人だけで介護をしている割合は低かった。つまり、家族の中の介護要員という意味では、家族関係が

第 8-4-8 図　要介護者・家族との関係別　主観的介護離職リスク

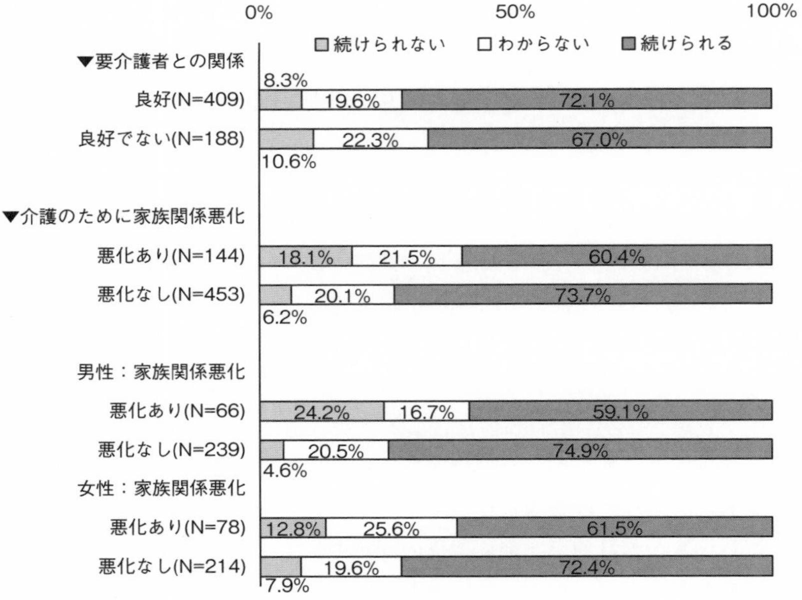

資料）労働政策研究・研修機構「家族の介護と就業に関する調査」（2019 年）
筆者作成

悪化しても男性の方が女性より恵まれているはずである。にもかかわらず、男性の方が離職につながりやすいのは、仕事の責任の重さ等、介護より仕事の問題によるものと考えることができる。そうであるなら、男女の職域統合が進んでいけば、女性も家族関係悪化が現状より介護離職につながりやすくなると予想される。

3　友人との関係悪化

　もう1つ、家族と職場の中間に位置づけることができる友人との関係悪化についてもみておこう。第8-4-9図は介護のために友人との関係が悪化したという割合を男女および介護方針別に示している。男女差はあまりなく、献身的である場合は友人関係悪化割合が高いという、介護方針による違いが明確である。

　そして、第8-4-10図が示すように、介護による友人関係悪化は介護離職とつながっている。注目したいのは、女性の結果である。男性だけでなく、女性においても友人関係悪化がある場合は（仕事を）「続けられない」という主観的介護離職リスクが高い。これは、家族関係悪化との関係ではみられなかった傾向である。女性は家族関係が悪化した場合も（仕事を）「続けられない」という離職リスクの割合はそれほど高くなっていなかった。家族との関係悪化よりも友人との関係悪化の方が、女性の仕事と介護の両立にとって望ましくないといえる。

　なお、図表は割愛するが、自身の悩みを相談できる相手として女性が「隣人、友人・知人」を挙げる割合は、友人との関係「悪化なし」の場合は54.8％であるのに対し、友人関係の「悪化あり」は37.5％に留まる。同じく男性が「隣人、友人・知人」に悩みを相談する割合は、友人との関係「悪化なし」が26.1％に対して友人関係の「悪化あり」では33.3％である。

　ここでも男性は人間関係の悪化が孤立につながっていないといえる。一方で、女性は友人関係の悪化が悩みを相談できる交友関係の縮小につながりやすい。しかし、女性全体でみれば、52.4％が「隣人、友人・知人」の相談相手がいるのに対し、男性は27.2％であり、友人との関係が悪化するか否かの前に、そもそも悩みを相談する友人がいないことが男性の特徴だといえる。

第 8-4-9 図　男女・介護方針別　介護による友人関係悪化割合

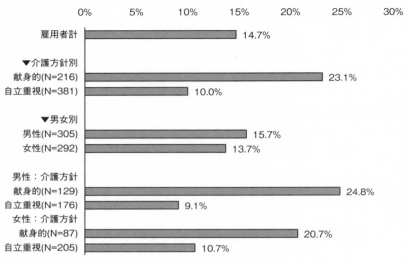

資料）労働政策研究・研修機構「家族の介護と就業に関する調査」（2019 年）
筆者作成

第 8-4-10 図　介護による友人関係悪化の有無別　主観的介護離職リスク

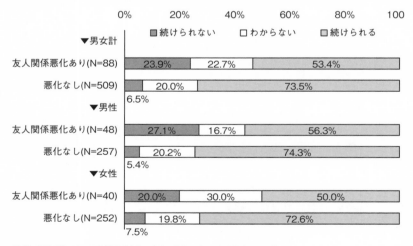

資料）労働政策研究・研修機構「家族の介護と就業に関する調査」（2019 年）
筆者作成

4 人間関係と介護離職リスク

　ここまで、介護をめぐる人間関係の問題を、職場・家族・友人という 3 つの領域について検討してきた。しかし、職場・家族・友人との関係には一貫性と非一貫性を想定することができる。

　一貫性とは職場・家族・友人のいずれにおいても仕事と介護を両立しやすい関係を構築している場合である。反対に、家族との関係が悪化している人は友人とも疎遠になりがちだというようなケースもあるだろう。実際、図表は割愛するが、友人関係悪化ありの割合は、家族関係悪化ありの場合に37.0％あり、家族関係悪化なしの場合の 6.1％に比べて明らかに高い。こうした人間関係の相互関係をコントロールして、介護離職につながる人間関係の課題を明らかにするための多変量解析を行ってみよう。

　ただし、本題である介護離職の分析の前に次のことに留意したい。それは、育児・介護休業法が規制の対象とする企業にとって従業員の家族関係や友人関係は関与することができないプライベートの問題であるということである。家族や友人との人間関係が原因で介護離職の危機に直面しても、企業はその人間関係に介入することはできない。

　だが、仕事と介護を両立しにくい人事労務管理のしわ寄せが家族や友人との関係に影響するということはあるだろう。献身的な介護方針を前提に考えた場合はなおさらそのような可能性があるに違いない。そこで、職場の要因に着目して介護による家族関係悪化と友人関係悪化の規定要因を明らかにするための回帰分析を最初に行いたい。第 8-4-1 表に結果を示す。

　推計 1 は「介護による家族関係悪化」、推計 2 は「介護による友人関係悪化」を被説明変数とし、それぞれ「あり」を 1、「なし」を 0 としている。説明変数には職場で私生活を気軽に話せるか否かの変数（話せる =1、話せない =0）を投入している。説明変数のコントロール変数は、説明変数は前章までと同じく、性別、本人年齢、介護期間、最終学歴、現職雇用形態、現職種、現在の仕事が好きである度合い、希望どおりに休暇を取れるか否か、1 日の就業時間（残業を含む）、仕事がある日の介護時間、要介護者との続柄、要介護認定における要介護度、認知症にともなう昼夜逆転有無、仕事中の呼び出し有無、同別居、仕事と介護の選好、そして介護による健康状態悪

第 8-4-1 表　介護による家族関係・友人関係悪化の規定要因

被説明変数	推計 1 介護による家族関係悪化有無			推計 2 介護による友人関係悪化有無		
	係数値	標準誤差	オッズ比	係数値	標準誤差	オッズ比
性別（男性 =1, 女性 =0）	-.145	.271	.865	-.052	.343	.950
本人年齢	-.013	.015	.987	-.012	.019	.988
介護期間	-.010	.034	.990	-.045	.044	.956
最終学歴（BM: 中学・高校卒）						
短大・専門卒	.085	.309	1.089	.232	.418	1.261
大学・大学院卒	.257	.300	1.293	.799	.407	2.222
現在雇用形態（正規 =1, 非正規 =0）	.131	.281	1.140	.417	.362	1.518
現職種（BM: 事務）						
専門・管理	.449	.334	1.567	.510	.442	1.666
販売・サービス	.249	.324	1.283	.237	.442	1.267
現業	-.012	.312	.988	.421	.403	1.523
現在の仕事が好き	-.010	.129	.990	.071	.167	1.073
希望どおりに休暇を取れる（該当有無）	-.298	.262	.742	-.449	.336	.638
1 日の就業時間	-.052	.055	.949	-.003	.064	.997
仕事がある日の介護時間	.053	.067	1.054	.150	.081	1.162
要介護者（BM: 自分の父母）						
配偶者	.124	.686	1.132	.654	.795	1.924
配偶者の父母	.321	.333	1.379	.502	.425	1.652
自分・配偶者の祖父母	.094	.437	1.099	.210	.555	1.233
その他の親族	-.208	.563	.813	-.699	.762	.497
要介護認定（BM: 自立・要支援）						
要介護 1・2	.689	.390	1.991	.047	.470	1.049
要介護 3・4・5	.765	.390	2.149	-.073	.463	.929
未認定・不明	.601	.518	1.823	.069	.684	1.071
認知症による昼夜逆転（BM: 認知症なし）						
昼夜逆転あり	-.178	.466	.837	-.402	.623	.669
昼夜逆転なし	.198	.236	1.219	.173	.309	1.189
仕事中の呼び出し有無	1.280	.248	3.598 **	1.594	.310	4.921 **
同別居（BM: 施設）						
同居	.254	.318	1.289	.395	.440	1.485
別居	-.156	.340	.855	.084	.480	1.088
仕事と介護の選好（BM: 介護重視）						
中立	-.132	.334	.876	-.416	.410	.660
仕事重視	.102	.345	1.107	-.202	.430	.817
介護による健康状態悪化（BM: なし）						
介護疲労あり	1.494	.342	4.454 **	1.408	.537	4.087 **
介護による傷病あり	2.156	.400	8.636 **	2.763	.562	15.839 **
介護方針（自立重視 =1, 献身的 =0）	-.061	.258	.941	-.565	.339	.569
職場で私生活を話せる（該当有無）	-.401	.237	.670	-.764	.311	.466 *
定数	-2.403	1.226	.090	-3.541	1.619	.029 *
χ 2 乗値	138.883 **			168.353 **		
自由度	31			31		
N	597			597		

分析方法：二項ロジスティック回帰分析
有無はそれぞれ「あり」＝ 1，なし =0
** p <01　* p<.05
資料）労働政策研究・研修機構「家族の介護と就業に関する調査」（2019 年）
筆者作成

化の有無とする。推計結果をみると、仕事中の呼び出しの有無と、介護のよる健康状態悪化の有無が「推計1」「推計2」とも有意な効果を示しており、仕事中に呼び出しがある場合や、介護疲労、介護による傷病がある場合に、家族や友人との関係が悪化する確率が高くなることを示唆している。

　ただし、家族関係悪化については、これによって介護分担に支障が生じた結果、仕事中の介護への対応を家族に頼ることができなくなったり、介護負担が増して健康状態悪化を招いたりするという逆の因果関係も想定することができる。

　一方、友人関係については、仕事中にも介護に対応する必要があったり、健康状態が悪化したりするほど、介護に追われる生活の中では、時間的なゆとりの面でも、体力的・精神的な面でも、友人との関係を維持することが難しくなっている可能性を考えることができる。反対に、職場で仕事のことを話せる場合は友人関係が悪化している可能性が低いことを「推計2」の結果は示唆している。

　だが、これが職場の雰囲気づくりによるものなのか、労働者個人のコミュニケーション能力によるものなのかは区別しておく必要があるだろう。

　家族以外の人から支援を得られる関係の構築という意味で、友人関係と職場の上司や同僚との関係は通じるところがある。そのように考えるなら、個人の人間関係構築能力によるという解釈は筋が通る。一方、職場の雰囲気によるものだとするなら、そのような雰囲気づくりに取り組む職場マネジメントが、労働者のプライベートな友人関係に影響するということは直接的には考えにくい。したがって、労働者個人のコミュニケーション能力の問題である可能性が高いといえる。

　なお、本章で注目してきた介護方針は、ここでは家族・友人関係の悪化と関連性がみられない。これは第7章でみたように、介護による健康状態悪化と介護方針が関係しているためであると考えることができる。つまり、〈献身的な介護方針→介護による健康状態悪化→家族・友人との関係悪化〉という関係であると理解することができる。

　以上の結果を踏まえて、第8-4-2表と第8-4-3表において職場・家族・友人との人間関係が介護離職と関係しているかを明らかにする回帰分析の結果

第8-4-2表　主観的介護離職リスクの規定要因
─介護による家族関係悪化と両立支援ニーズの関係─

被説明変数	主観的介護離職リスク（続けられない =1，続けられる・わからない =0）					
	推計1			推計2		
	係数値	標準誤差	オッズ比	係数値	標準誤差	オッズ比
性別（男性 =1, 女性 =0）	-.676	.385	.509	-.581	.422	.559
本人年齢	.002	.021	1.002	.000	.023	1.000
介護期間	.014	.048	1.015	.013	.051	1.013
最終学歴（BM: 中学・高校卒）						
短大・専門卒	.486	.481	1.626	.590	.523	1.803
大学・大学院卒	.889	.452	2.433 *	.700	.496	2.013
現職雇用形態（正規 =1, 非正規 =0）	-.023	.398	.977	.046	.452	1.047
現職種（BM: 事務）						
専門・管理	.017	.456	1.017	.088	.505	1.092
販売・サービス	-.639	.492	.528	-.304	.533	.738
現業	-.228	.436	.796	-.137	.474	.872
現在の仕事が好き	-.335	.180	.716	-.324	.205	.723
希望どおりに休暇を取れる（該当有無）	-.539	.354	.583	-.294	.394	.745
1日の就業時間（残業含む）	.164	.067	1.178 *	.110	.080	1.117
仕事がある日の介護時間	-.111	.106	.895	-.198	.119	.821
要介護者（BM: 自分の父母）						
配偶者	-.222	1.101	.801	.060	1.149	1.061
配偶者の父母	.448	.465	1.564	.554	.499	1.740
自分・配偶者の祖父母	-.193	.637	.825	-.212	.663	.809
その他の親族	.900	.632	2.459	.913	.786	2.493
要介護認定（BM: 自立・要支援）						
要介護1・2	-.334	.524	.716	-.180	.578	.835
要介護3・4・5	-.004	.502	.996	.331	.553	1.393
未認定・不明	.811	.605	2.250	1.329	.660	3.778 *
認知症による昼夜逆転（BM: 認知症なし）						
昼夜逆転あり	-1.352	1.111	.259	-1.529	1.139	.217
昼夜逆転なし	.101	.338	1.107	-.081	.378	.922
仕事中の呼び出し有無	.008	.398	1.008	-.413	.457	.662
同別居（BM: 施設）						
同居	1.017	.529	2.764	1.079	.587	2.941
別居	.846	.548	2.329	.850	.603	2.340
仕事と介護の選好（BM: 介護重視）						
中立	-.695	.453	.499	-.868	.485	.420
仕事重視	-.595	.464	.552	-.810	.500	.445
介護による健康状態悪化（BM: なし）						
介護疲労あり	.437	.460	1.548	.284	.490	1.329
介護による傷病あり	.823	.550	2.278	.536	.610	1.710
介護方針（自立重視 =1, 献身的 =0）	-.677	.365	.508	-.668	.402	.513
職場で私生活を話せる（該当有無）	-.393	.344	.675	-.375	.388	.687
介護による家族関係悪化有無	.940	.373	2.560 *	.606	.420	1.833
介護サービスの時間的ミスマッチ有無		—		.376	.441	1.456
短時間勤務の必要性有無		—		.869	.390	2.384 *
定数	-2.920	1.675	.054	-2.808	1.885	.060
χ2乗値	70.205 **			58.589 **		
自由度	32			34		
N	597			515		

分析方法：二項ロジスティック回帰分析
有無はそれぞれ「あり」＝ 1，なし =0
** p <01　* p<.05
資料）労働政策研究・研修機構「家族の介護と就業に関する調査」（2019年）
筆者作成

240

第 8-4-3 表　主観的介護離職リスクの規定要因
―介護による友人関係悪化と両立支援ニーズの関係―

被説明変数	主観的介護離職リスク（続けられない =1, 続けられる・わからない =0）					
	推計 1			推計 2		
	係数値	標準誤差	オッズ比	係数値	標準誤差	オッズ比
性別（男性 =1, 女性 =0）	-.708	.389	.493	-.609	.424	.544
本人年齢	.006	.021	1.006	.003	.023	1.003
介護期間	.023	.048	1.023	.020	.051	1.020
最終学歴（BM: 中学・高校卒）						
短大・専門卒	.455	.483	1.577	.558	.525	1.747
大学・大学院卒	.814	.454	2.256	.616	.498	1.852
現職雇用形態（正規 =1, 非正規 =0）	-.092	.404	.912	-.015	.460	.985
現職種（BM: 事務）						
専門・管理	-.057	.464	.945	.026	.513	1.027
販売・サービス	-.685	.496	.504	-.380	.540	.684
現業	-.317	.441	.728	-.232	.481	.793
現在の仕事が好き	-.359	.181	.698 *	-.372	.210	.689
希望どおりに休暇を取れる（該当有無）	-.509	.358	.601	-.243	.400	.784
1 日の就業時間（残業含む）	.169	.068	1.185 *	.127	.081	1.135
仕事がある日の介護時間	-.121	.106	.886	-.200	.118	.819
要介護者（BM: 自分の父母）						
配偶者	-.334	1.114	.716	-.154	1.181	.858
配偶者の父母	.416	.468	1.516	.545	.505	1.724
自分・配偶者の祖父母	-.202	.638	.817	-.195	.659	.823
その他の親族	.983	.640	2.671	1.032	.789	2.808
要介護認定（BM: 自立・要支援）						
要介護 1・2	-.288	.531	.750	-.177	.584	.838
要介護 3・4・5	.050	.510	1.051	.333	.558	1.395
未認定・不明	.852	.616	2.344	1.317	.667	3.731 *
認知症による昼夜逆転（BM: 認知症なし）						
昼夜逆転あり	-1.441	1.132	.237	-1.557	1.157	.211
昼夜逆転なし	.042	.341	1.043	-.139	.381	.870
仕事中の呼び出し有無	-.151	.411	.860	-.525	.468	.591
同別居（BM: 施設）						
同居	1.009	.541	2.744	1.030	.595	2.800
別居	.851	.560	2.342	.827	.612	2.286
仕事と介護の選好（BM: 介護重視）						
中立	-.558	.457	.572	-.735	.490	.479
仕事重視	-.509	.466	.601	-.732	.504	.481
介護による健康状態悪化（BM: なし）						
介護疲労あり	.390	.462	1.478	.263	.493	1.301
介護による傷病あり	.605	.570	1.831	.310	.630	1.364
介護方針（自立重視 =1, 献身的 =0）	-.631	.370	.532	-.612	.410	.542
職場で私生活を話せる（該当有無）	-.312	.351	.732	-.254	.399	.776
介護による家族関係悪化有無	.678	.403	1.970	.287	.462	1.332
介護による友人関係悪化有無	.912	.450	2.490 *	1.022	.534	2.780
介護サービスの時間的ミスマッチ有無	―			.208	.461	1.231
短時間勤務の必要性有無	―			.844	.400	2.325 *
定数	-3.167	1.701	.042	-2.964	1.907	.052
χ 2乗値	74.293 **			62.291		
自由度	33			35		
N	597			515		

分析方法：二項ロジスティック回帰分析
有無はそれぞれ「あり」= 1, なし =0
** p ＜01　　* p<.05
資料）労働政策研究・研修機構「家族の介護と就業に関する調査」（2019 年）
筆者作成

を示す。家族関係の悪化と友人関係の悪化は関連する部分もある。だが、家族と友人では期待される役割が異なる面もある。そこで、第8-4-2表において、まず家族関係悪化と介護離職リスクの関係を分析し、その後に、第8-4-3表において友人関係悪化と介護離職リスクの関係を分析することにしたい。

第8-4-2表の結果からみよう。推計1は、第8-4-1表と同じ説明変数に家族関係悪化の有無を追加している。被説明変数の主観的介護離職リスクは、前章までと同じく「続けられない」が1、「続けられる」と「わからない」を0とする。

結果をみよう。まず、コントロール変数については、前章までと同じく中学・高校卒に比べて大学・大学院卒の場合や、1日の就業時間が長い場合は主観的介護離職リスクが高まることを、分析結果は示している。その上で、「介護による家族関係悪化」がある場合は「主観的介護離職リスク」も高いという関連性を示している。

第5章と第6章で「主観的介護離職リスク」にプラスの関連性を示していた「介護による健康状態悪化」の変数は、ここでは有意ではない。第8-4-1表は「介護による健康状態悪化」が「介護による家族関係悪化」と相関していることを示していた。家族関係悪化と健康状態悪化は、どちらが原因でどちらが結果とはいえない面がある。だが、第8-4-2表の結果を踏まえるなら、〈介護による健康状態悪化→家族関係悪化→主観的介護離職リスク〉という関係がみえてくる。もし介護疲労や介護による傷病という健康状態悪化に直面しても家族との関係が悪化していないなら、介護を分担できるだろう。それゆえに離職までは考えないということだと解釈できる。

では、このような家族関係悪化と関連した介護離職リスクの問題は、育児・介護休業法と接点をもちうるだろうか。言い換えるなら、介護離職をめぐる関係的構造と制度的構造にはどのような接点があるといえるだろうか。そのような問題意識で、推計2に両立支援のニーズを追加投入した結果を示す。投入する変数は、「短時間勤務の必要性」と「介護サービスの時間的ミスマッチ」の有無である。

「短時間勤務の必要性」は、家族関係悪化にともなう介護負担の増加に対

して、生活時間配分もしくは健康管理の面で、仕事の負荷を減らすという方法が有効であるかを問題にしている。一方、「介護サービスの時間的ミスマッチ」は、短時間勤務をする代わりに介護サービスを利用して介護負担を減らすという方法の有効性を想定している。

　結果をみよう。「短時間勤務の必要性」がプラスの有意な関連性を示しており、家族関係悪化の有無は有意ではなくなっている。家族関係悪化に関連した介護離職リスクに短時間勤務で対応できるといえる。推計 1 の結果とあわせて考えるなら、〈家族関係悪化→短時間勤務の必要→主観的介護離職リスク〉という関係で理解することができる。

　この結果を踏まえて、第 8-4-3 表において、「介護による友人関係悪化」と「主観的介護離職リスク」の関係を検討しよう。推計 1 は、第 8-4-2 表の推計 1 に、「介護による友人関係悪化」を追加している。結果は、「介護による友人関係悪化」がある場合に「主観的介護離職リスク」は高まるという関係があることを示している。

　第 8-4-2 表の推計 1 で有意な関連性を示していた「介護による家族関係悪化」は有意でなくなっている。家族関係悪化より友人関係悪化の方が直接的に主観的介護離職リスクに関係していることを示唆している。ここから、〈介護による家族関係悪化→友人関係悪化→主観的介護離職リスク〉という関係を読み取ることができる。家族との関係が悪化した場合に、家族との介護分担を代替できる友人がいるというケースは多くはないだろう。にもかかわらず、友人関係悪化の方が介護離職のリスクと結びついている。家族関係が悪化した上で、友人関係も悪化すれば、それだけ介護者は孤立を深めて行く、そのことが離職リスクを高めているのではないだろうか。

　最後に第 8-4-3 表の推計 2 として、両立支援ニーズを説明変数に追加投入した結果を示す。結果は、第 8-4-2 表の推計 2 と同じく、「短時間勤務の必要性」が「主観的介護離職リスク」に対してプラスの有意な関連性を示しており、「介護による友人関係悪化」は有意でなくなっている。つまり、友人関係悪化による介護離職のリスクにも、短時間勤務で対応できる可能性があるといえる。

　なお、第 8-4-2 表と第 8-4-3 表の推計 1・推計 2 のいずれにおいても「職

場で私生活を話せる」という変数は有意でない。仕事に関係する変数で有意な関連性を示しているのは、推計1では1日の就業時間であり、推計2では「短時間勤務の必要性」が有意な関連性を示している。つまり、単に介護のことを話しやすいことが大事なのではなく、介護の事情に合わせて勤務時間を短縮できるということが重要であることを分析結果は示唆している。その意味で、相談体制や職場のコミュニケーションより、仕事と介護を両立できる労働時間管理の方が重要だといえる。

第5節　考察：サポートネットワークと両立支援制度

　仕事と介護の両立は、介護休業や介護休暇のような両立支援制度や介護保険制度といったフォーマルな制度だけでなく、職場や家族、友人等との人間関係にも支えられている。そのような問題意識で、家族や友人、職場における人間関係と介護離職の関係を検討した。分析結果の要点は、次のとおりである。

1) 家族や友人との関係悪化は主観的介護離職リスクを高める。
2) 介護による健康状態悪化や仕事中に介護のことで呼び出されることは、家族や友人との関係悪化につながりやすい。反対に、職場で介護のことを話せる場合は友人関係の悪化を回避している可能性がある。
3) 家族・友人関係の悪化にともなう主観的介護離職リスクも短時間勤務のニーズと関連性がある。

　これらの知見を図にすると第8-5-1図のようになる。白いボックスは前章までに検討した要因であり、これにグレーのボックスの要因を追加して介護離職や両立支援ニーズとの関係を検討した。職場で私生活を話せる関係と家族・友人関係の悪化は相互に関連しており、家族関係と友人関係の悪化は介護離職のリスクを高めるが、短時間勤務によって対応可能という図式になる。その意味で、人間関係に依拠したサポートネットワークより、短時間勤務という制度的な支援の有無の方が介護離職に直接関係する問題であるといえる。

　ただし、企業の人事労務管理が家族や友人との関係に直接影響を及ぼすこ

第 8-5-1 図　職場・家族・友人関係と介護離職の関係図

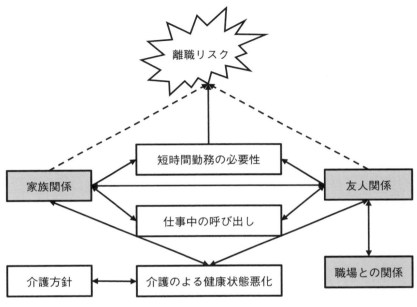

筆者作成

とはできないと考えた方が良い。あくまでも労働者のプライベートな問題である。家族・友人関係の悪化と関係のある健康状態悪化や仕事中の呼び出しという問題も人事労務管理として企業から労働者に働きかけることができる問題ではない。

　職場で私生活のことを話せる場合は、介護による友人関係悪化を回避している可能性が高いという結果も、労務管理の結果というよりは、友人や職場の上司・同僚と良好な関係をつくれる労働者個人のコミュニケーション能力の問題として考えた方が良いだろう。

　しかし、だからといって、企業が家族や友人との関係悪化にともなう介護離職を防ぐことができないわけではないことを分析結果は示唆している。家族・友人関係の悪化によって増加した介護負担は、短時間勤務の必要性という形で企業の両立支援と接点をもつからである。つまり、介護離職につなが

る家族や友人との関係悪化を直接予防することは企業にはできないが、家族・友人との関係悪化によって増加した介護負担のフォローはできるといえる。介護離職につながる企業外の問題に直接アプローチできなくても、結果的に介護離職を防ぐ方法はあるということである。

　仕事と介護の生活時間配分の問題として両立支援制度を設計している育児・介護休業法の制度的構造に対して、介護離職のリスクに直面する労働者の関係的構造には、介護者の健康問題や要介護者・家族・友人との人間関係等、異なる次元の問題がある。そしてそれらの問題は、企業にとって事情を把握しにくい問題である。問題を把握しても企業が介入できない問題でもある。しかし、それでも結果的に介護離職を防止する手立てはある。短時間勤務のニーズは、その接点になりうることを分析結果は示唆している。

多様性に対応した両立支援に向けて

第1節　分析結果の要約：介護離職と両立支援ニーズ

1 両立支援ニーズの多様性と代替関係

　育児・介護休業法は、介護離職の防止を目的としているが、その守備範囲は、実際に介護離職をする労働者が直面している問題の広さに比して狭いのではないか。そのような問題意識で、家族の介護をしながら働く労働者の離職行動と、今後の介護離職に関する主観的リスクに着目し、労働者がどのような状況で介護離職の危機を感じ、どのような両立支援を求めているのかを分析してきた。

　この分析を通じて法制度に表れる制度的構造と実際の労働者の行為に表われる関係的構造の乖離を明らかにするとともに、両者の接点となる両立支援ニーズを明らかにしてきた。各章から様々な知見を得ることができるが、育児・介護休業法という制度的構造にとって重要な分析結果は、以下のようにまとめることができる。

1)　3か月を超える長期介護休業のニーズは介護離職のリスクを高める。その主な理由は、日常的な介護への対応と介護者の健康問題。

2)　介護休業・介護休暇・短時間勤務のニーズは相互に関連しており、長期の介護休業が必要な離職リスクには短時間勤務でも対応可能。

3)　介護による健康状態悪化や家族・友人との関係悪化にともなう介護離職リスクにも短時間勤務で対応可能。

　また、各章において発見された事実関係をチャート図にして示してきたが、総括として1つの図に集約するなら、第9-1-1図のようになる。

　序章で示したように、縦軸に制度的構造と関係的構造、横軸に仕事領域と介護領域という4象限で介護離職の要因を整理するなら、育児・介護休業法は仕事領域の制度的構造という位置づけになる。同法が規定する93日以内

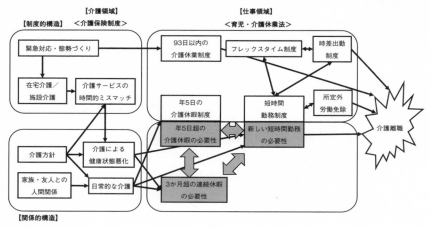

第9-1-1図　育児・介護休業法の枠組みと両立支援ニーズの構造図

筆者作成

　の介護休業制度、年5日の介護休暇制度、勤務時間短縮等の選択的措置義務
として短時間勤務制度・フレックスタイム制度・時差出勤制度と、所定外労
働免除を白いボックスで図に示しているが、介護休業制度、所定外労働免
除、時差出勤制度は、介護離職を抑制する効果が期待できることを分析結果
は示唆していた。

　一方、介護領域については制度的構造として介護保険制度による介護サー
ビスの供給制約、関係的構造としては日常的な介護への対応と介護者の健康
問題に着目してきた。さらに、その背後にある介護方針や家族・友人との人
間関係にも目を向けた。それらも白いボックスで示している。

　本書において重要なのは、これらの要因が、現行の育児・介護休業法の規
定に収まらない両立支援ニーズと結びついていることである。その両立支援
ニーズをグレーのボックスで示している。この新たな両立支援ニーズは、現
状では、育児・介護休業法の外にあり、年次有給休暇（年休）等を取得する
か、現場の運用で勤務時間を調整するといった方法で労働者は仕事と介護の
両立を図っている。その意味で、仕事領域の関係的構造に位置づけることが
できる。企業を規制の対象とする育児・介護休業法は介護領域の問題に直接

介入することはできないが、この両立支援ニーズは、家族介護を担う労働者が仕事と介護の両立を図る行為の関係的構造と、介護離職の回避を支援する育児・介護休業法の制度的構造の接点になりうる。

　典型は、法定介護休業期間を超える3か月超の連続休暇の必要性である。これは法定介護休業制度の想定にない日常的な介護や介護者の健康問題に関係するニーズである。この3か月超の連続休暇を必要とする場合は介護離職のリスクが高くなるという関係がみられる。「介護離職ゼロ」を実現するためには、無視できない結果といえるだろう。しかしながら、介護の始まりから終わりまでの全期間を対象に、どのくらいの介護休業期間があれば十分といえるか、その答えを1つに集約することは難しい。

　そこで、日常的な介護については、もともと介護休暇と勤務時間短縮等の選択的措置義務で対応するという枠組みであったことを踏まえ、介護休業と介護休暇・短時間勤務の代替関係を検討した。その結果から、日常的な介護への対応方法として、介護休業の期間を延ばす代わりに年5日の介護休暇の日数を増やすという選択肢もあること、また介護休業の代わりに短時間勤務制度を導入することも、介護離職防止につながることが示唆された。

　したがって、3か月超の連続休暇の必要性が介護離職に結びつく可能性があることは看過できないが、即座に介護休業期間を延ばすべきという結論を出すことにも慎重になる必要がある。93日を超える介護休業の代わりに、介護休暇の日数を11日以上に増やしても良い。また、介護休暇だけでなく、介護休業も時間単位で取得できるようにすることで、短時間勤務を可能にするという方法もある。そうした代替的な方法でも介護離職を回避できる可能性があるからである。つまり、介護休業期間を延ばして欲しいという労働者のニーズを詳しく検討した結果、介護休業期間を延ばす必要はないという反対の結論にもなりうる。

　こうした点を強調するため、図においても、両立支援ニーズの代替関係をグレーの太い矢印で表している。そして、労働者の介護休業ニーズと現実の介護休業制度の設計の間には距離があることを表すため、93日以内の介護休業制度と3か月超の連続休暇の必要性は離して表示している。

　労働者にとって重要なのは、介護休業を取ること自体ではなく、休業を

取って何をするかという目的であり、介護休業以外の方法、たとえば介護休暇や短時間勤務でその目的を果たすことができるなら、介護休業という手段を採用しなくても良いということになる。当機構の介護離職研究は、介護休業の取得者はなぜ少ないかという問いから始まっているが、その答えは、他の制度でも代替できるからである。

2 短時間勤務の新たな可能性

　本書の分析結果の中で特筆すべきは、短時間勤務の新たな可能性が様々に示唆されたことである。これまでの短時間勤務はフレックスタイムや時差出勤制度と代替関係にあるという法律上の位置づけであった。この位置づけにおける短時間勤務制度は時差出勤制度で代替可能であることも本書の分析から明らかになっている。短時間勤務制度を単独で義務化せずに選択的措置義務の1つに留めた2016年改正の政策判断と整合的であるといえる。

　しかしながら、短時間勤務には時間単位で部分的に仕事を休む「部分休業」という、介護休業や介護休暇と代替的な関係にある新たなニーズもあることが本書の分析から明らかになった[1]。

　関連して留意したいのは、介護休業の分割取得と介護休暇の時間単位取得が可能になったことによって、介護休業・介護休暇・短時間勤務は性質が近づいてきているということである。介護休業は最低取得日数を定めていないため、制度改正によって分割回数を増やしていけば、実質的に介護休暇のような取り方ができるようになる。また介護休暇の時間単位取得は1日単位で短時間勤務をしていることになるだろう。その介護休暇の日数を増やせば、介護休業のような取り方も短時間勤務のような使い方もできるようになる。

　また、短時間勤務の必要性は、日常的な介護だけでなく、労働者の健康問題や家族・友人との人間関係、あるいはどのように介護をするかという介護方針とも関係している。それだけ、短時間勤務の守備範囲は広いといえる。

　改めて、その守備範囲を第9-1-2図で確認しておこう。この図は、本書で

1　短時間勤務が介護休業の代わりになるために、短時間勤務制度をどのように設計すべきであるかという問題は本書では検討していない。フレックスタイムや時差出勤制度との代替関係を想定した現状の短時間勤務制度の考え方を変える必要があるかは今後の検討課題としたい。

第 9-1-2 図　介護離職問題の三次元構造と両立支援制度の守備範囲

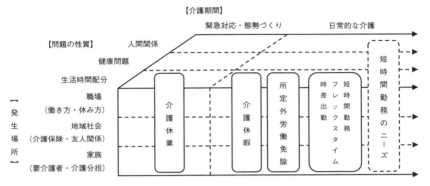

労働政策研究・研修機構（2020b）・池田（2021a）を元に筆者作成

　検討してきた介護離職の問題構造を示している。「介護期間」「問題の性質」「発生場所」の三次元構造になっているが、介護期間は、「緊急対応・態勢づくり」と「日常的な介護」という 2 つの局面を繰り返しながら、介護終了に向かう時間の流れとして整理できる。問題の性質は「生活時間配分」「健康問題」「人間関係」の三層になっている。また、問題の発生場所は「職場」「地域社会」「家族」に分けることができる。介護離職をゼロにするためには、この三次元構造をカバーする両立支援制度を整備する必要がある。

　実線で囲っている「介護休業」「介護休暇」「短時間勤務・フレックスタイム・時差出勤」のボックスは現行の育児・介護休業法の守備範囲が、職場・地域社会・家族において生じる生活時間配分の問題への対応を想定していることを意味している。一方、点線で囲んでいる「短時間勤務のニーズ」は、本書で明らかになった新しい短時間勤務のニーズを指しているが、育児・介護休業法が想定する生活時間配分の問題だけでなく、健康問題や人間関係にも広がっている。

　この新たな短時間勤務のニーズは介護離職のリスクとつながっており、「介護離職ゼロ」の実現に向けて、改めて短時間勤務制度のあり方を検討することが重要な課題であることを本書の分析結果は示唆している。

第2節　政策的示唆：両立支援制度の守備範囲の広げ方

1　制度の中心線と守備範囲

　本書の分析結果から、3か月を超える長期の介護休業や短時間勤務のニーズは、介護離職を防止するための仕事と介護の両立支援制度づくりにおいて無視できないという結論になる。しかし、このことは、仕事と介護の両立を図る労働者の"多く"が介護休業期間の拡大を求めている、介護のために短時間勤務を必要としている労働者が"多い"ということではない。

　序章でそのような問題意識ではないことを明記しているが、ここでも念のため、本書の事実発見を、これまでの介護離職に関する研究と政策の文脈に適切に位置づけておきたい。

　これまでの介護離職に関する研究は多様な介護の実態の中に共通性を見出し、その共通性を中心線とすることで、仕事と介護の両立支援制度の整備に役立つ知見を蓄積してきた。当機構における一連の研究も同じ観点を共有してきた。まずは、この共通性に立脚した仕事と介護の両立支援の中心線となる考え方をおさらいしておこう。

　要介護状態の時間的な経過は、原因疾患を発症した直後に典型的な「緊急事態」と、その後に日々の生活を送る「日常的な介護」に分けることができる。1995年制定の初期の育児・介護休業法は、この緊急事態に対応することを想定して、3か月1回の介護休業を法制化した。3か月という期間は、当時の原因疾患として最も多かった脳血管疾患をモデルにしている。労働省婦人局編（1994）は介護の実態が多様であることを認めつつ、最も事例が多い脳血管疾患の介護を参照することで、多くの介護者を包摂する制度づくりを試みた。その後、介護の長期化にともなって緊急事態が複数回起こりうるという認識のもと、介護休業を分割して取得できるようになった。

　一方、日常的な介護については、時間の経過にともなう要介護状態の推移が多様であり、先の見通しを立てることが難しいこともあり、1995年時点では、両立支援の制度化が見送られた。だが、2009年の育児・介護休業法改正により、通院の付き添い等に対応した休暇制度として1日単位で取得可能な介護休暇が新設され、その後に時間単位で取得可能になっている。2016

年改正においては、所定労働時間を短縮する短時間勤務制度よりも、所定労働時間は働いた上で残業や休日労働は免除される支援の必要性が高いという認識のもと、所定外労働免除が新たに企業に義務づけられた。

　短時間勤務は育児において義務化されていることから、介護においてもその必要性が検討されたが、介護のために短時間勤務を必要とする労働者は少ない。そうした実態を踏まえて短時間勤務はフレックスタイムや時差出勤、介護サービスの費用補助と並ぶ選択的措置義務に留めたまま、その期間を3年とすることで日常的な介護に対応可能な制度として位置づけられた。

　この政策判断に表われているように、介護は育児と異なる。育児のように長期間の休業を取ったり、所定労働時間を短くしたりして、ケアに多くの時間を割けるようにすることよりも、なるべく仕事をしながら柔軟に介護に対応できる制度の方が多くの労働者の介護の実態に合っている（池田　2021a）。

　そのような考え方にもとづいて、介護休業期間を延ばしたり短時間勤務を義務化したりすることはせず、代わりに介護休業の分割取得や介護休暇の時間単位取得、残業や休日労働のみを免除する所定外労働免除といった制度の整備が進められてきた。繰り返しになるが、仕事と介護の両立を図る多くの労働者に共通する介護の実態に即して考える場合、このような事実認識を覆すデータは今のところない。本書も、そのことは否定していない。

　しかし、少数であっても、やはり3か月を超える介護休業のニーズはある。また同じく少数であるが、短時間勤務のニーズもある。その声に耳を傾けなくて良いのかという問いを「介護離職ゼロ」の政策方針は投げかけているように思う。そのように問題意識を受け止めて、本書では、その少数の両立支援ニーズが介護離職と結びついているかを検討した。繰り返しになるが、両立支援の中心線は変わらないという前提で、制度の守備範囲を広げるため、多様性に目を向けて両立支援制度を拡充する必要性を検討したのが本書である。

　したがって、3か月を超える介護休業も短時間勤務も家族介護を担う労働者の多くが必要としているかといえば、やはり少ない。その前提で、介護を担う労働者自身の健康問題など、育児・介護休業法が想定していないタイプの両立困難に対応しうるという事実発見である。問題に直面する労働者の多

さではなく、対応する問題の種類の多さという意味で軽視できないということである。その意味で、短時間勤務は介護離職防止に大きく貢献できる可能性があるといえる。

1995年の育児・介護休業法制定時の仕事と介護の両立支援制度は要介護者の緊急事態に焦点を当てていた。これを第1段階とするなら、第2段階として日常的な介護に対応した両立支援制度を整備し、2016年に大幅な制度改正を行った。

介護問題の多様性に対応した両立支援制度の課題を検討した本書の分析結果は、さらに次の段階にある仕事と介護の両立支援制度の課題を示唆している。この第3段階の制度設計は、第2段階の延長で行うのではなく、発想の転換が必要である。

第2段階までの制度設計の考え方は、具体的な介護の場面を想定して、その場面に対応する制度をつくるという発想であった。たとえば、緊急事態として脳血管疾患を発症して入院・手術が必要になった場面や、日常的な介護として通院の付き添う場面、あるいは介護保険のケアマネジャーとの面談という場面に対して、緊急対応には介護休業、日常的介護には介護休暇というように制度を充当し、その場面に合うように制度の期間・日数や取得単位を定めてきた。短時間勤務は主として介護保険サービスの通所サービスの送迎時間との関係でその必要性が議論されてきた。バスケットボールでいうマンツーマンディフェンスのような制度のつくり方である。

「この場面にはこの制度」という、従来の発想で第3段階の多様性に対応しようとすると、労働者の健康問題にはまた別の両立支援制度が必要になり、家族・友人関係の悪化にはさらに別の制度が必要になるというように、新しい問題が起きる度に新しい制度を個別につくっていくことになる。だが、そのようにする必要はないというのが本書の結論である。短時間勤務制度は、介護保険サービスの送迎対応にも、健康管理のために仕事の負荷を減らすことにも、家族や友人との関係が悪くなって介護負担が増したときにも使える。このように1つの制度でいろいろな介護の事情に対応できることが

第3段階の制度設計の考え方として重要だといえる。

　また、介護が極端に長期化した場合には、93日の介護休業期間では足りないということがあるかもしれない。そのときに、介護休業と介護休暇を代替的に利用するという考え方もあり得る。つまり、介護休業期間を延ばすのではなく、1年単位で付与する介護休暇の日数を増やすことで、介護休業が想定する緊急対応にも日常的介護にも柔軟に対応できるようにするという考え方である。

　要するに、複数の制度の代替・補完関係の組み合わせで多様な問題に対応するという考え方である。1つの制度が対応できる問題の範囲をなるべく広く取り、その守備範囲を有機的に組み合わせることで、介護離職を防ぐという考え方をすれば、闇雲にたくさんの制度をつくる必要はなくなる。バスケットボールでいうゾーンディフェンスの考え方である。

　このような発想に立てば、EBPMにおける政策の評価や見直しにおいても、制度の目的を厳密に定義して、その目的どおりに制度が機能しているかという第2段階の発想の効果検証はあまり意味をもたないだろう。政策立案のときに想定していなかった制度利用の仕方も含めて、労働者の行動範囲を正確にとらえ、その範囲で介護離職を防止できているかを見定めることが重要になるだろう。育児・介護休業法は仕事と介護の生活時間配分の問題に焦点を当てて制度を設計しているが、実際は自身の健康管理のために制度を使う労働者もいる。家族や友人との関係悪化にともなって短時間勤務が必要だという労働者もいる。

　介護離職をゼロに近づけていくためには、そうした多様な制度の使い方を認め、柔軟な発想で政策の評価と立案を行うことが重要になるといえる。

第3節　今後の課題：介護離職問題の EBPM に向けて

1　本書の研究上の意義

　終わりに、今後の課題を明記しておきたいが、まずは本書の到達点と限界を明らかにするため、研究上の意義を述べておきたい。その要点は以下のとおりである。

1) 労働政策研究には、制度の効果に着目する機能論的アプローチと、制度の仕組みに着目する構造論的アプローチがあることを再確認し、機能論的アプローチに先行する作業として構造論的アプローチの意義を示した。

2) 構造論的アプローチにおいては、規範として人びとを統制する制度的構造と、人びとの相互行為に見出される関係的構造の乖離をとらえることが重要であるが、関係的構造にもとづく当事者の両立支援ニーズをそのまま制度化できるとは限らないこと、その場合の調整として、制度の代替関係に着目し、別の制度によって当事者のニーズに対応することの重要性を示した。

3) 当事者の両立支援ニーズに表われる制度の守備範囲は法律の想定と異なる場合があるため、従来の枠組みで効果が期待できない制度であっても、別の観点からとらえ直すことで効果が期待できるようになることを示した。

近年は、EBPM（Evidence-Based Policy-Making）の名の下に制度の効果検証つまり機能論的アプローチへの関心が高まりつつある。だが、仕事と介護の両立支援においては、効果がありそうだといえるほど制度の利用者がいない。そのため、まずは労働者に利用される制度をつくることが課題であった。EBPM の枠組みでいえば、政策評価のための因果推論の前に、政策立案のためのロジックモデルの構築が課題であったといえる。そのためのエビデンスを本書は示してきた。その意味で、構造論的アプローチは機能論的アプローチに先行する。

社会学的な構造概念においては、制度的構造と関係的構造の関係が問題になってきた。本書は、育児・介護休業法改正の歴史を踏まえ、関係的構造に合わせて制度的構造が変わる側面を強調している。しかしながら、当事者の実態に即した両立支援ニーズをそのまま法制度にできるとは限らない。その意味で、制度的構造と関係的構造は、論理的に折り合わない部分があり、両者が接合するための調整が必要であることを指摘した。

そのために、制度の代替関係に着目することの重要性を示し、日常的な介護のための介護休業ニーズに対して、介護休暇や短時間勤務でも対応できる

可能性があることを示した。当事者の切実なニーズを声高に主張するだけでは法改正はできない。法学にもとづく制度設計の専門知識が必要になる。考えてみれば当たり前のことであるが、人びとの相互行為の実態つまり関係的構造に関心が傾斜しすぎるとつい見落とされがちではないだろうか。

　その一方で、制度的構造の規範的側面に傾斜した議論は、既存の制度の枠内で、教育、指導、助言、取り締まり、つまり社会化と社会統制を通じて人びとを制度に従わせれば、問題を解決できるという考え方になりがちである。しかし、介護離職問題においては、既存の制度の枠組みが当事者の実態の多様性に対応できていなかった。本書は、制度の守備範囲という言葉でこの問題に焦点を当て、短時間勤務制度を従来の枠内ではなく新たに位置づけ直した。

　制度的構造と関係的構造は、それぞれ異なる論理で成り立っている。両者が折り合っている部分だけをみれば、制度が人びとの行為を統制し、反対に、人びとの行為が制度を作り替えているようにみえる。しかし、両者には折り合わない面もある。その意味で、本書の構造概念は多元的である。言語の文法のように行為全体を包摂する統一的な規則の体系を想定していない。

　理由は単純で、その方が介護離職という問題の性質になじむからである。研究テーマには、社会化と社会統制の論理がなじむものもあれば、構造化の論理がなじむものもある。Parsons and Bales（1956）が示したように、子育てや教育は社会化と社会統制がなじむ。反対に、Giddens（2006）のコーヒー市場の例はフェアトレード運動を連想させる。その意味で、市民活動や社会運動は構造化理論になじむといえるかもしれない。同じく、労働政策研究になじむフレームワークとして多元的構造概念を本書は採用している。労働政策は、政府・労働者・使用者（政労使）の協議にもとづいて決定することが国際標準になっている。制度的構造と関係的構造の調整という考え方は介護離職問題に留まらず、政府による政策と労使の自治にもとづく就業実態の調整の問題として労働政策研究一般に応用できる可能性がある。

　社会学的な労働政策研究として、本書は、構造－機能主義の発想を引き継いでいる。そのため、構造への着眼を強調しつつ、機能への関心も捨ててはいない。育児・介護休業法が介護離職の防止という目的をもっている以上、その効果を問うことは避けられない。

　だが、仕事と介護の両立に関する研究は、制度の効果を問題にする前段階の課題に関心を向けてきた。どのような両立支援制度によって介護離職をゼロに近づけることができるか、当初は想像がつかなかったからである。だが、今は想像がつくようになった。したがって、今後は、その想像が正しいといえるか、制度の効果を問うことが重要になってくる。EBPM の枠組みに沿っていえば、本書で構築したロジックモデルを元に政策の効果検証をすることが今後の課題であるといえる。

　本書が強調してきた制度の守備範囲とは、制度の機能が及ぶ範囲であり、制度の代替関係は、R.K.Merton や N.Luhmann のいう「機能的等価性」概念に置き換えることができる。異なる制度が同じ機能をもつときに、それらの制度は機能的に等価であるという。本書の分析結果にしたがえば、介護離職防止という目的において、短時間勤務は介護休暇や介護休業と機能的に等価である可能性がある。果たしてそのようにいえるか、因果推論にもとづく厳密な検証を行うことが今後の課題である。

　また、構造論的な議論においても、より厳密な分析を行う必要がある。本書では、仕事と介護の両立支援制度の守備範囲を広げるという問題意識のために、生活時間配分、健康問題、人間関係といった問題を横断的にとらえている。そのため、分析したデータの調査票は、薄く広く問題をとらえる構成になっている。今後は、それぞれの問題について、詳細なデータを取り、厳密分析を行うことで専門的に深く掘り下げていく必要があることはいうまでもない。

　これらを本書の限界として記し、今後の課題としておきたい。

<h1 style="text-align:center">参考文献</h1>

井口高志（2007）『認知症家族介護を生きる―新しい認知症ケア時代の臨床社会学』東信堂．

池田省三（2000）「サブシディアリティ原則と介護保険」『社会保障研究』第 36 巻第 2 号，pp.200-209.

池田省三（2002）「介護保険の思想とシステム」大森彌編著『高齢者介護と自立支援――介護保険の目指すもの』ミネルヴァ書房，pp.115-143.

池田心豪（2001）「実践の持続と文化の資本性――『物質と記憶』を手がかりに」『年報社会学論集』第 14 号，pp. 236-247.

池田心豪（2010）「介護期の退職と介護休業――連続休暇の必要性と退職の規定要因」『日本労働研究雑誌』No.597, pp.88-103.

池田心豪（2012）「小規模企業の出産退職と育児休業取得――勤務先の外からの両立支援制度情報の効果に着目して」『社会科学研究』第 64 巻 1 号，pp.25-44.

池田心豪（2013a）「仕事と介護の両立支援の新たな課題―― 介護疲労への対応を」JILPT Discussion Paper 13-01.

池田心豪（2013b）「出産退職を抑制する労使コミュニケーション――企業の取組みと労働組合の効果」『大原社会問題研究所雑誌』No.655.

池田心豪（2014a）「介護疲労と休暇取得」『日本労働研究雑誌』No.643, pp.41-48.

池田心豪（2014b）「勤務先の育児休業取得実績が出産退職に及ぼす影響――育児休業を取得しない女性に着目して」『日本労務学会誌』第 15 巻 2 号，pp.4-19.

池田心豪（2016）「在宅介護の長期化と介護離職――労働時間管理と健康管理の視点から」『季刊労働法』No.253, pp.51-63.

池田心豪（2017）「長期在宅介護に対応した仕事と介護の両立支援」佐藤博樹・武石恵美子編著『ダイバーシティ経営と人材活用――多様な働き方を支援する企業の取り組み』東京大学出版会，pp.283-301.

池田心豪（2021a）『仕事と介護の両立』佐藤博樹・武石恵美子責任編集，シリーズダイバーシティ経営，中央経済社．

池田心豪（2021b）「介護サービスの供給制約と短時間勤務の必要性――介護の再家族化と自立重視的介護」『社会保障研究』第 6 巻 1 号，pp.45-58.

石川利江・井上都之・岸太一・西垣内磨留美（2003）「在宅介護者の介護状況，ソーシャルサポートおよび介護バーンアウト――要介護高齢者との続柄に基づく比較検討」『健康心理学研究』第 16 巻 1 号，pp.43-53.

稲上毅（1981）『労使関係の社会学』東京大学出版会．

稲上毅（2005）『ポスト工業化と企業社会』ミネルヴァ書房．

今田幸子（1991）「女性のキャリアとこれからの働き方――仕事と家庭のダブル・バインドを超えて」『日本労働研究雑誌』No.381, pp.12-24.

今田幸子（1996）「女子労働と就業継続」『日本労働研究雑誌』No.433, pp.37-48.

今田幸子・池田心豪（2006）「出産女性の雇用継続における育児休業制度の効果と両立支援の課題」『日本労働研究雑誌』No.553, pp.34-44.

今田幸子・平田周一（1995）『ホワイトカラーの昇進構造』日本労働研究機構．

大竹文雄・内山融・小林庸平（2022）「EBPM とは何か」大竹文雄・内山融・小林庸平編『EBPM――エビデンスに基づく政策形成の導入と実践』日本経済新聞出版，pp.3-38.

大竹文雄・内山融・小林庸平編（2022）『EBPM――エビデンスに基づく政策形成の導入と実践』日本経済新聞出版．

大橋弘編（2020）『EBPM の経済学――エビデンスを重視した政策立案』東京大学出版会．

小倉一哉（2003）『日本人の年休取得行動――年次有給休暇に関する経済分析』日本労働研究機構．

春日キスヨ（2001）『介護問題の社会学』岩波書店．

春日キスヨ（2010）『変わる家族と介護』講談社．

加藤伸司（2007）『認知症を介護する人のための本――ケアする家族をストレスから救う』河出書房新社．

神前裕子・小林彩（2015）「在宅要介護高齢者の家族介護者にとってのソーシャル・サポート・ネットワーク――誰からのどのようなサポートが必要か」『臨床発達心理学研究』No.14, pp.29-39.

菅万里・梶谷真也（2014）「公的介護保険は家族介護者の介護時間を減少させたのか？――社会生

活基本調査匿名データを用いた検証」『経済研究』第 65 巻 4 号，pp.345-361.

菊池潤（2012）「介護サービスは家族による介護を代替するか」井堀利宏・金子能宏・野口晴子編『新たなリスクと社会保障——生涯を通じた支援策の構築』東京大学出版会，pp.211-230.

木下衆（2019）『家族はなぜ介護してしまうのか——認知症の社会学』世界思想社．

椙本知子・佐々木実・松田俊・坪井章雄・村上恒二（2006）「家族介護者の介護負担感の影響要因——介護負担感の緩衝要因としてのソーシャル・サポートの効果」『健康心理学研究』第 19 巻 2 号 pp. 54-61.

黒田祥子（2014）「中間の年齢層の働き方——労働時間と介護時間の動向を中心に」『日本労働研究雑誌』No.653, pp.59-74.

厚生省（1978）『昭和 53 年版　厚生白書』．

厚生労働省（2014a）『介護離職を予防するための職場環境モデル——仕事と介護を両立できる働き方の方策』平成 25 年度仕事と介護の両立支援事業．

厚生労働省（2014b）『仕事と介護の両立モデル——介護離職を防ぐために』平成 25 年度仕事と介護の両立支援事業．

厚生労働省（2016）『企業における仕事と介護の両立支援実践マニュアル——介護離職を予防するための仕事と介護の両立支援対応モデル』平成 27 年度仕事と介護の両立支援事業．

厚生労働省（2018a）『仕事と介護　両立のポイント——あなたが介護離職しないために（概要版）』平成 29 年度仕事と介護の両立支援事業．

厚生労働省（2018b）『市町村・地域包括支援センターによる家族介護者支援マニュアル——介護者本人の人生の支援』平成 29 年度介護離職防止のための地域モデルを踏まえた支援手法の整備事業．

厚生労働省雇用均等・児童家庭局（2008）『今後の仕事と家庭の両立支援に関する研究会報告書——子育てしながら働くことが普通にできる社会の実現に向けて』．

厚生労働省雇用均等・児童家庭局（2015）『今後の仕事と家庭の両立支援に関する研究会報告書』．

厚生労働省老健局（2003）『2015 年の高齢者介護～高齢者の尊厳を支えるケアの確立に向けて～』．
https://www.mhlw.go.jp/topics/kaigo/kentou/15kourei/3.html#3-2-1

厚生労働省老健局（2018）『公的介護保険制度の現状と今後の役割』．
http://www.mhlw.go.jp/content/0000213177.pdf

斎藤真緒（2015）「家族介護とジェンダー平等をめぐる今日的課題——男性介護者が問いかけるもの」『日本労働研究雑誌』No.658, pp.35-46.

財務省主計局（2017）『第 23 回社会保障ワーキング・グループ　会議資料』．

佐伯あゆみ・大坪靖直（2008）「認知症高齢者を在宅で介護する家族の家族機能と主介護者の介護負担感に関する研究」『家族看護学研究』第 13 巻 3 号，pp.132-142.

佐藤厚（2021）「企業組織の制度と実態——企業インタビュー調査を中心に」『社会と調査』No.26, pp.12-19.

佐藤博樹（2015）「両立支援ケアマネジャーの育成を」『日本労働研究雑誌』No.658, p.3.

佐藤博樹・松浦民恵・池田心豪（2015）『介護離職を予防するための両立支援対応モデルと実証実験』第 10 回今後の仕事と家庭の両立支援に関する研究会，資料 1.

佐藤博樹・松浦民恵・池田心豪（2017）「従業員への介護情報提供と就業継続意識——「介入」による実証実験」佐藤博樹・武石恵美子編著『ダイバーシティ経営と人材活用——多様な働き方を支援する企業の取り組み』東京大学出版会，pp.263-281.

佐藤博樹・矢島洋子（2014）『介護離職から社員を守る——ワーク・ライフ・バランスの新課題』労働調査会．

佐藤博樹・矢島洋子（2018）『新訂　介護離職から社員を守る——ワーク・ライフ・バランスの新課題』労働調査会．

佐野嘉秀（2021）『英国の人事管理・日本の人事管理——日英百貨店の仕事と雇用システム』東京大学出版会．

澁谷智子（2018）『ヤングケアラー——介護を担う子ども・若者の現実』中央公論新社．

清水谷諭・野口晴子（2005）「長時間介護はなぜ解消しないのか？——要介護者世帯への介護サービス利用調査による検証」『経済分析』No.175, pp.1-32.

下夷美幸（2015）「ケア政策における家族の位置」『家族社会学研究』第 27 巻 1 号，pp.49-60.

新川敏光（2014）『福祉国家変革の理路——労働・福祉・自由』ミネルヴァ書房．

相馬直子・山下順子（2017）「ダブルケア（ケアの複合化）」『医療と社会』第 27 巻 1 号，pp.63-75.

袖井孝子（1989）「女性と老人介護」マーサ・N・オザワ，木村尚三郎，伊部英男編『女性のライフ

サイクル——所得保障の日米比較』東京大学出版会，pp.127-149.

袖井孝子（1995）「介護休業制度の現状と課題」『日本労働研究雑誌』No.427, pp.12-20.

高橋康二（2021）「企業・従業員マッチングデータで何ができるのか」『社会と調査』No.26, pp.44-51.

竹ノ下弘久（2013）『仕事と不平等の社会学』現代社会学ライブラリー13, 弘文堂．

田中恭子・兵藤好美・田中宏二（2002）「在宅介護者のソーシャルサポートネットワークの機能：家族・友人・近所・専門職に関する検討」『社会心理学研究』第18巻1号，pp.39-50.

津止正敏・斎藤真緒（2007）『男性介護者白書——家族介護者支援への提言』かもがわ出版．

東京大学政策ビジョン研究センター健康経営研究ユニット（2016）『健康経営評価指標の策定・活用事業成果報告書』．

内閣府（2016）『経済財政運営と改革の基本方針2016——600兆円経済への道筋』．

内閣府（2021）『令和3年版高齢社会白書（全体版）』．

直井道子・宮前静香（1995）「女性の就労と老親介護」『東京学芸大学紀要』No.46, pp.265-276.

西久保浩二（2015）『介護クライシス——日本企業は人材喪失リスクにいかに備えるか』旬報社．

西村昌記（2017）「家族介護者へのソーシャルサポート——続柄別にみた介護への認知評価との関連」『老年社会科学』第38巻4号，pp.410-417.

西本真弓（2012）「介護のための休業形態の選択について——介護と就業の両立のために望まれる制度とは？」『日本労働研究雑誌』No.623, pp.71-84.

日本経済団体連合会（2018）『仕事と介護の両立支援の一層の充実に向けて——企業における「トモケア」のススメ』．

林邦彦（2021）「仕事と介護の両立における介護疲労やストレスが就労に及ぼす影響について——離職の可能性とプレゼンティーズムに着目して」『日本労働研究雑誌』No.727, pp.101-109.

樋口美雄（1994）「育児休業制度の実証分析」社会保障研究所編『現代家族と社会保障—結婚・出生・育児』第9章，東京大学出版会，pp.181-204.

樋口美雄（2007）「女性の就業継続支援策——法律の効果・経済環境の効果」『三田商学研究』Vol.50, No.5, pp.45-66.

樋口美雄（2009）「女性の継続就業支援策とその効果——育児休業の法と経済」武石恵美子編著『叢書・働くということ第7巻　女性の働きかた』ミネルヴァ書房，pp.106-130.

樋口美雄・阿部正浩・Jane Waldfogel（1997）「日米英における育児休業・出産休業制度と女性就業」『人口問題研究』第53巻4号 pp.49-66.

平山亮（2014）『迫りくる「息子介護」の時代——28人の現場から』光文社．

平山亮（2017）『介護する息子たち——男性性の死角とケアのジェンダー分析』勁草書房．

藤崎宏子（2002）「介護保険制度の導入と家族介護」金子勇編著『高齢化と少子社会』ミネルヴァ書房，pp.191-222.

藤崎宏子（2009）「介護保険制度と介護の「社会化」「再家族化」」『福祉社会学研究』No.6, pp.41-57.

前田信彦（1998）「家族のライフサイクルと女性の就業——同居親の有無とその年齢効果」『日本労働研究雑誌』No.459, pp.25-38.

前田信彦（2000）「日本における介護役割と女性の就業」前田信彦著『仕事と家庭生活の調和——日本・オランダ・アメリカの国際比較』日本労働研究機構，pp.51-67.

松浦民恵・武石恵美子・朝井友紀子（2015）「ケアマネジャーによる仕事と介護の両立支援の現状」『日本労働研究雑誌』No.658, pp.66-79.

三菱UFJリサーチ＆コンサルティング（2013）『仕事と介護の両立に関する労働者アンケート調査（結果概要）』．

三菱UFJリサーチ＆コンサルティング（2018a）『介護離職の防止に資する在宅介護実態調査結果の活用方法に関する調査研究事業　報告書』．

三菱UFJリサーチ＆コンサルティング（2018b）『通所介護に関する調査研究事業　報告書』．

宮島喬（1994）『文化的再生産の社会学——ブルデュー理論からの展開』藤原書店．

森千佐子（2008）「在宅高齢者の主介護者が求めるサポートの充足状況と精神的健康との関連」『介護福祉学』第15巻1号，pp.31-40.

森田陽子・金子能宏（1998）「育児休業制度の普及と女性雇用者の勤続年数」『日本労働研究雑誌』No.459, pp.50-62.

山口麻衣（2004）「高齢者ケアが就業継続に与える影響——第1回全国家族調査（NFR98）2次分析」『老年社会科学』第26巻1号，pp.58-67.

山口麻衣（2023）「シングルケアラーのワーク・ライフ・バランス改善のための支援」『日本労働研究雑誌』No.750, pp.59-67.

山下充（2021）「企業組織の歴史を聞き取る――オーラルヒストリーで描く職場」『社会と調査』No.26, pp.20-27.

大和礼子（2008）『生涯ケアラーの誕生――再構築された世代関係／再構築されないジェンダー関係』学文社.

横山文野（2002）『戦後日本の女性政策』勁草書房.

労働省婦人局編（1994）『介護休業制度について――介護休業専門家会合報告書』大蔵省印刷局.

労働政策研究・研修機構（2006a）『仕事と生活の両立――育児・介護を中心に』労働政策研究報告書, No.64.

労働政策研究・研修機構（2006b）『介護休業制度の利用拡大に向けて――「介護休業制度の利用状況等に関する研究」報告書』労働政策研究報告書, No.73.

労働政策研究・研修機構（2007）『仕事と生活――体系的両立支援の構築に向けて』第1期プロジェクト研究シリーズ, No.7.

労働政策研究・研修機構（2013）『男性の育児・介護と働き方――今後の研究のための論点整理』JILPT 資料シリーズ, No.118.

労働政策研究・研修機構（2015）『仕事と介護の両立』労働政策研究報告書, No.170.

労働政策研究・研修機構（2016）『介護者の就業と離職に関する調査』JILPT 調査シリーズ, No.153.

労働政策研究・研修機構（2017a）『育児・介護と職業キャリア――女性活躍と男性の家庭生活』労働政策研究報告書, No.192.

労働政策研究・研修機構（2017b）『ヨーロッパの育児・介護休業制度』JILPT 資料シリーズ, No.186.

労働政策研究・研修機構（2020a）『家族の介護と就業に関する調査』JILPT 調査シリーズ, No.200.

労働政策研究・研修機構（2020b）『再家族化する介護と仕事の両立――2016 年改正育児・介護休業法とその先の課題』労働政策研究報告書, No.204.

Bainbridge, Hugh T. J. and Townsend, Keith (2020) "The effects of offering flexible work practices to employees with unpaid caregiving responsibilities for elderly or disabled family members," *Human Resource Management* Vol. 59, Issue5, pp.483-495.

Bourdieu, Pierre (1979), *La distinction: critique sociale du jugement*, Minuit,（石井洋二郎訳, 1990『ディスタンクシオン I・II』藤原書店）.

Esping-Andersen, Gøsta (1990) *The Three Worlds of Welfare Capitalism*, Polity Press（岡沢憲芙・宮本太郎監訳, 2001,『福祉資本主義の三つの世界――比較福祉国家の理論と動態』ミネルヴァ書房）.

Esping-Andersen, Gøsta (1999) *Social Foundation of Postindustrial Economics*, Oxford University Press（渡辺雅男・渡辺景子訳, 2000,『ポスト工業経済の社会的基礎――市場・福祉国家・家族の政治経済学』桜井書店）.

Ettner, Susan L. (1995) "The Impact of `Parent Care' on Female Labor Supply Decisions," *Demography*, Vol.32, No.1, pp.63-80.

Giddens, Anthony (1979) *Central Problems in Social Theory*, University of California Press（友枝敏雄・今田高俊・森重雄訳, 1989,『社会理論の最前線』ハーベスト社）.

Giddens, Anthony (1984) *The Constitution of Society; Outline of the Theory of Structuration*, Polity Press（門田健一訳, 2015,『社会の構成』勁草書房）.

Giddens, Anthony (2006) *Sociology 5th Edition*, Polity Press（松尾精文・小幡正敏・西岡八郎・立松隆介・藤井達也・内田健訳, 2009,『社会学　第5版』而立書房）.

Hakim, Catherine (2000) *Work-Lifestyle Choices in the 21st Century: Preference Theory*, Oxford University Press, USA.

Ikeda, Shingou (2016) "Addressing the Issue of Fatigue among Working Carers: The Next Challenge after Reforming the Family Care Leave System," *Japan Labor Review*, 13(2), pp.111-126.

Ikeda, Shingou (2017a) "Family Care Leave and Job Quitting Due to Caregiving: Focus on the Need for Long-Term Leave," *Japan Labor Review*, 14(1), pp.25-44.

Ikeda, Shingou (2017b) "Supporting Working Carers' Job Continuation in Japan: Prolonged Care at Home in the Most Aged Society", *International Journal of Care and Caring*, 1(1), pp.63-82.

Kittay, Eva Feder (1999) *Love's Labor: Essays on Women, Equality and Dependency*, Routledge（岡野八代・牟田和恵監訳，2010，『愛の労働あるいは依存とケアの正義論』白澤社・現代書館）.

Kröger, Teppo and Sue Yeandle ed. (2013) *Combining Paid Work and Family Care: Policies and Experiences in International Perspective*, Policy Press.

Lambert, Sharon L. (1991) *Men who are Caregivers of Cognitively Impaired Wives*, A Bell & Company.

Lévi-Strauss, Claude (1949) *Les structures élémentaires de la parenté*, Presses universitaires de France, （福井和美訳，2000，『親族の基本構造』青弓社）.

Matthews, Sarah H (1995) Gender and the Division of Filial Responsibility between Lone Sister and Their Brothers. *Journal of Gerontology: Social Science*, 50B, S312-320.

Matthews, Sarah H (2002) "Brothers and Parent Care: An Explanation for Son's Underrepresentation." In Betty. J. Kramer and Edward H Thompsoned., *Men as Caregivers: Theory, Research and Service Implications*, Springer, pp.234-249.

Matthews Sarah H., and Jenifer Heidorn (1998) "Meeting Filial Responsibilities in Brothers-Only Sibling Groups." *Journal of Gerontology: Social Science*, 53B S278-286.

Matthews Sarah H., and Tena Tarler Rosner (1988) "Shared Filial Responsibility: The Family as the Primary Caregiver." *Journal of Marriage and Family*, 50, pp.185-195.

Murdock, George, P. (1949), *Social Structure*, Macmillan, New York（内藤莞爾監訳，1978,『社会構造——核家族の社会人類学』新泉社）.

Niimi, Yoko (2021) "Juggling Paid Work and Elderly Care Provision in Japan: Does a Flexible Work Environment Help Family Caregivers Cope?," *Journal of the Japanese and International Economies*, Vol.62.

Parsons, Talcott (1937) *The Structure of Social Action : a Study in Social Theory with Special Reference to a Group of Recent European Writers*, McGraw-Hill, New York（稲上毅・厚東洋輔・溝部明男訳，1976-1989『社会的行為の構造』第1分冊～第5分冊，木鐸社）

Parsons, Talcott and Bales, Robert, F. (1956) *Family; Socialization and Interaction Process*, Routledge（橋爪貞雄・高木正太郎・山村賢明・溝口謙三・武藤孝典訳，2001,『家族——核家族と子どもの社会化』黎明書房）

Pavalko, Eliza K. and Artis, Julie E. (1997) "Women's Caregiving and Paid Work: Causal Relationships in Late Midlife." *Journal of Gerontology: Social Sciences*, Vol. 52B, No. 4, S170-S179.

Pavalko, Eliza K., Henderson, Kathryn A. and Cott, Amanda (2008) "Work place Policies and Caregiving," In Szinovacz, Maximiliane E., and Davey Adam ed, *Caregiving Contexts: Cultural Familial, and Societal Implications*, Springer, pp.195-214.

Pfau-Effinger, Birgit and Geissler, Birgit (2005) *Care and Social Integration in European Societies*, Policy Press.

Rawls, John (1971) *A Theory of Justice*, Harvard University Press（川本隆史・福間聡・神島裕子訳，2010,『正義論』紀伊国屋書店）.

Scott, John (2006) Social Structure, In Scott John ed, *Sociology: The key concepts*, Routledge（白石真生・栃澤健史・内海博文監訳，2021,『キーコンセプト　社会学』ミネルヴァ書房）.

Stone, Robyn, Cafferata, Gail G. and Sangl, Judith (1987) "Caregivers of Frail Elderly: A National Profile." *The Gelontologist*, Vol. 27, No. 5, pp. 616-626.

Tronto, Joan C. (2013) *Caring Democracy, Market, Equality, and Justice*, New York University Press.

Tronto, Joan C. (2015) *Who Cares? How to Reshape a Democratic Politics*, Cornel University Press（岡野八代訳著，2020,『ケアをするのは誰か？——新しい民主主義のかたちへ』白澤社・現代書館）

Ungerson, Clare (1987) *Policy is Personal: Sex Gender and Informal Care*, Tavistock（平岡公一・平岡佐智子訳，1999, 『ジェンダーと家族介護——政府の政策と個人の生活』光生館）.

Verbakel, Ellen (2018) "How to understand informal caregiving patterns in Europe? The role of formal long-term care provisions and family care norms", *Scandinavian Journal of Public Health*, Vol.46, No.4, pp.436-447.

付録

「家族の介護と就業に関する調査」概要
本書で使用する変数の質問リスト
回帰分析に用いる変数一覧
回帰分析に使用する変数の記述統計一覧

※調査票の全文およびデータの詳細については、
労働政策研究・研修機構（2020a）を参照

「家族の介護と就業に関する調査」概要

1) 調査の趣旨

   2016年改正（2017年1月施行）の育児・介護休業法における仕事と介護の両立支援制度の改定を踏まえて、仕事と介護の両立支援について今後のさらなる課題を明らかにするため、介護離職や家族介護者の就業実態を調査する。

2) 調査対象

   2000年4月以降に家族の介護を経験し、次のいずれかに該当する男女

   a) 調査時点で介護をしており、その時の年齢が20〜69歳の者

      （第1表の「調査時点で要介護者いる」）

   b) すでに介護を終了しており、要介護状態終了時点の年齢が20〜69歳の者

      （第1表の「過去にいたことがある」）

   ※同居だけでなく、別居や施設での介護も含む。

3) 調査方法等

   抽出：調査会社保有の登録モニターから、下の回収条件を満たすようにサンプルを抽出し、指定した回収数になるまで回答依頼を行う。また、そのために対象者の属性を把握するスクリーニング調査を行う。

   調査票の配付・回収：インターネットを使用してブラウザ等の画面で質問の回答を得る。

4) 回収条件：サンプルの偏りをなるべく小さくするよう次の点に留意した。

   ① 介護終了時点（調査時点で介護中の者はその時点）の性・年齢別就業率・雇用形態割合が、「平成29年就業構造基本調査」において家族の介護をしている者の構成比率に近似するよう回収する（第1表：上段）。

   ② 介護終了時点（調査時点で介護中の者はその時点）の職種についても、その構成比率が「平成29年就業構造基本調査」において家族

の介護をしている者の職業分布に近似するよう回収する（第1表：
下段）。

③　居住地について、首都圏や近畿圏等の大都市部への偏りを防ぐた
め、47都道府県を網羅するように回収する。

④　2017年1月以降に家族が要介護状態になった者を1000票以上とす
る。

⑤　調査時点で介護している者とすでに介護を終了している者の回収数
がなるべく半数ずつになるようにする。

※調査開始後一定の期間を経ても回収がない対象者については、上記①
〜⑥の原則にもとづいて回答督促や再度の調査票送付による回答依頼
を行う。

5)　調査委託先
楽天インサイト（モニター登録数221万2,088人　2018年4月現在）

6)　回収数　4,000件

7)　調査時期　2019年2月

第1表　回収サンプルと「平成29年就業構造基本調査」における介護者の構成比率

		調査時点で要介護者いる					過去にいたことがある					H29「就業構造基本調査」の介護者			
		正規	非正規	自営等	無職	計	正規	非正規	自営等	無職	計	正規	非正規	自営等	無業
男性	合計	287	103	119	166	675	388	145	162	224	919	791,800	294,500	334,700	458,900
	30歳未満	4.2%	3.9%	2.5%	7.2%		5.4%	9.0%	4.9%	7.1%		4.5%	8.1%	0.9%	7.3%
	30-39歳	10.8%	6.8%	5.0%	4.8%		9.8%	6.9%	8.0%	4.9%		9.2%	6.4%	3.7%	4.7%
	40-44歳	11.1%	3.9%	5.9%	3.6%		9.3%	4.1%	12.3%	3.6%		9.4%	3.6%	5.9%	3.6%
	45-49歳	16.0%	9.7%	10.9%	4.8%		17.3%	6.2%	9.3%	4.9%		15.8%	5.8%	8.5%	5.1%
	50-54歳	20.9%	9.7%	10.9%	7.8%		21.1%	6.9%	11.1%	7.6%		21.6%	6.2%	13.0%	7.6%
	55-59歳	21.3%	12.6%	21.8%	9.6%		24.2%	12.4%	19.8%	9.4%		26.0%	11.4%	21.6%	9.5%
	60-64歳	12.9%	32.0%	21.8%	21.7%		9.5%	33.1%	11.1%	21.7%		10.5%	36.2%	23.1%	21.7%
	65-69歳	2.8%	21.4%	21.0%	40.4%		3.4%	21.4%	19.8%	40.6%		3.0%	22.3%	23.2%	40.5%
	比率	42.5%	15.3%	17.6%	24.6%		42.2%	15.8%	17.6%	24.4%		42.1%	15.7%	17.8%	24.4%
女性	合計	168	285	70	399	922	270	457	115	642	1,484	597,500	1,011,800	257,400	1,427,100
	30歳未満	6.5%	2.5%	7.1%	2.8%		9.6%	4.2%	1.7%	2.8%		7.2%	2.8%	1.0%	2.8%
	30-39歳	8.3%	6.3%	2.9%	4.8%		14.8%	12.7%	10.4%	4.7%		10.4%	6.1%	4.8%	4.7%
	40-44歳	8.9%	7.7%	8.6%	4.5%		8.5%	10.9%	6.1%	4.5%		8.6%	7.3%	4.8%	4.5%
	45-49歳	13.7%	14.7%	10.0%	8.5%		15.2%	13.3%	9.6%	8.4%		15.8%	13.9%	9.1%	8.4%
	50-54歳	25.0%	20.0%	8.6%	13.0%		20.4%	17.3%	18.3%	13.1%		22.4%	21.5%	14.3%	13.1%
	55-59歳	23.8%	22.1%	18.6%	18.5%		20.0%	22.8%	20.9%	18.5%		23.3%	22.9%	21.8%	18.6%
	60-64歳	10.7%	17.2%	22.9%	22.6%		8.9%	13.3%	18.3%	22.6%		9.2%	17.2%	24.0%	22.5%
	65-69歳	3.0%	9.5%	21.4%	25.3%		2.6%	5.5%	14.8%	25.4%		3.3%	8.2%	20.4%	25.3%
	比率	18.2%	30.9%	7.6%	43.3%	39.9%	18.2%	30.8%	7.7%	43.3%	60.1%	18.1%	30.7%	7.8%	43.3%

		調査時点で要介護者いる			過去にいたことがある			H29「就業構造基本調査」の介護者			
		正規	非正規	自営等	正規	非正規	自営等	正規	非正規	自営業主・役員・家族従業	(参考)役員
男性	合計	287	103	119	388	145	162	799,900	319,200		148,100
	管理的職業	2.1%	1.0%	24.4%	2.3%	0.7%	23.5%	1.8%	0.4%	–	38.3%
	専門・技術的職業	19.9%	11.7%	21.8%	19.3%	12.4%	16.0%	19.5%	12.7%	–	13.2%
	事務職	26.5%	17.5%	1.7%	26.0%	17.2%	4.3%	26.2%	17.1%	–	6.3%
	営業・販売職	12.2%	9.7%	16.8%	11.9%	9.7%	9.9%	11.9%	9.5%	–	17.5%
	サービス職	4.9%	9.7%	12.6%	4.6%	9.7%	13.6%	4.6%	9.8%	–	4.7%
	保安的職業	2.1%	4.9%	–	3.6%	4.1%	–	3.6%	4.1%	–	0.1%
	農林漁業作業者	–	2.9%	0.8%	0.8%	2.1%	5.6%	0.9%	2.6%	–	0.7%
	生産工程従事者	13.6%	10.7%	5.0%	14.7%	12.4%	8.0%	14.4%	11.6%	–	9.3%
	輸送・機械運転従業者	7.3%	6.8%	2.5%	6.4%	9.0%	4.3%	6.2%	8.6%	–	1.0%
	建設・採掘従事者	7.0%	4.9%	10.9%	6.2%	5.5%	9.3%	5.8%	4.9%	–	6.1%
	運搬・清掃・包装等従事者	4.2%	18.4%	1.7%	3.6%	15.9%	2.5%	3.4%	15.5%	–	2.1%
	その他	0.3%	1.9%	1.7%	0.5%	1.4%	3.1%	1.7%	3.1%	–	0.7%
女性	合計	168	285	70	270	457	115	608,100	1,041,000		82,900
	管理的職業	0.6%	–	11.4%	0.4%	–	8.7%	0.4%	0.0%	–	27.7%
	専門・技術的職業	31.5%	14.4%	21.4%	31.9%	14.2%	18.3%	31.8%	14.3%	–	6.0%
	事務職	36.3%	24.6%	14.3%	36.7%	24.7%	20.9%	36.7%	24.8%	–	45.0%
	営業・販売職	7.7%	12.3%	15.7%	7.4%	12.5%	15.7%	7.6%	12.4%	–	7.0%
	サービス職	12.5%	22.8%	24.3%	13.0%	23.0%	20.0%	12.9%	23.0%	–	6.2%
	保安的職業	–	–	–	–	0.4%	–	0.3%	0.2%	–	0.0%
	農林漁業作業者	0.6%	0.4%	12.9%	0.7%	0.4%	6.1%	1.2%	1.3%	–	0.4%
	生産工程従事者	5.4%	9.8%	–	6.7%	9.6%	1.7%	4.7%	8.7%	–	3.7%
	輸送・機械運転従業者	1.2%	1.1%	–	0.4%	0.4%	–	0.5%	0.3%	–	0.2%
	建設・採掘従事者	0.6%	–	1.4%	0.4%	–	0.9%	0.3%	0.2%	–	0.2%
	運搬・清掃・包装等従事者	1.8%	12.3%	1.4%	1.5%	13.1%	4.3%	1.9%	12.2%	–	1.2%
	その他	1.8%	2.5%	2.9%	1.1%	1.5%	3.5%	1.8%	2.6%	–	1.7%

「家族の介護と就業に関する調査」
本書で使用する変数の質問リスト

回答形式
凡例　　SA　　　　単数回答
　　　　MA　　　　複数回答またはマトリックス式単数回答
　　　　数値FA　　数値回答

SC1　SA　あなたの性別をお答えください。
　　　1　男性
　　　2　女性

SC2　数値FA　あなたの生まれた年・月と2019年2月28日時点の満年齢をお答えください。（半角数字でご記入ください）

SC3　SA　あなたには2000年4月から現在までの間に、要介護状態になった身近なご家族やご親族がいますか。
　　　※「介護」とは、日常生活における入浴・着替え・トイレ・移動・食事などの際の何らかの手助けをいいます。病気などで一時的に寝ている方に対する看護は含みません。
　　　※介護保険制度で要介護認定を受けていない方や障がいを持つ方、あなたと別居している方、介護施設や病院等、自宅外にいる方の介護も含まれます。
　　　1　現在いる
　　　2　過去にいたことがある
　　　3　いなかった

SC3-1　SA　■先ほどの質問で「介護を必要とするご家族やご親族が過去にいたことがある」とお答えの方にお伺いします。
　　　あなたは介護を必要とするご家族やご親族の介護をしていましたか。
　　　1　かなりしていた
　　　2　少しはしていた
　　　3　していなかった

SC3-2　SA　■先ほどの質問で「介護を必要とするご家族やご親族が現在いる」とお答えの方にお伺いします。
　　　あなたは介護を必要とするご家族やご親族の介護をしていますか。
　　　1　かなりしている
　　　2　少しはしている
　　　3　していない

SC4　SA　あなたが最も最近介護をしたご家族やご親族は次のどなたですか。あなたとの続柄を
　　　お答えください。
　　　※複数の方の介護経験がある場合は、最も最近に介護した方を1人お答えください。
　　　※今現在、複数の方を同時に介護している場合は、あなたが最も深く介護に関わっている方を
　　　　1人お答えください。
　　　　　1　配偶者
　　　　　2　子ども
　　　　　3　自分の父母
　　　　　4　自分の祖父母
　　　　　5　自分のおじ・おば
　　　　　6　自分の兄弟・姉妹
　　　　　7　その他の自分の親族
　　　　　8　配偶者の父母
　　　　　9　配偶者の祖父母
　　　　10　配偶者のおじ・おば
　　　　11　配偶者の兄弟・姉妹
　　　　12　その他の配偶者の親族

SC5　SA　その方は男性ですか、女性ですか。
　　　　　1　男性
　　　　　2　女性

SC6　数値FA　その方が要介護状態になった時期は何年何月ですか。西暦でお答えください。ま
　　　た、そのときの要介護者の年齢はおいくつですか。（半角数字でご記入ください）

SC7　SA　その方は現在も要介護状態が続いていますか。
　　　　　1　要介護状態が続いている
　　　　　2　介護を必要としない状態に快復した
　　　　　3　亡くなった

SC7-1　数値FA　快復や死去により、その方の要介護状態が終わったのは何年何月ですか。（半
　　　角数字でご記入ください）

SC7-2　数値FA　その当時のあなたの年齢は何歳でしたか。（半角数字でご記入ください）

SC8　SA　快復や死去により、その方の要介護状態が終わった当時のあなたの従業上の地位は次
　　のどれにあたるものでしたか。まだ要介護状態が続いている方は現在の状況をお答えください。
　　※勤務先の呼称ではなく、（　　）内の説明にしたがってお答えください。パート・アルバイト・
　　派遣社員等も仕事に含めますが、学生のアルバイトは含めないでください。
　　　　1　会社経営者・役員・自営業・自由業・内職・家族従業員（雇用以外の形態）
　　　　2　正規従業員（会社などの正社員・正職員、短時間正社員含む）
　　　　3　パート・アルバイト（通常の労働者より週の所定勤務時間が短い労働者）
　　　　4　契約社員（正規従業員以外で週の所定勤務時間が通常の労働者と同じ労働者）
　　　　5　派遣社員（労働者派遣法にもとづく派遣会社から派遣される労働者）
　　　　6　収入を伴う仕事はしていない（学生を含む）

SC9　SA　快復や死去により、その方の要介護状態が終わった当時のあなたの主な職種は次のど
　　れにあたりますか。現在も要介護状態が続いている方は現在の主な職種をお答えください。
　　　　1　専門・技術的職業（研究者、教師、情報技術者、医師、看護師、薬剤師、保育士、栄養
　　　　　士、編集者、通訳など）
　　　　2　管理的職業（会社・団体役員、課長以上の管理職、議員、市区町村長など）
　　　　3　事務職（受付、秘書、集金、検針、営業事務、パソコン操作など）
　　　　4　営業・販売職（小売店主・店員、不動産仲介人、セールス、保険外交員、MR など）
　　　　5　サービス職（調理師、美容師、ホームヘルパー、給仕係、ビル管理人など）
　　　　6　保安的職業（警察官、自衛官、消防員、警備員など）
　　　　7　農林漁業作業者（農耕、畜産、養殖、造園、植木職など）
　　　　8　生産工程従事者（組立工、印刷、CAD オペレーター、自動車整備、塗装など）
　　　　9　輸送・機械運転従業者（運転手、バスガイド、ボイラーマン、発電員など）
　　　　10　建設・採掘従事者（大工、とび職、電気工事、畳職人など）
　　　　11　運搬・清掃・包装等従事者（郵便配達員、引っ越し作業員、清掃員、包装など）
　　　　12　その他

■以下のアンケートでは、先ほどの質問でお答えになった要介護者の介護についてお伺いします。
複数のご家族・ご親族を同時に介護していた経験がある方は、先ほどの質問でお答えになった要
介護者の介護についてのみお答えください。先ほどの質問でお答えになったご家族・ご親族の要
介護状態と、その方が受けていた介護についてお伺いします。

Q1　　SA　その方は、どのような病気やケガが原因で介護を必要とするようになりましたか。ま
た、その後追加的に発症した病気やケガはありますか。
※この設問は、それぞれ縦方向（↓）にお答えください。
1　要介護状態になった原因疾患（ひとつだけ）
2　その他、要介護期間中に発症したもの（いくつでも）
【選択肢】
認知症　脳血管疾患（脳卒中）　心疾患（心臓病）　がん　呼吸器疾患　関節疾患
パーキンソン病　糖尿病　視覚・聴覚障がい　骨折・転倒　脊髄損傷　高齢による衰弱
身体障がい　知的障がい（認知症除く）　精神障がい（認知症除く）　その他　わからない
いずれも発症していない

Q1-2　　MA　■先ほどの質問で「認知症」と回答した方にお伺いします。
要介護者には次のような状態が日常的にありましたか。
(1)認知症の診断を受けた初期（最初の3か月）
(2)要介護状態が終わる直前（最後の3か月）もしくは現在のそれぞれについて、いつも見られ
た症状をそれぞれお答えください。
【選択肢】
1　意思疎通が困難なこと
2　徘徊・暴力・不潔行為など周囲に迷惑をかける行動
3　周囲の見守りが必要なこと
4　生活の昼夜逆転
5　上の項目のいずれもあてはまらない

Q10　　MA　要介護状態になる前のあなたと要介護者の関係について、以下のことはあてはまりま
すか。（いくつでも）
1　自分は要介護者の世話になった恩があった
2　要介護者と仲が良かった
3　要介護者の頼みは断れなかった
4　自分以外に要介護者の家族・親族はいなかった
5　いずれもあてはまらない

Q11　MA　要介護発生当初のあなたと要介護者の関係について、次のようなことはあてはまりますか。あてはまるものをすべてお答えください。(いくつでも)
　　　1　自ら進んでその方の介護をしたいという気持ちがあった
　　　2　あなたに介護をして欲しいと要介護者に言われた
　　　3　要介護者以外の家族に介護をするように言われた
　　　4　介護の見返りに要介護者の財産を相続することになっていた
　　　5　いずれもあてはまらない

Q18　SA　あなたは要介護発生当初に収入を伴う仕事をしていましたか。
　　　※パートやアルバイトも仕事に含めますが、学生のアルバイトは仕事に含めないでください。
　　　※要介護発生当初に会社・組織に在籍していたが休業・休職中だった場合や、その当時に新たに就職した場合も「はい」とお答えください。
　　　1　はい(仕事をしていた)
　　　2　いいえ(無業だった)
　　　3　いいえ(学生だった)

■要介護発生当初のあなたの仕事についてお伺いします。

Q20　SA　要介護発生当初のあなたの主な仕事内容は、どれにあたるものでしたか。
　　　※介護を機に働き方が変わった方は、変わる前の状況をお答えください。
　　　1　専門・技術的職業(研究者、教師、情報技術者、医師、看護師、薬剤師、保育士、栄養士、編集者、通訳など)
　　　2　管理的職業(会社・団体役員、課長以上の管理職、議員、市区町村長など)
　　　3　事務職(受付、秘書、集金、検針、営業事務、パソコン操作など)
　　　4　営業・販売職(小売店主・店員、不動産仲介人、セールス、保険外交員、MRなど)
　　　5　サービス職(調理師、美容師、ホームヘルパー、給仕係、ビル管理人など)
　　　6　保安的職業(警察官、自衛官、消防員、警備員など)
　　　7　農林漁業作業者(農耕、畜産、養殖、造園、植木職など)
　　　8　生産工程従事者(組立工、印刷、CADオペレーター、自動車整備、塗装など)
　　　9　輸送・機械運転従事者(運転手、バスガイド、ボイラーマン、発電員など)
　　　10　建設・採掘従事者(大工、とび職、電気工事、畳職など)
　　　11　運搬・清掃・包装等従事者(郵便配達員、引っ越し作業員、清掃員、包装など)
　　　12　その他

Q21　SA　要介護発生当初、あなたの従業上の地位はどれにあたるものでしたか。
　　　※介護を機に従業上の地位が変わった方は変わる前の状況をお答えください。
　　　1　会社経営者・役員・自営業・自由業・内職・家族従業員(雇用以外の形態)
　　　2　正規従業員(会社などの正社員・正職員、短時間正社員含む)
　　　3　パート・アルバイト・非常勤(通常の労働者より週の所定勤務時間が短い労働者)
　　　4　契約社員(正規従業員以外で週の所定勤務時間が通常の労働者と同じ労働者)
　　　5　派遣社員(労働者派遣法にもとづく派遣会社から派遣される労働者)

■以下は先ほどの質問でお答えのご家族・ご親族の要介護状態が終了した方にお伺いします。

Q24　SA　要介護発生当初のあなたの勤務先の従業員は、会社全体で何人くらいでしたか。
　　　※官公庁・公営事業所にお勤めの方は「官公庁・公営事業所」とお答えください。
　　　　　1　なし（家族従業員のみ）
　　　　　2　1〜4人
　　　　　3　5〜9人
　　　　　4　10〜29人
　　　　　5　30〜99人
　　　　　6　100〜299人
　　　　　7　300〜999人
　　　　　8　1,000人以上
　　　　　9　官公庁・公営事業所

Q27-1　数値FA　要介護発生当初のあなたの就業時間についてお伺いします。残業や休日労働を
　　　含めて実際に働いた時間をお答えください。（半角数字でご記入ください）
　　　※早出による残業時間は除いてお答えください。
　　　※1時間未満（分単位）は切り捨ててください。
　　　※介護を機に働き方が変わった方は変わる前の状況をお答えください。

Q31　SA　要介護発生当初、勤務先にはあなたに適用される仕事と介護の両立支援制度はありま
　　　したか。以下の制度のうち、あてはまるものをお答えください。
　　　　　1)　介護休業制度（介護のために連続した期間取得できる休業制度）
　　　　　2)　介護休暇制度（介護のために1日以下の単位で取得できる休暇制度）
　　　　　3)　所定の労働時間や労働日数を短くする短時間勤務（時短）制度
　　　　　4)　所定外労働（残業や休日労働）を免除する制度
　　　　　5)　フレックスタイム制
　　　　　6)　始業・終業時刻の繰上げ・繰下げ制度（時差出勤制度）
　　　　　7)　テレワーク（在宅勤務・モバイルワーク・サテライトオフィス）
　　　　　8)　会社からの介護経費の援助
　　　　　9)　共済互助会・労働組合等からの介護経費の援助
　　　【選択肢】
　　　　　1　あった
　　　　　2　なかった
　　　　　3　わからない

■以下は、先ほどお答えいただいたご家族・ご親族の要介護状態が継続している方も含めて、全員にお伺いします。

Q37　SA　全要介護期間を通じて、その方の介護のために、あなたはどのくらい連続して仕事を休む必要がありましたか。要介護発生当初の勤務先での仕事についてお答えください。実際に休んだ日数ではなく、必要だったと思う日数をお答えください。要介護状態が続いている方は要介護発生から現在までについてお答えください。
　　　1　通算して1週間以内
　　　2　通算して1週間を超え2週間以内
　　　3　通算して2週間を超え1か月以内
　　　4　通算して1か月を超え3か月以内
　　　5　通算して3か月を超え6か月以内
　　　6　通算して6か月を超え1年以内
　　　7　通算して1年を超え2年以内
　　　8　通算して2年を超える期間
　　　9　連続して仕事を休む必要はなかった

Q37-1　MA　■先ほどの質問で「介護のために連続して仕事を休む必要があった」とお答えの方にお伺いします。
　　その期間の休みが必要だと感じた理由にあてはまるものをすべてお答えください。（いくつでも）
　　　1　入浴・食事・外出等、日々の介助に専念するため
　　　2　在宅介護サービスの利用準備のため
　　　3　介護以外の家事に専念するため
　　　4　あなた自身の健康のため
　　　5　遠距離介護のため
　　　6　要介護者の転居・施設入居のため
　　　7　医療機関（病院等）の入退院の準備・手続きのため
　　　8　介護に必要な情報収集のため
　　　9　介護を担っている家族・親族を助けるため
　　　10　その他

Q40　SA　あなたは、要介護発生当初と同じ会社で現在まで仕事を続けていますか。自営業等、ご自身が事業主の方は、ご自身が経営している会社や事業についてお答えください。
　　　1　同じ会社で仕事を続けている
　　　2　当初の会社は辞めた

Q40-1　数値FA　■先ほどの質問で「要介護発生当初の会社を辞めた」とお答えの方にお伺いします。要介護発生当初の会社を辞めたのはいつですか。（半角数字でご記入ください）

■以下の質問は、先ほどお答えいただいたご家族・ご親族の要介護状態が継続している方にお伺いします。

Q43-1　数値FA　あなたの1日の就業時間をお答えください。残業や休日労働を含めて実際に働いた時間をお答えください。（半角数字でご記入ください）
※早出による残業時間は除いてお答えください。
※1時間未満（分単位）は切り捨ててください。

Q44　MA　現在のあなたの働き方について、次のようなことはあてはまりますか。
　　　6)　希望どおりに休暇を取ることができる
　　　9)　職場で私生活のことを気軽に話すことができる
【選択肢】
　　1　あてはまる
　　2　ややあてはまる
　　3　あまりあてはまらない
　　4　あてはまらない

Q47　SA　現在の勤務先で、その方の介護のために、あなたは所定労働時間を短縮して働いていますか。
　　1　勤務先の短時間勤務制度を利用している
　　2　勤務先の短時間勤務制度は利用しないで短縮している
　　3　所定労働時間の短縮はしていない
　　4　所定労働時間が決まっていない

Q47-1.　その方の介護のためにあなたは所定労働時間を短縮する必要がありますか。
　　1　ある
　　2　ややある
　　3　あまりない
　　4　ない

Q50　SA　現在、仕事中に次のようなことはありますか。あてはまるものをそれぞれお選びください。
　　　4)　仕事で重大な過失や事故を起こしそうになるヒヤリ・ハットの経験
　　　6)　課された目標（ノルマ等）が達成できないこと
　　　7)　心身の体調不良により、出勤できないこと
【選択肢】
　　1　たびたびある
　　2　たまにある
　　3　ない

Q51　SA　ご自身の働き方について、次のようなお気持ちはありますか。それぞれあてはまるものをお選びください。
　　　　7）　現在の仕事が好きである
　　　【選択肢】
　　　　1　あてはまる
　　　　2　ややあてはまる
　　　　3　あまりあてはまらない
　　　　4　あてはまらない

Q52　SA　今後も介護をしながら現在の勤務先で働き続けられると思いますか。
　　　　1　続けられると思う
　　　　2　続けられないと思う
　　　　3　わからない

■現在も要介護状態が続いている方に、現在の要介護者のご様子をお伺いします。

Q54　SA　現在、その方の介護をしているご家族・ご親族はあなた以外に何人いますか。
　　　　※炊事・洗濯等の家事や、薬の管理、介護のための情報収集、諸手続きなど、要介護者の身の回りのお世話に関わった方はすべて含めてお答えください。
　　　　※自分以外に介護の担い手がいない場合は「0人」とご回答ください。
　　　　1　0人（あなたのみ）
　　　　2　1人
　　　　3　2人
　　　　4　3人以上

Q55　SA　あなたは現在、その要介護者と同居していますか。
　　　　※その方が現在病院や介護施設等に入っている場合については、⑴ふだんは要介護者と同居しているが一時的に入院・入所している場合は「同居」、⑵病院への入院や施設への入所が今後長期にわたって続く見込みが高い場合は「別居」とお考えください。
　　　　1　介護をする前から同居している
　　　　2　介護を機に同居を始めた
　　　　3　要介護者と別居している

Q56　SA　■先ほどの質問で「要介護者と別居している」とお答えの方にお伺いします。
　　　　その要介護者は一人暮らしですか。
　　　　※病院や介護施設等に入っている場合、「いいえ」をお選びください。
　　　　1　はい
　　　　2　いいえ

Q57　SA　■先ほどの質問で「要介護者と別居している」とお答えの方にお伺いします。
要介護者はご自宅で生活をしていますか、それとも病院や介護施設等の施設で生活をしていますか。
※ここで言う「自宅」には、あなたや要介護者のご自宅だけでなく、他のご家族・ご親族の自宅も含めてお答えください。サービス付き高齢者住宅（いわゆる「サ高住」）も「自宅」に含みます。
※主に自宅で生活をしながら、一時的に入院やショートステイのような形で、施設を短期間利用する場合は「自宅で生活をしている」とお考えください。
　　1　自宅で生活している
　　2　介護施設や病院等の施設で生活している

Q58-2　SA　今後の要介護者の介護について、自宅での在宅介護と老人ホーム等での施設介護のどちらをあなたは望みますか。
　　1　在宅介護
　　2　どちらかといえば在宅介護
　　3　どちらかといえば施設介護
　　4　施設介護

Q64　SA　その要介護者の要介護認定は現在いくつですか。
　　1　要支援1
　　2　要支援2
　　3　要介護1
　　4　要介護2
　　5　要介護3
　　6　要介護4
　　7　要介護5
　　8　要介護認定を受けて自立と認定された
　　9　要介護認定は受けていない
　　10　わからない

■現在のあなたご自身についてお伺いします。

Q65　数値FA　次のような事がらにあなたは1日どのくらい時間を使っていますか。（半角数字でご記入ください）
　　※1時間未満（分単位）は切り捨ててご記入ください。
　　1　【仕事がある日の平均】要介護者の介護時間

Q67　SA　介護による心身の影響は現在ありますか。以下のそれぞれについて、あてはまるものをお選びください。
　　　1)　介護による肉体的な疲労はありますか
　　　2)　介護による精神的なストレスはありますか
　　　3)　介護が原因の病気やケガはありますか
　　　【選択肢】
　　　1　ある
　　　2　少しある
　　　3　あまりない
　　　4　ない

Q68　SA　以下のことはあなたにあてはまりますか。
　　　1)　介護が原因で、友人との関係が悪くなっている
　　　2)　介護が原因で、家族との関係が悪くなっている
　　　3)　要介護者との関係は良好である
　　　6)　仕事中に介護のことで呼び出されることがある
　　　8)　介護サービスの利用時間があなたの生活と合わない
　　　【選択肢】
　　　1　あてはまる
　　　2　ややあてはまる
　　　3　あまりあてはまらない
　　　4　あてはまらない

Q69　SA　あなたにとって望ましい関係とはどのようなものですか。現在の介護と仕事について、あなたのお気持ちに最も近いものを1つお答えください。
　　　1　仕事はしないで介護に専念する
　　　2　仕事もするが介護を優先する
　　　3　仕事も介護も同じくらいする
　　　4　介護もするが仕事を優先する
　　　5　介護をしないで仕事を優先する

Q71　SA　平成30年の1年間（2018年1月から12月まで）に、あなたは介護のために仕事を休みましたか。
　　　1　休んだ
　　　2　休まなかった
　　　3　過去1年間に就業経験はない

Q71-1　数値 FA　平成 30 年の 1 年間（2018 年 1 月から 12 月まで）に介護のために仕事を休んだ
のは何日でしたか⑴。また、そのうち介護休業⑵と介護休暇⑶、および年次有給休暇（年休、
⑷））を取得したのは何日でしたか。（半角数字でご記入ください）
※「介護休業」は、介護のために連続した期間取得できる休業をいい、「介護休暇」は、介護
のために 1 日以下の単位で取得できる休暇をいいます。
※現在仕事をしている方は現在の勤務先で休んだ日数を、現在仕事をしていない方は過去 1 年
間に働いていた勤務先で休んだ日数をお答えください。
　　1)　介護のために仕事を休んだ日数
　　2)　そのうち介護休業の日数
　　3)　そのうち介護休暇の日数
　　4)　そのうち年休の日数

Q72　MA　現在の勤務先で、以下のいずれかの方にあなたがしている介護のことを話したことが
ありますか。（いくつでも）
　　1　上司
　　2　同僚
　　3　人事担当者や両立支援の担当者
　　4　労働組合の役員
　　5　その他の勤務先の人　具体的に：（回答必須）（入力制限なし 200 文字まで）
　　6　勤務先には話していない
　　7　現在は仕事をしていない

Q72-1　MA　■先ほどの質問で「勤務先に介護のことを話していない」とお答えの方にお伺いし
ます。あなたが勤務先に、介護のことを話さない理由は何ですか。（いくつでも）
　　1　別の相談先があるから
　　2　介護のことを言い出せる雰囲気ではないから
　　3　職場に迷惑をかけることになると思うから
　　4　相談をしなくても仕事と介護を両立できるため
　　5　仕事に私生活を持ち込むべきではないと思うから
　　6　介護と仕事の両立支援に消極的な職場だから
　　7　昇進への影響など、自分のキャリアへの悪影響が心配だから
　　8　介護をしながら働いている同僚の待遇が良くないから
　　9　解雇や雇止めの不安があるから
　　10　話しても何も変わらないから
　　11　その他　具体的に

Q74　SA　あなたの要介護者との関わり方は、次の A・B のどちらに近いですか。
　　A：多少でも要介護者に不自由がないように何でも手助けをする
　　B：なるべく手助けをしないで要介護者自身にできることは自分でさせる
　　　1　A に近い
　　　2　やや A に近い
　　　3　やや B に近い
　　　4　B に近い

Q84　SA　あなたの最終学歴は次のどれにあたりますか。
　　　1　中学校卒業
　　　2　高校卒業
　　　3　専門学校卒業（高校卒業後入学）
　　　4　短期大学・高等専門学校卒業
　　　5　大学・大学院卒業
　　　6　その他

以上

回帰分析に用いる変数一覧

被説明変数（他の分析では説明変数としても使用）		
介護終了者・雇用者		
	Q40_1&SC7-1	介護開始時勤務先の介護終了までの離職有無
	Q37	介護のための3か月超の連続休暇の必要性有無
介護継続者・非離職雇用者		
	Q52	主観的介護離職リスク
	Q74	介護方針
	Q68_1	介護による家族関係悪化有無
	Q68_2	介護による友人関係悪化有無
説明変数		
属性		
	SC1	性別
	SC2&SC7-1	本人年齢&介護開始時本人年齢
	Q84	最終学歴
介護開始時		
	Q21	雇用形態
	Q20	職種
	Q24	企業規模
	Q27-1	1日の就業時間（残業含む）
	Q31	介護開始時勤務先の両立支援制度有無
	Q37-1	介護のための連続休暇が必要な理由（該当有無）
現職		
	SC8	現職雇用形態
	SC9	現職種
	Q43-1	1日の就業時間（残業含む）
	Q65_1	仕事がある日の介護時間
	Q51_7	現在の仕事が好き
	Q44_6	希望どおりに休暇を取れる（該当有無）
	Q44_9	職場で私生活を話せる（該当有無）
	Q37	介護のために必要な連続休暇期間
	Q47&Q47-1	短時間勤務の必要性有無
介護状況		
	SC7-1&SC6	介護期間
	Q64	要介護認定
	Q1&Q1-2_4	認知症による昼夜逆転
	Q67	介護による健康状態悪化
	Q55&Q57	同別居
	Q68_6	仕事中の呼び出し有無
	Q68_8	介護サービスの時間的ミスマッチ有無
	Q69	仕事と介護の選好
要介護者との関係性		
	SC4	要介護者（介護者との続柄等）
	Q10_2	要介護者と仲が良かった（該当有無）
	Q10_1	要介護者に恩があった（該当有無）
	Q11_4	要介護者の財産相続予定有無

282

回帰分析に使用する変数の記述統計一覧

第 3-4-2 表の記述統計

| | 推計 1・2 | | | |
	平均値	標準偏差	最小値	最大値
介護終了までの離職有無	0.26	0.44	0	1
性別（男性 =1，女性 =0）	0.42	0.49	0	1
介護開始時本人年齢	47.56	10.76	17.50	70.92
最終学歴（BM: 中学・高校卒）	0.38	0.49	0	1
短大・専門卒	0.27	0.44	0	1
大学・大学院卒	0.35	0.48	0	1
介護期間	4.19	3.92	0	18.42
介護開始時の勤務状況				
雇用形態（正規 =1，非正規 =0）	0.56	0.50	0	1
職種（BM: 事務）	0.27	0.44	0	1
専門・管理	0.24	0.43	0	1
販売・サービス	0.25	0.43	0	1
現業	0.24	0.43	0	1
企業規模（100 人以上 =1，100 人以下 =0）	0.55	0.50	0	1
1 日の就業時間（残業含む）	7.73	2.36	1	24
介護開始時勤務先の両立支援制度有無				
介護休業制度	0.20	0.40	0	1
所定外労働免除制度	0.09	0.29	0	1
短時間勤務制度	0.15	0.36	0	1
フレックスタイム制度	0.12	0.33	0	1
時差出勤制度	0.13	0.33	0	1
	N= 1,410			

* 有無は「あり」=1，「なし」=0

第 3-4-4 表の記述統計

	推計 1・2			
	平均値	標準偏差	最小値	最大値
介護のための 3 か月超の連続休暇の必要性有無	0.28	0.45	0	1
介護終了までの離職有無	0.20	0.40	0	1
性別（男性 =1、女性 =0）	0.39	0.49	0	1
介護開始時本人年齢	47.21	10.15	17.5	69.0
最終学歴（BM: 中学・高校卒）	0.39	0.49	0	1
短大・専門卒	0.25	0.43	0	1
大学・大学院卒	0.37	0.48	0	1
介護期間	4.03	3.88	0	18.25
介護開始時の勤務状況				
雇用形態（正規 =1, 非正規 =0）	0.59	0.49	0	1
職種（BM: 事務）	0.29	0.46	0	1
専門・管理	0.24	0.43	0	1
販売・サービス	0.27	0.45	0	1
現業	0.20	0.40	0	1
企業規模（100 人以上 =1, 100 人以下 =0）	0.57	0.50	0	1
1 日の就業時間（残業含む）	7.80	2.32	1	24
介護のための連続休暇が必要な理由（該当有無）				
日々の介助	0.33	0.47	0	1
在宅介護サービスの利用準備	0.22	0.42	0	1
介護以外の家事	0.13	0.34	0	1
自身の健康	0.18	0.39	0	1
遠距離介護	0.18	0.39	0	1
要介護者の転居・施設入居	0.21	0.41	0	1
入退院の準備・手続き	0.52	0.50	0	1
情報収集	0.12	0.33	0	1
家族・親族の支援	0.30	0.46	0	1
その他	0.03	0.17	0	1
N= 557				

* 有無は「あり」=1,「なし」=0
* 「介護のための 3 か月超の連続休暇の必要性有無」は推計 2 においては説明変数としても使用

第 4-4-2 表の記述統計

	推計 1				推計 2			
	平均値	標準偏差	最小値	最大値	平均値	標準偏差	最小値	最大値
主観的介護離職リスク （続けられない =1, 続けられる・わからない =0）	0.09	0.29	0	1	0.09	0.29	0	1
性別（男性 =1、女性 =0）	0.51	0.50	0	1	0.52	0.50	0	1
本人年齢	51.61	9.62	22	69	51.34	9.73	22	69
最終学歴（BM: 中学・高校卒）	0.32	0.47	0	1	0.31	0.46	0	1
短大・専門卒	0.27	0.44	0	1	0.27	0.44	0	1
大学・大学院卒	0.41	0.49	0	1	0.42	0.50	0	1
介護期間	3.59	3.46	0	18.83	3.48	3.35	0	18.83
現職雇用形態 （正規雇用 =1, 非正規雇用 =0）	0.62	0.49	0	1	0.64	0.48	0	1
現職種（BM: 事務）	0.29	0.46	0	1	0.31	0.47	0	1
専門・管理	0.21	0.41	0	1	0.21	0.41	0	1
販売・サービス	0.23	0.42	0	1	0.21	0.41	0	1
現業	0.27	0.45	0	1	0.27	0.44	0	1
1 日の就業時間（残業含む）	7.60	2.31	1	24	7.73	2.19	1	24
仕事がある日の介護時間	1.21	1.86	0	12	1.23	1.92	0	12
現在の仕事が好き（4〜1 点得点）	2.70	0.92	1	4	2.72	0.90	1	4
希望どおりに休暇を取れる （該当有無）	0.74	0.44	0	1	0.74	0.44	0	1
介護のために必要な連続休暇期間 （BM: 必要なし）	0.47	0.50	0	1	0.44	0.50	0	1
1 週間以内	0.21	0.41	0	1	0.21	0.41	0	1
1 週間超 3 か月以内	0.26	0.44	0	1	0.29	0.45	0	1
3 か月超	0.06	0.24	0	1	0.06	0.25	0	1
短時間勤務の必要性有無	−	−	−	−	0.32	0.47	0	1
	N= 597				N= 515			

* 有無は「あり」=1,「なし」=0
* 「現在の仕事が好き」あてはまる =4, どちらかといえばあてはまる =3, どちらかといえばあてはまらない =2, あてはまらない =1

第 5-4-1 表の記述統計

	推計 1				推計 2			
	平均値	標準偏差	最小値	最大値	平均値	標準偏差	最小値	最大値
主観的介護離職リスク （続けられない =1, 続けられる・わからない =0）	0.09	0.29	0	1	0.09	0.29	0	1
性別（男性 =1、女性 =0 ）	0.51	0.50	0	1	0.52	0.50	0	1
本人年齢	51.61	9.62	22	69	51.34	9.73	22	69
介護期間	3.59	3.46	0	18.83	3.48	3.35	0	18.83
最終学歴（BM: 中学・高校卒）	0.32	0.47	0	1	0.31	0.46	0	1
短大・専門卒	0.27	0.44	0	1	0.27	0.44	0	1
大学・大学院卒	0.41	0.49	0	1	0.42	0.50	0	1
現職雇用形態 （正規雇用 =1, 非正規雇用 =0）	0.62	0.49	0	1	0.64	0.48	0	1
現職種（BM: 事務）	0.29	0.46	0	1	0.31	0.47	0	1
専門・管理	0.21	0.41	0	1	0.21	0.41	0	1
販売・サービス	0.23	0.42	0	1	0.21	0.41	0	1
現業	0.27	0.45	0	1	0.27	0.44	0	1
現在の仕事が好き（4〜1 点得点）	2.70	0.92	1	4	2.72	0.90	1	4
希望どおりに休暇を取れる（該当有無）	0.74	0.44	0	1	0.74	0.44	0	1
1 日の就業時間（残業含む）	7.60	2.31	1	24	7.73	2.19	1	24
仕事がある日の介護時間	1.21	1.86	0	12	1.23	1.92	0	12
要介護認定（BM: 自立・要支援）	0.15	0.36	0	1	0.16	0.37	0	1
要介護 1・2	0.38	0.49	0	1	0.37	0.48	0	1
要介護 3・4・5	0.37	0.48	0	1	0.37	0.48	0	1
未認定・不明	0.10	0.30	0	1	0.10	0.30	0	1
認知症による昼夜逆転（BM：なし）	0.53	0.50	0	1	0.54	0.50	0	1
昼夜逆転あり	0.06	0.24	0	1	0.07	0.25	0	1
昼夜逆転なし	0.41	0.49	0	1	0.40	0.49	0	1
介護による健康状態悪化 （BM: なし）	0.36	0.48	0	1	0.35	0.48	0	1
介護疲労あり	0.47	0.50	0	1	0.48	0.50	0	1
介護による傷病あり	0.17	0.38	0	1	0.17	0.38	0	1
介護のために必要な連続休暇 （BM: 必要なし）	–	–		–	0.44	0.50	0	1
1 週間以内	–	–		–	0.21	0.41	0	1
1 週間超 3 か月以内	–	–		–	0.29	0.45	0	1
3 か月超	–	–		–	0.06	0.25	0	1
短時間勤務の必要性有無	–	–		–	0.32	0.47	0	1
	N= 597				N= 515			

* 有無は「あり」=1,「なし」=0
* 「現在の仕事が好き」あてはまる =4, どちらかといえばあてはまる =3, どちらかといえばあてはまらない =2, あてはまらない =1

第 6-4-4 表の記述統計

	推計 1・2				推計 3			
	平均値	標準偏差	最小値	最大値	平均値	標準偏差	最小値	最大値
主観的介護離職リスク （続けられない =1, 続けられる・わからない =0）	0.09	0.29	0	1	0.09	0.29	0	1
性別（男性 =1、女性 =0）	0.51	0.50	0	1	0.52	0.50	0	1
本人年齢	51.61	9.62	22	69	51.34	9.73	22	69
介護期間	3.59	3.46	0	18.83	3.48	3.35	0	18.83
最終学歴（BM: 中学・高校卒）	0.32	0.47	0	1	0.31	0.46	0	1
短大・専門卒	0.27	0.44	0	1	0.27	0.44	0	1
大学・大学院卒	0.41	0.49	0	1	0.42	0.50	0	1
現職雇用形態（正規 =1, 非正規 =0）	0.62	0.49	0	1	0.64	0.48	0	1
現職種（BM: 事務）	0.29	0.46	0	1	0.31	0.47	0	1
専門・管理	0.21	0.41	0	1	0.21	0.41	0	1
販売・サービス	0.23	0.42	0	1	0.21	0.41	0	1
現業	0.27	0.45	0	1	0.27	0.44	0	1
現在の仕事が好き（4〜1 点得点）	2.70	0.92	1	4	2.72	0.90	1	4
希望どおりに休暇を取れる（該当有無）	0.74	0.44	0	1	0.74	0.44	0	1
1 日の就業時間（残業含む）	7.60	2.31	1	24	7.73	2.19	1	24
仕事がある日の介護時間	1.21	1.86	0	12	1.23	1.92	0	12
要介護認定（BM: 自立・要支援）	0.15	0.36	0	1	0.16	0.37	0	1
要介護 1・2	0.38	0.49	0	1	0.37	0.48	0	1
要介護 3・4・5	0.37	0.48	0	1	0.37	0.48	0	1
未認定・不明	0.10	0.30	0	1	0.10	0.30	0	1
認知症の昼夜逆転（BM：認知症なし）	0.53	0.50	0	1	0.54	0.50	0	1
昼夜逆転あり	0.06	0.24	0	1	0.07	0.25	0	1
昼夜逆転なし	0.41	0.49	0	1	0.40	0.49	0	1
同別居（BM: 施設）	0.21	0.41	0	1	0.20	0.40	0	1
同居	0.46	0.50	0	1	0.46	0.50	0	1
別居	0.33	0.47	0	1	0.34	0.47	0	1
介護サービスの時間的ミスマッチ有無	0.18	0.39	0	1	0.18	0.39	0	1
介護による健康状態悪化 （BM: なし）	0.36	0.48	0	1	0.35	0.48	0	1
介護疲労あり	0.47	0.50	0	1	0.48	0.50	0	1
介護による傷病あり	0.17	0.38	0	1	0.17	0.38	0	1
短時間勤務の必要性有無	−	−	−	−	0.32	0.47	0	1
	N= 597				N= 515			

* 有無は「あり」=1,「なし」=0
* 「現在の仕事が好き」あてはまる =4, どちらかといえばあてはまる =3, どちらかといえばあてはまらない =2, あてはまらない =1

第 7-4-2 表の記述統計

	推計 1				推計 2			
	平均値	標準偏差	最小値	最大値	平均値	標準偏差	最小値	最大値
主観的介護離職リスク （続けられない =1, 続けられる・わからない =0）	0.09	0.29	0	1	0.09	0.29	0	1
性別（男性 =1、女性 =0）	0.51	0.50	0	1	0.52	0.50	0	1
本人年齢	51.61	9.62	22	69	51.34	9.73	22	69
介護期間	3.59	3.46	0	18.83	3.48	3.35	0	18.83
最終学歴（BM: 中学・高校卒）	0.32	0.47	0	1	0.31	0.46	0	1
短大・専門卒	0.27	0.44	0	1	0.27	0.44	0	1
大学・大学院卒	0.41	0.49	0	1	0.42	0.50	0	1
現職雇用形態（正規 =1, 非正規 =0）	0.62	0.49	0	1	0.64	0.48	0	1
現職種（BM: 事務）	0.29	0.46	0	1	0.31	0.47	0	1
専門・管理	0.21	0.41	0	1	0.21	0.41	0	1
販売・サービス	0.23	0.42	0	1	0.21	0.41	0	1
現業	0.27	0.45	0	1	0.27	0.44	0	1
現在の仕事が好き（4〜1 点得点）	2.70	0.92	1	4	2.72	0.90	1	4
希望どおりに休暇を取れる（該当有無）	0.74	0.44	0	1	0.74	0.44	0	1
1 日の就業時間（残業含む）	7.60	2.31	1	24	7.73	2.19	1	24
仕事がある日の介護時間	1.21	1.86	0	12	1.23	1.92	0	12
要介護認定（BM: 自立・要支援）	0.15	0.36	0	1	0.16	0.37	0	1
要介護 1・2	0.38	0.49	0	1	0.37	0.48	0	1
要介護 3・4・5	0.37	0.48	0	1	0.37	0.48	0	1
未認定・不明	0.10	0.30	0	1	0.10	0.30	0	1
認知症の昼夜逆転（BM: 認知症なし）	0.53	0.50	0	1	0.54	0.50	0	1
昼夜逆転あり	0.06	0.24	0	1	0.07	0.25	0	1
昼夜逆転なし	0.41	0.49	0	1	0.40	0.49	0	1
同別居（BM: 施設）	0.21	0.41	0	1	0.20	0.40	0	1
同居	0.46	0.50	0	1	0.46	0.50	0	1
別居	0.33	0.47	0	1	0.34	0.47	0	1
介護サービスの時間的ミスマッチ有無	0.18	0.39	0	1	0.18	0.39	0	1
介護方針（自立重視 =1, 献身的 =0）	0.64	0.48	0	1	0.64	0.48	0	1
介護のための連続休暇期間 （BM: 必要なし）	–	–	–	–	0.44	0.50	0	1
1 週間以内	–	–	–	–	0.21	0.41	0	1
1 週間超 3 か月以内	–	–	–	–	0.29	0.45	0	1
3 が月超	–	–	–	–	0.06	0.25	0	1
短時間勤務の必要性有無	–	–	–	–	0.32	0.47	0	1
	N= 597				N= 515			

* 有無は「あり」=1,「なし」=0
* 「現在の仕事が好き」あてはまる =4, どちらかといえばあてはまる =3, どちらかといえばあてはまらない =2, あてはまらない =1

第 7-4-3 表の記述統計

	推計 1（男女計）				推計 2（男性）				推計 3（女性）			
	平均値	標準偏差	最小値	最大値	平均値	標準偏差	最小値	最大値	平均値	標準偏差	最小値	最大値
介護方針（自立重視 =1，献身的 =0）	0.64	0.48	0	1	0.58	0.50	0	1	0.70	0.46	0	1
性別（男性 =1，女性 =0）	0.51	0.50	0	1	1.00	0.00	1	1	0.00	0.00	0	0
本人年齢	51.61	9.62	22	69	51.45	9.91	22	69	51.79	9.32	23	69
介護期間	3.59	3.46	0	18.83	3.67	3.60	0	18.83	3.50	3.31	0	18.75
最終学歴（BM: 中学・高校卒）	0.32	0.47	0	1	0.31	0.46	0	1	0.33	0.47	0	1
短大・専門卒	0.27	0.44	0	1	0.15	0.36	0	1	0.40	0.49	0	1
大学・大学院卒	0.41	0.49	0	1	0.54	0.50	0	1	0.27	0.45	0	1
現規雇用形態（正規 =1，非正規 =0）	0.62	0.49	0	1	0.81	0.39	0	1	0.42	0.49	0	1
現職種（BM: 事務）	0.29	0.46	0	1	0.28	0.45	0	1	0.31	0.46	0	1
専門・管理	0.21	0.41	0	1	0.20	0.40	0	1	0.22	0.41	0	1
販売・サービス	0.23	0.42	0	1	0.16	0.37	0	1	0.29	0.46	0	1
現業	0.27	0.45	0	1	0.36	0.48	0	1	0.18	0.39	0	1
現在の仕事が好き（4〜1 点得点）	2.70	0.92	1	4	2.52	0.93	1	4	2.89	0.89	1	4
希望どおりに休暇を取れる（該当有無）	0.74	0.44	0	1	0.72	0.45	0	1	0.75	0.43	0	1
1 日の就業時間（残業含む）	7.60	2.31	1	24	8.37	1.94	1	24	6.79	2.39	1	24
仕事がある日の介護時間	1.21	1.86	0	12	1.09	1.63	0	12	1.35	2.07	0	12
同別居（BM: 施設）	0.21	0.41	0	1	0.20	0.40	0	1	0.22	0.41	0	1
同居	0.46	0.50	0	1	0.50	0.50	0	1	0.42	0.50	0	1
別居	0.33	0.47	0	1	0.30	0.46	0	1	0.36	0.48	0	1
要介護者（BM: 自分の父母）	0.65	0.48	0	1	0.63	0.48	0	1	0.67	0.47	0	1
配偶者	0.03	0.18	0	1	0.04	0.20	0	1	0.02	0.15	0	1
配偶者の父母	0.15	0.36	0	1	0.15	0.36	0	1	0.15	0.36	0	1
自分・配偶者の祖父母	0.12	0.32	0	1	0.13	0.33	0	1	0.11	0.31	0	1
その他の親族	0.04	0.20	0	1	0.05	0.22	0	1	0.04	0.19	0	1
要介護者と仲が良かった（該当有無）	0.37	0.48	0	1	0.35	0.48	0	1	0.39	0.49	0	1
要介護者に恩があった（該当有無）	0.39	0.49	0	1	0.37	0.49	0	1	0.40	0.49	0	1
要介護者の財産相続予定有無	0.02	0.15	0	1	0.03	0.17	0	1	0.01	0.12	0	1
仕事と介護の選好（BM: 介護重視）	0.18	0.38	0	1	0.19	0.40	0	1	0.16	0.37	0	1
中立	0.33	0.47	0	1	0.33	0.47	0	1	0.33	0.47	0	1
仕事重視	0.50	0.50	0	1	0.48	0.50	0	1	0.51	0.50	0	1
要介護認定（BM: 自立・要支援）	0.15	0.36	0	1	0.18	0.39	0	1	0.13	0.33	0	1
要介護 1・2	0.38	0.49	0	1	0.37	0.48	0	1	0.38	0.49	0	1
要介護 3・4・5	0.37	0.48	0	1	0.35	0.48	0	1	0.39	0.49	0	1
未認定・不明	0.10	0.30	0	1	0.10	0.30	0	1	0.10	0.30	0	1
認知症による昼夜逆転（BM: 認知症なし）	0.53	0.50	0	1	0.53	0.50	0	1	0.52	0.50	0	1
昼夜逆転あり	0.06	0.24	0	1	0.03	0.18	0	1	0.09	0.29	0	1
昼夜逆転なし	0.41	0.49	0	1	0.43	0.50	0	1	0.39	0.49	0	1
仕事中の呼び出し有無	0.23	0.42	0	1	0.23	0.42	0	1	0.24	0.43	0	1
	N= 597				N= 305				N= 292			

* 有無は「あり」=1，「なし」=0
* 「現在の仕事が好き」あてはまる =4，どちらかといえばあてはまる =3，どちらかといえばあてはまらない =2，あてはまらない =1

第 8-4-1 表の記述統計

	推計 1・2			
	平均値	標準偏差	最小値	最大値
介護による家族関係悪化有無	0.24	0.43	0	1
介護による友人関係悪化有無	0.15	0.36	0	1
性別（男性 =1、女性 =0）	0.51	0.50	0	1
本人年齢	51.61	9.62	22	69
介護期間	3.59	3.46	0	18.83
最終学歴（BM: 中学・高校卒）	0.32	0.47	0	1
短大・専門卒	0.27	0.44	0	1
大学・大学院卒	0.41	0.49	0	1
現職雇用形態（正規 =1, 非正規 =0）	0.62	0.49	0	1
現職種（BM: 事務）	0.29	0.46	0	1
専門・管理	0.21	0.41	0	1
販売・サービス	0.23	0.42	0	1
現業	0.27	0.45	0	1
現在の仕事が好き（4〜1 点得点）	2.70	0.92	1	4
希望どおりに休暇を取れる（該当有無）	0.74	0.44	0	1
1 日の就業時間（残業含む）	7.60	2.31	1	24
仕事がある日の介護時間	1.21	1.86	0	12
要介護者（BM: 自分の父母）	0.65	0.48	0	1
配偶者	0.03	0.18	0	1
配偶者の父母	0.15	0.36	0	1
自分・配偶者の祖父母	0.12	0.32	0	1
その他の親族	0.04	0.20	0	1
要介護認定（BM: 自立・要支援）	0.15	0.36	0	1
要介護 1・2	0.38	0.49	0	1
要介護 3・4・5	0.37	0.48	0	1
未認定・不明	0.10	0.30	0	1
認知症による昼夜逆転（BM: 認知症なし）	0.53	0.50	0	1
昼夜逆転あり	0.06	0.24	0	1
昼夜逆転なし	0.41	0.49	0	1
仕事中の呼び出し有無	0.23	0.42	0	1
同別居（BM: 施設）	0.21	0.41	0	1
同居	0.46	0.50	0	1
別居	0.33	0.47	0	1
仕事と介護の選好（BM: 介護重視）	0.18	0.38	0	1
中立	0.33	0.47	0	1
仕事重視	0.50	0.50	0	1
介護による健康状態悪化（BM: なし）	0.36	0.48	0	1
介護疲労あり	0.47	0.50	0	1
介護による傷病あり	0.17	0.38	0	1
介護方針（自立重視 =1, 献身的 =0）	0.64	0.48	0	1
職場で私生活を話せる（該当有無）	0.63	0.48	0	1
N= 597				

* 有無は「あり」=1,「なし」=0
* 「現在の仕事が好き」あてはまる =4, どちらかといえばあてはまる =3, どちらかといえばあてはまらない =2, あてはまらない =1

第 8-4-2 表＆第 8-4-3 表の記述統計

	第 8-4-2 表・第 8-4-3 の推計 1				第 8-4-2 表・第 8-4-3 の推計 2			
	平均値	標準偏差	最小値	最大値	平均値	標準偏差	最小値	最大値
主観的介護離職リスク（続けられない =1, 続けられる・わからない =0）	0.09	0.29	0	1	0.09	0.29	0	1
性別（男性 =1、女性 =0）	0.51	0.50	0	1	0.52	0.50	0	1
本人年齢	51.61	9.62	22	69	51.34	9.73	22	69
介護期間	3.59	3.46	0	18.83	3.48	3.35	0	18.83
最終学歴（BM: 中学・高校卒）	0.32	0.47	0	1	0.31	0.46	0	1
短大・専門卒	0.27	0.44	0	1	0.27	0.44	0	1
大学・大学院卒	0.41	0.49	0	1	0.42	0.50	0	1
現職雇用形態（正規 =1, 非正規 =0）	0.62	0.49	0	1	0.64	0.48	0	1
現職種（BM: 事務）	0.29	0.46	0	1	0.31	0.47	0	1
専門・管理	0.21	0.41	0	1	0.21	0.41	0	1
販売・サービス	0.23	0.42	0	1	0.21	0.41	0	1
現業	0.27	0.45	0	1	0.27	0.44	0	1
現在の仕事が好き（4〜1 点得点）	2.70	0.92	1	4	2.72	0.90	1	4
希望どおりに休暇を取れる（該当有無）	0.74	0.44	0	1	0.74	0.44	0	1
1 日の就業時間（残業含む）	7.60	2.31	1	24	7.73	2.19	1	24
仕事がある日の介護時間	1.21	1.86	0	12	1.23	1.92	0	12
要介護者（BM: 自分の父母）	0.65	0.48	0	1	0.66	0.48	0	1
配偶者	0.03	0.18	0	1	0.03	0.16	0	1
配偶者の父母	0.15	0.36	0	1	0.15	0.36	0	1
自分・配偶者の祖父母	0.12	0.32	0	1	0.13	0.33	0	1
その他の親族	0.04	0.20	0	1	0.04	0.20	0	1
要介護認定（BM: 自立・要支援）	0.15	0.36	0	1	0.16	0.37	0	1
要介護 1・2	0.38	0.49	0	1	0.37	0.48	0	1
要介護 3・4・5	0.37	0.48	0	1	0.37	0.48	0	1
未認定・不明	0.10	0.30	0	1	0.10	0.30	0	1
認知症による昼夜逆転（BM: 認知症なし）	0.53	0.50	0	1	0.54	0.50	0	1
昼夜逆転あり	0.06	0.24	0	1	0.07	0.25	0	1
昼夜逆転なし	0.41	0.49	0	1	0.40	0.49	0	1
仕事中の呼び出し有無	0.23	0.42	0	1	0.23	0.42	0	1
同別居（BM: 施設）	0.21	0.41	0	1	0.20	0.40	0	1
同居	0.46	0.50	0	1	0.46	0.50	0	1
別居	0.33	0.47	0	1	0.34	0.47	0	1
仕事と介護の選好（BM: 介護重視）	0.18	0.38	0	1	0.18	0.39	0	1
中立	0.33	0.47	0	1	0.32	0.47	0	1
仕事重視	0.50	0.50	0	1	0.50	0.50	0	1
介護による健康状態悪化（BM: なし）	0.36	0.481	0	1	0.35	0.48	0	1
介護疲労あり	0.47	0.499	0	1	0.48	0.50	0	1
介護による傷病あり	0.17	0.377	0	1	0.17	0.38	0	1
介護方針（自立重視 =1, 献身的 =0）	0.64	0.48	0	1	0.64	0.48	0	1
職場で私生活を話せる（該当有無）	0.63	0.48	0	1	0.62	0.49	0	1
介護による家族関係悪化有無	0.24	0.43	0	1	0.23	0.42	0	1
介護による友人関係悪化有無	0.15	0.36	0	1	0.15	0.35	0	1
介護サービスの時間的ミスマッチ有無	–	–	–	–	0.18	0.39	0	1
短時間勤務の必要性有無	–	–	–	–	0.32	0.47	0	1
	N= 597				N= 515			

* 有無は「あり」=1,「なし」=0
* 「現在の仕事が好き」あてはまる =4, どちらかといえばあてはまる =3, どちらかといえばあてはまらない =2, あてはまらない =1

索　引

〔著者紹介〕

　労働政策研究・研修機構（JILPT）主任研究員。専攻は職業社会学。東京工業大学大学院社会理工学研究科価値システム専攻博士課程単位取得退学。

　介護離職に関する JILPT での主な研究成果に、『再家族化する介護と仕事の両立——2016 年改正育児・介護休業法とその先の課題』（共著、労働政策研究報告書 No.204、2020 年）、『仕事と介護の両立』（共著、労働政策研究報告書 No.170、2015 年）、『介護休業制度の利用拡大に向けて——「介護休業制度の利用状況等に関する研究」報告書』（共著、労働政策研究報告書 No.73、2006 年）など。

　その他、主な著作に『仕事と介護の両立』（単著、佐藤博樹・武石恵美子責任編集、シリーズダイバーシティ経営、中央経済社、2021 年）、『労働・職場調査ガイドブック』（共著、中央経済社、2019 年）、『非典型化する家族と女性のキャリア』（共著、JILPT 第 3 期プロジェクト研究シリーズ No.9、労働政策研究・研修機構、2018 年）など。

　厚生労働省「今後の仕事と育児・介護の両立支援に関する研究会」（2022～2023 年度）参集者、内閣府「男女共同参画第 5 次基本計画策定専門調査会　基本構想ワーキンググループ」（2020 年度）構成員、厚生労働省「仕事と育児の両立支援に係る総合的研究会」（2017 年度）、「今後の仕事と家庭の両立支援に関する研究会」（2014～2015 年）参集者などを務める。

JILPT 第 4 期プロジェクト研究シリーズ No.4

介護離職の構造
育児・介護休業法と両立支援ニーズ

2023 年 3 月 14 日　第 1 刷発行

著　　者　池田心豪

編集・発行　独立行政法人 労働政策研究・研修機構
　　　　　　〒177-8502　東京都練馬区上石神井 4-8-23
　　　　　　電話　03-5903-6263　　FAX　03-5903-6115

発 行 者　理事長　樋口美雄

印刷・製本　株式会社キタジマ